"十四五"职业教育江苏省规划教材

养老机构会议管理

主　　编　　张宁莉　　管晶晶

副主编　　蒋铭萍　　俞　珺

参　　编　　谭燕泉　　糜　迅

　　　　　　顾芮萌　　范庆斌

北京理工大学出版社
BEIJING INSTITUTE OF TECHNOLOGY PRESS

图书在版编目（CIP）数据

养老机构会议管理／张宁莉，管晶晶主编． -- 北京：
北京理工大学出版社，2021.11
ISBN 978 - 7 - 5763 - 0686 - 6

Ⅰ．①养… Ⅱ．①张… ②管… Ⅲ．①养老院 - 会议
- 组织管理学 Ⅳ．①C931.47

中国版本图书馆 CIP 数据核字（2021）第 232273 号

出版发行／北京理工大学出版社有限责任公司
社　　址／北京市海淀区中关村南大街 5 号
邮　　编／100081
电　　话／（010）68914775（总编室）
　　　　　（010）82562903（教材售后服务热线）
　　　　　（010）68944723（其他图书服务热线）
网　　址／http：//www.bitpress.com.cn
经　　销／全国各地新华书店
印　　刷／定州市新华印刷有限公司
开　　本／787 毫米×1092 毫米　1/16
印　　张／15
字　　数／356 千字
版　　次／2021 年 11 月第 1 版　2021 年 11 月第 1 次印刷
定　　价／40.00 元

责任编辑／孟祥雪
文案编辑／孟祥雪
责任校对／周瑞红
责任印制／边心超

前　言

　　本书是一本项目引领、任务驱动式的养老专业教材，由老年人服务与管理及社会工作事务专业教师和养老企业工作人员共同编写。

　　本教材以任务型教学为编写理念，努力构建符合中职学生学习的基本规律，适合学生身心发展特点的职业能力培养体系，将学生职业技能的训练分成若干任务，统筹规划训练目标的序列，按照一定的梯度，落实在每个项目的相关知识中。

　　本书的编写思路是挑选养老企业会议中的集中代表性会议，按照各类型会议的操办流程进行编写。全书设置了九个模块，分别为我国养老机构概述、会议管理基础理论知识、常见养老机构会议服务、会议前的服务工作、会议管理的四种策略、会议中的沟通和反馈技巧、会议中的服务工作、养老机构会议文书工作及会后跟进与服务工作。谭燕泉老师负责编写第一模块，管晶晶老师负责编写第二、第三模块，范庆斌老师负责编写第四模块，蒋铭萍老师负责编写第五、第六模块，俞珺老师负责编写第七模块，顾芮萌老师负责编写第八模块，糜迅老师负责编写第九模块，张宁莉老师负责全书统筹工作。在内容编排上，从养老企业各部门的例行会议到庆典活动、养老机构开放日等大型会议，再到人员庞杂、讲究细节较多的对外交流会议与发展，如此由浅入深、由简单过渡到复杂，让学生在学习过程中循序渐进，过渡自然，体现了现代职业教育的教学思想。本书的可操作性较强，每个项目的教学都安排了大量的案例和实训任务，让学生在学习基础理论知识中能大量利用案例和实训任务来巩固及检测学习效果，提升解决实际问题的能力。本书趣味性较强，打破传统教学理念，引导学生主动思考，从项目化教学任务中发现问题，利用书本的理论主动探索解决问题的方法，提升学生自主学习的能力，符合中职学生的学习特点和规律。本书可作为中等职业学校的老年人服务与管理专业学生的教学用书，也可作为五年制高职院校教材。

　　由于时间紧张且编者水平有限，书中难免存在疏漏之处，恳请读者批评、指点。

编　者

目　录

项目一　我国养老机构概述

【知识目标】

◇ 了解我国养老机构的概念；熟悉我国养老体系的组成和职能。

◇ 掌握我国养老机构的服务对象与特点；熟悉我国养老机构的性质。

◇ 了解我国养老机构管理的概念；熟悉我国养老机构管理的组织结构、主要任务。

【能力目标】

◇ 通过了解我国社会养老服务体系的组成能够为老年人解说不同的养老方式。

◇ 学习养老机构的对象、特点和职能，使学生对专业有初步认知，建立起老年工作责任感和专业认同感。

◇ 根据我国养老机构管理的主要任务和管理模式，能够针对未来的职业生涯做出个人近期和远期发展规划。

【素质目标】

◇ 通过专业认知调研、机构探访等活动，提升学生的专业认知，培养稳定的专业思想。

◇ 在职业教育教学过程中，以老年事业的社会责任和时代担当弘扬爱老、敬老社会风尚，提升综合职业素质。

【思维导图】

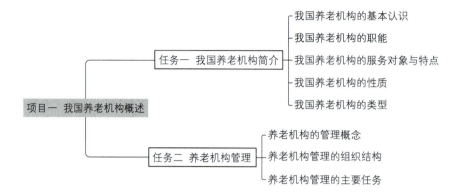

任务一
我国养老机构简介

【知识目标】

◇ 了解我国养老机构的概念。

◇ 熟悉我国养老机构的组成、地位、职能和性质。

◇ 掌握我国养老机构的服务对象、特点及类型。

【能力目标】

◇ 掌握当下不同的养老方式。

◇ 学习养老机构的对象、特点和职能，建立起学生的老年工作责任感和对专业的认同感，完成一次专业认知调研活动。

◇ 通过我国养老机构的公益性培育学生的仁爱之心，完成一次养老机构的志愿者服务工作。

【素质目标】

◇ 通过专业认知调研、机构探访等活动，将理论知识与专业实践能力相融合，提升学生专业认知和专业认同感，更好地进行职业定位，稳定专业思想。

◇ 通过我国养老事业的公益性，以爱育爱、完善自我，在未来的职业生涯中待老人如家人，不断提升自我修养。

　　《史记》记载，韩信自幼家贫，父母双亡。他工于读书、善习武，却生活无着，讨人"白食"，常遭冷眼。后至淮水垂钓，以鱼换饭，饥饱无常。淮水边有一"漂母"，代人漂衣浣纱。她见韩信挨饿，每日都把自己的饭分给韩信，日日如此，从未间断，韩信发誓报答"漂母"之恩。后来韩信被封"淮阴侯"，差人四处寻"漂母"以报分食之恩，以千金相馈供"漂母"至终。这就是"一饭千金"成语的由来。

　　我国养老机构为入住老年人提供全方位的供住养服务，进行生活照护和健康管理，提升老年人生活品质，使其老有所养、老有所医、老有所为、老有所教、老有所学、老有所乐，达到增进其身心健康、延年益寿的目的。

一、我国养老机构的基本认识

（一）我国养老机构的基本概念

1. 基本概念

　　养老机构是社会养老专有名词，是指为老年人提供集中居住、饮食调养、清洁卫生、生活照护、健康管理和文体娱乐活动等综合性服务的机构。它以各种养老机构为载体，以机构养老为模式，解决老年人的社会化养老问题。养老机构可以是独立的法人机构，也可以是附属于医疗机构、企事业单位、社会团体或组织、综合性社会福利机构的一个部门或者分支机构。

2. 基本特征

　　养老机构作为我国公共利益事业的一部分，"公益性"是其第一特征；养老服务的第二特征是"全人、全员、全程服务"，即养老机构"全员"参与，提供老年人的生活照料、医疗保健等服务，陪伴老人走完人生"全程"。

（二）我国养老服务体系的组成

　　我国养老服务体系是以"居家养老为基础，社区养老为依托，机构养老为支撑"的模式，这是基于当前绝大部分老年人的养老居住方式进行的体系构建，也是养老方式的体现，见表1-1。

1. 居家养老

　　居家养老，涵盖两种方式。其一是指由家庭成员提供养老资源和服务的一种养老方式，即传统的"养儿防老"式家庭养老；其二是由政府购买服务，多是限于较小范围的农村"五保"和城镇"三无"等孤寡老人等的养老方式。两种养老方式均可依托现有的养老院、医疗机构的照护人员入户提供专业化服务，是一种投入小且社会效益高的养老方式。总之，居家养老在我国的传统孝道文化背景下，依然是一种基础的养老模式。

2. 社区养老

社区养老是指以家庭为核心，以社区为依托，以专业化服务为依靠，以为居家的老年人提供日间生活照料和健康管理为主要内容的服务。主要通过社区的养老机构为老年人提供上门的专业化服务或社区日托服务来实现。其以社区配套的托老福利机构，一系列的老人购物中心、老人食堂、老年活动中心、老年医疗机构等为依托，让老人居住在自己家里，在与家人共处的同时，享有上门照护、医疗服务或日间托老服务，是将机构养老中的服务引入社区。它兼顾了居家养老和机构养老方式的优点和可操作性，是解决目前我国社会转型期所面临的巨大老龄化问题的一种新型养老方式。

3. 机构养老

机构养老是指老人到国家、企业、个人等依法设立的养老机构中接受有偿的或免费的专业性养老服务的一种养老方式。它在组织结构、服务内容和形式等方面与上述两类养老方式既有区别又有联系，与居家养老相比，机构养老是通过提供社会化的养老服务分担家庭的养老功能；与社区养老相比，机构养老能够为老年人尤其是失能、半失能的老年人提供更为专业的服务。随着我国养老事业的社会化进展，政府积极鼓励和倡导机构养老与社区养老和居家养老相结合，把养老机构的专业照护服务延伸到社区和家庭。机构养老作为社区养老和居家养老的不可或缺的形式，与社区服务和居家服务的建设相辅相成，在养老服务供给中发挥着不可替代的支撑作用。

表 1-1　我国养老服务体系的组成

养老服务模式	含义	特点	作用
居家养老	家庭成员提供养老资源和服务的一种养老方式	依托现有的养老院、医疗机构的照护人员入户提供专业化服务，是一种投入小且社会效益高的养老方式	发挥基础养老作用
社区养老	以家庭为核心，以社区为依托，以专业化服务为依靠，以为居家的老年人提供日间生活照料和健康管理为主要内容的服务	以社区配套的托老福利机构、老人购物中心、老人食堂、老年活动中心、老年医疗机构等为依托，老人居住在自己家里享有的上门照护、医疗服务或日间托老服务	将机构养老中的服务引入社区
机构养老	老人到国家、企业、个人等依法设立的养老机构中接受有偿的或免费的专业性养老服务的一种养老方式	提供社会化的养老服务，分担家庭的养老功能；为老年人尤其是失能、半失能的老年人提供更为专业的服务	将专业照护服务延伸到社区和家庭

知识链接

中华民族孝道文化自古传承至今，历经了数千年，孝道文化在中国历代社会中都占据着主导地位。古代的农耕时期，家庭养老是封建社会的主要养老方式，同时政府和社会组织举办敬老礼仪或慈善活动，为德高望重的老年人提供物质上的奖励或补助。自南北朝开始，文献记载我国已有较为正规的养老院赡养贫病无依的老人。公元521年，梁武帝颁诏建置"孤老院"，让"孤幼有归，华发不匮。若终年命，厚加料理"（《梁书·武帝本纪》）。唐朝《唐户令》规定："诸鳏寡、孤独、贫穷、老疾、不能自存者，令近亲收养，若无近亲，付乡里安恤。"明清时代法律规定："凡鳏寡、孤独及残废之人，贫穷无亲属依靠，不能自存，所在官司，应收养而不收养者，杖六十。"之后，各个朝代均设有"悲田院""居养院""养济院"等养老机构，有官吏专门负责管理，收养鳏寡孤独、老弱病残、穷而无告者。

二、我国养老服务机构的职能

职能是指一个机构或单位本身所具有的功能或应起的作用。养老服务社会化是社会进步、经济发展和人口老龄化多重作用下的产物，它促进了机构养老服务质量的提升，而社会进步和经济发展是其中的重要因素。养老机构作为养老服务社会化的载体，将我国养老问题从家庭引入社会，需要社会力量有组织地承接，而不能是自发的、个体的行为，这是社会进步和经济发展的基本特征。养老机构是有组织的社会力量之一，其职能体现在以下五个方面。

1. 承担孤寡老人养老作用

履行农村"五保"和城镇"三无"等孤寡老人的供养等照护服务是养老机构的主要职能。养老助寡一直是我国的主流价值观，南朝设立的"独老院"、北宋时期的"居养院"以及明清时代开办的"养济院"等养老机构，承担着贫困无依、伤残老人的供养职能。中华人民共和国成立后的城镇社会福利院和农村敬老院，与古代养老机构是一脉相承的。随着我国社会进步、经济发展和人口老龄化进程加剧，我们要重点建设和完善社会养老福利制度，更好地发挥养老机构的主要职能作用。

2. 专业化养老服务作用

养老机构切实承担着家庭成员难以照护或无力照护的老人的专业化服务职能，尤其是失能、半失能老人和部分高龄老人。从民政部的数据来看，我国失能和半失能老人在城市占比为14.6%，在农村超过20%，这些群体的照护工作长期来自家庭成员。伴随着我国社会进步、经济增长的社会现代化发展进程，社会生产力和生活方式发生了革命性变化，老年人在传统家庭中的日常照料遇到了前所未有的困境，子女奔波于事业，无暇照顾老人，即使有时间的子女也因缺乏专业的照护知识，难以承担日常照料任务。因此，养老机构是解决家庭成员后顾之忧，提高失能、半失能老年人生活质量的场所，这也是养老机构

最重要的职能之一。

3. 满足多元化、个性化养老服务需求

随着我国城乡人民物质生活水平的不断提高和人们生活观念的改变，老年人在原始的经济供养、生活照料等养老需求基本得到满足之后，开始渴望情感交流、知识教育、文化娱乐、自我实现等精神层面的多元化、个性化养老服务。其中就老年人的精神需求而言，与经济供养和生活照料相比，养老机构对老年人的情感慰藉和精神关爱等具有相对独立和难以替代性，它直接关系到老年人的生活质量和幸福程度。由此可见，我国养老事业的发展在满足多元化、个性化养老服务需求方面的作用不容小觑。

4. 居家养老服务示范作用

当前，我国面临着第一代独生子女的父母陆续进入老龄化的境遇，社会各方面准备不足，应对措施尚不完备，家庭和社区缺乏相应的照护服务经验，此时养老机构承担着居家养老服务的专业指导、示范和支撑的作用。养老机构在设施、人员和技术上具有优势，可以为家庭成员和社区提供专业设施租赁、家庭成员或照护人员培训以及提供上门入户的照护技术指导、照护服务等。

5. 社区资源共享作用

越来越多的养老机构开设在社区内，成为社区的组成部分，发挥养老机构资源与社区资源共享互动的职能。那么，它的前提就是机构资源的社会化，也就是养老机构的资源向社区开放，入住机构的老年人在开放中保持与社会接触，提高社会化程度。养老机构在开放中接受社会资源的帮助，如学生志愿者、社会义工的支持，降低运营中的人力成本；养老机构在开放中给予社区老年工作从业人员专业培训和技术指导，提高社区养老服务水平。

三、我国养老机构的服务对象与特点

（一）养老机构的服务对象

养老机构的服务对象主要是老年人，但是某些养老机构（如农村敬老院）也接收辖区内的孤残儿童或残障人。

（二）养老机构的服务特点

养老服务是关乎公众利益的社会事业，它与其他服务不同，是一种全人、全员、全程服务性的工作，服务群体是老年人，这就决定了养老机构服务的独有特点，见表1-2。

表1-2　养老机构的服务特点与服务群体

特点	服务群体
公益性	以城市"三无"、农村"五保"老人为主
以人为本	终其一生的老年人
高风险性	高龄、失能或半失能、失智或半失智老年人，多伴有各类慢性疾病

1. 公益性

公益即"公众利益"。养老机构为老年人提供的养老服务具有公益性，是典型的公益性事业。公益性事业是指以社会公共利益为目标所开展的各项事业。我国绝大多数养老机构是以帮扶、救助城市"三无"，以及农村"五保"老人为主，且多不以营利为主要目的，所以其公益性特征尤为明显。公益性的特点决定了养老机构在提供服务和自身运营过程中都应当以公益性作为自己的最高准则和目标。对于各级养老机构的设置，首先是从社会福利角度出发进行规划、配置，机构在提供养老服务的过程中，也要以公益性为原则，以社会的整体利益为宗旨。

2. 以人为本

养老机构的服务原则是"以人为本"。养老服务是一种全人、全员、全程服务性的工作。所谓"全人"服务，是指养老机构不仅要满足老人的衣、食、住、行等基本生活照料需求，还要满足老人医疗保健、疾病预防、护理与康复以及精神文化、心理与社会等需求；要满足入住老人以上需求，需要养老机构全体工作人员的共同努力，这就是"全员"服务；绝大多数入住老人是把养老机构作为其人生最后的归宿，从老人入住那天开始，养老机构工作人员就要做好陪伴老人走完人生最后里程的准备，这就是"全程"服务。

3. 高风险性

养老机构的服务对象是老年人，很多都是高龄、失能或半失能、失智或半失智老年人，是发生意外事件、伤害、疾病以及突发死亡的高危人群。这对于养老机构的服务提出了非常高的要求，因为一旦老人发生意外，养老机构就很容易陷入纠纷，造成很大风险。此外，养老服务业又是一个投资大、回报周期长、市场竞争激烈的高风险行业。如果没有市场意识、经营意识，没有严格的管理和风险防范机制，必然会增加养老机构投资与经营风险。

案例分析

张老太是入住某福利院的一位失智老年人，一天午饭后被安排午休，护理人员下楼吃饭，不久老人从2楼窗户翻下（没有护栏）坠楼。此前院方已经发现老人有幻视、幻听现象，院方与亲属沟通，亲属认为问题不大，并表示愿意承担可能发生的后果，但并未签署承诺书。此次坠楼事件发生后，院方第一时间发现并紧急将老人送往邻近医院救治，但老人因抢救无效死亡。事后，老人亲属以院方防范措施有缺陷为由将福利院告上法庭。

问题：1. 该案例反映出养老机构的哪项服务特点？

2. 我们从案例中可以看出福利院暴露出的哪些缺陷？

3. 从规避风险的角度考虑，福利院是否应接收有幻视、幻听现象等精神疾病表现的老年人入住？

四、我国养老服务机构的性质

根据养老机构的所有制结构和运行方式的不同，养老机构的性质也呈现出多样化的趋势。

（一）公办与民办的不同属性

我国养老机构的所有制结构由国家、集体（城市街道、农村乡镇）和民间（个体、民营和外资企业）的不同，养老机构分为国办、集体办和民办，见表1-3。

1. 公办养老机构

国办、集体办的养老机构又称为公办养老机构。公办养老机构的服务对象首先必须是城镇"三无"老人、农村"五保"老人以及低保、特困等低收入老人，向其提供无偿、低偿的供养服务。在满足上述特殊群体服务的情况下，为社会上的其他老年人提供服务。公办养老机构隶属政府编制，享受政府财政拨款，其面向社会的收费所得用于弥补事业发展经费的不足和改善养老机构内重点人员的生活条件。

2. 民办养老机构

民办养老机构主要由民间力量出资创办，其服务对象不受限制。

表1-3 公办与民办的不同属性

性质	资金来源	服务对象	收费情况
公办	政府财政拨款	城镇"三无"老人、农村"五保"老人以及低保、特困等低收入老人	提供无偿、低偿的供养服务
		社会普通老年人	有偿服务，收费所得用于弥补事业发展经费的不足和改善养老机构内重点人员的生活条件
民办	民间出资	服务对象不受限制	有偿服务，取之于民，用之于民

（二）营利与非营利的不同属性

民办养老机构按照其运行方式的营利与否，可分为营利性和非营利性两大类。

1. 营利性养老机构

营利性养老机构在当地工商、税务部门进行注册登记，属于营利性的企业组织，可以追求利益最大化的目标，一般不享受国家有关优惠政策，在完成税收征缴后，其利润可以分红，属于老龄产业。

2. 非营利性养老机构

非营利性养老机构在当地民政部门注册登记，属于民办非企业组织，持有"社会福利机构执业证书"。民政部门对这些养老机构按照民办非企业单位进行管理，具有非营利性组织的特征，以谋求社会福利为宗旨，不以追求利润为目的，享受国家优惠政策，并且不需要上缴税收，但利润不能分红，只能用于养老机构的滚动式发展，属于老年社会福利事业。

（三）中国特色的养老机构新模式

1. 民办公助

民办公助是指以民间力量为主体兴办各种社会事业，政府给予一定资金支持的一种建设模式。以来自政府的资助来调动民间力量投入养老机构建设，政府资助不能改变其多种经济成分的所有制性质，其管理体制和运行机制与市场经济接轨，可以更多地和物质利益原则挂钩，具有更大的灵活性和实效性。政府的资助在一定程度上可以把机构的发展向着正确方向进行引导。政府能够随时施加一定的干预和影响，使民办养老机构更好地为老年人提供优质服务。

2. 公办民营

公办民营是指各级政府和公有制单位已经办成的公有制性质的养老机构，需要按照市场经济发展的客观要求进行改制、改组和创新，与行政管理部门脱钩，交由民间组织或社会力量管理和运作，政府部门不再插手，实现多种经济成分并存、多种管理和运营模式融合、充满生机与活力的发展局面。

3. 公建民营

在新建养老机构时，各级政府摒弃过去的包办包管、高耗低效的管理体制和运营机制，按照办管分离的发展思路，由政府出资建设，社会组织或服务团体经办和管理运作，政府则按照法律法规和标准规范承担行政管理和监督的责任。由此可见，公办民营与公建民营是既有联系又有区别的。

任务解析

回顾案例：

《史记》记载，韩信自幼家贫，父母双亡。他工于读书、善习武，却生活无着，讨人"白食"，常遭冷眼。后至淮水垂钓，以鱼换饭，饥饱无常。淮水边有一"漂母"，代人漂衣浣纱。她见韩信挨饿，每日都把自己的饭分给韩信，日日如此，从未间断，韩信发誓报答"漂母"之恩。后来韩信被封"淮阴侯"，差人四处寻"漂母"以报分食之恩，以千金相馈供"漂母"至终。这就是"一饭千金"成语的由来。

案例解析：

"一饭千金"讲述了韩信知恩图报的成语故事，展现给我们的是中华民族的孝道文化和反哺之恩。孝道文化一直是中华民族的主流价值观，当下老年人无论选择哪种养老模式，都受到孝道文化的滋养。"漂母"如果活在当下的话，可以从居家养老、社区养老和机构养老模式中任选一种。如能穿越，我们可以与"漂母"一起商讨，选择一种既符合她意愿又能够集长期照护、健康管理和文化娱乐于一体的合适她的养老方式，当然可以是居家养老、社区养老和机构养老中的一种。

实训项目

在认识养老机构的服务对象、特点和职能的基础上，组织一次养老机构专业实践活动，培养老年工作责任感，建立对专业的认同感，完成专业认知调研活动。

1. 体会与老年人相处的感受，学会与老年人沟通的技巧。
2. 完成专业认知调研报告。

巩固拓展

1. 名词解释：我国养老机构的概念。
2. 简答题：
（1）我国养老服务体系的组成和职能有哪些？
（2）我国养老机构的服务对象、特点和性质是什么？
3. 结合当下进行思考，中华民族的孝道文化与机构养老之间存在哪些冲突与联系？

任务二
养老机构管理

【知识目标】

◇ 了解我国养老机构管理的概念。
◇ 熟悉我国养老机构管理的组织结构。
◇ 掌握我国养老机构管理的主要任务。

【能力目标】

◇ 在机构管理的组织结构原则基础上，初步构架养老机构内部组织设置。
◇ 通过所学知识，了解养老机构的主要任务是为老年人服务，科学的管理工作是实现尊老、敬老和高质量服务的基础。
◇ 运用我国养老机构管理模式基础知识，进行个人近期学习计划安排并做出职业远期发展规划。

【素质目标】

◇ 反思课堂学习和机构探访的积极主动性和参与度，有意识地加强养老机构管理主要任务和管理模式的重点回顾性学习。
◇ 在理论知识和专业实践的学习过程中，建立起社会责任感和时代担当意识，收获知识和技能，提升职业素质。

> 　　南京市某社区养老院，收住本社区和附近有养老需求的老年人，已经运营
> 10 余年，多年来一直是一床难求，是南京市远近闻名的示范社区养老院。设
> 院长 1 名，院长助理 1 名，管理人员 3 名，5 人承担了养老院的全部管理工作。
> 管理上一人多责，分工明确，职责到人，养老院的行政、业务、后勤等管理工
> 作井然有序，高效运作，老年人的入住满意度居市区榜首。

　　管理是为了实现某一共同目标而采取的一种有意识、有组织且不断进行协调的活动。管理的目的是提高效率和效益，管理的核心是人。养老机构的管理遵循管理学的基本原理与方法，按照养老服务行业建设、经营与发展规律，构建自己的组织管理体系，确定管理方针、目标与方法，对养老机构的服务与经营实施有效的管理。

一、养老机构的管理概念

（一）基本概念

养老机构管理主要指政府对养老机构的管理和养老机构内部的管理。

（二）基本特征

1. 政府层面的宏观管理

　　政府对养老机构的管理多是从宏观层面，即从政策法规层面对养老机构建设、服务与经营进行管理，这种管理多为指导和监督。

2. 养老机构层面的微观管理

　　养老机构层面的微观管理，即养老机构的内部管理，是养老机构根据老年人的需求，依据国家政策法规所进行的具体事务管理。

二、养老机构管理的组织结构

　　养老机构管理主要是指微观层面的机构内部管理，这就涉及组织机构的设置问题，主要包括养老机构内部行政、业务和后勤等职能部门的设置和人员配置。

（一）内部组织机构设置的原则

　　养老机构的服务主要涉及生活照料与护理、营养与膳食、疾病预防与保健、临床医疗与康复、休闲娱乐等内容，其内部组织机构设置应当根据养老机构的性质、规模、所开展服务项目等科学安排。养老机构内部组织机构设置时应遵循以下原则：符合国家政策法规、行业规范；满足实际工作需要；明确部门与岗位职责，精简、高效；能调动员工工作的积极性和创造性。

（二）内部组织机构的设置

养老机构内部组织机构应以明确部门管理职能为原则进行命名。具有一定规模的大型养老机构或国有养老机构内部实行分级管理，多为"三层五级"管理模式，即分为决策层、管理层、操作层和院长级、科级、区主任级、班组级、员工级，由此形成了阶梯形的领导与被领导关系。中小型养老机构不拘泥于此，可根据实际工作需要，本着精简、高效的原则灵活设置和配置，管理人员一专多能，既是机构的管理者，也是具体任务的操作者和执行者。

三、养老机构管理的主要任务

养老机构管理的主要任务可谓事无巨细、包罗万象，从政府对养老机构各项政策法规、规章制度落实的管理，到养老机构服务人员对入住老年人日常生活的照顾、医护人员的健康管理等；既包含了政府对养老机构的宏观外部管理，又涵盖了养老机构管理者对内部的微观管理。

（一）养老机构外部管理

政府对养老机构的管理称为外部管理。一般来说，公办养老机构所在乡镇人民政府（街道办事处）是养老机构的主办单位，负责对养老机构建设管理的组织实施和领导。养老机构所属民政部门主要领导为第一责任人，分管领导为第二责任人，负责养老机构工作的专职民政干部为第三责任人，养老机构院长为直接责任人。尽管民办养老机构的主办方不是政府，但当地政府也负有规划、审批、监管等责任。具体而言，对养老机构的外部管理主要通过各级民政部门代表政府实施管理和指导，同时，各级计划、财政、税务、物价、建设、卫生、电力、公安、市政工程、环境保护、国土资源、劳动和社会保障等行政部门也应当按照各自职责，共同做好养老机构的规划、发展、管理和保障工作。

（二）养老机构内部管理

养老机构的主要任务是为老年人服务，科学的管理工作是实现尊老敬老和高质量服务的基础。因此，养老机构的管理者必须明确管什么、如何管以及要达到的预期目标是什么。

1. 生产服务要素管理

所谓生产服务要素管理，即按照生产服务要素进行的分类管理模式，换言之，就是人、财、物的管理模式，见表1-4。

（1）"人"的管理

养老机构"人"的管理包括对员工的管理和对入住老人的管理。

①员工的管理：养老机构员工管理的目标在于如何调动员工的积极性，增强其责任意识，保证老人居住安全，提高服务质量，这是养老机构管理的重点，也是养老机构赖以生

存和发展的关键。员工管理应从三方面着手：一是做好员工的选拔、聘用、岗前和在岗培训，严把员工"入口"关，并不断进行在岗培训，提高员工素质和服务质量；二是加强员工的职业道德教育；三是加强员工考核管理，实现奖惩分明。

②入住老人的管理：入住老人管理的目标是确保老人居住安全，预防和杜绝意外伤害事件的发生。具体内容包括老人入住与出院管理、生活照护管理、医疗管理、精神慰藉与入住安全管理。城市养老机构要向每一位新入住的老人发放"入住须知"，农村敬老院要向每一位老人发放"院民守则"，督促老人遵守养老机构规章制度、团结友爱、厉行节约、爱护公物等。养老机构要为每一位入住老人建立个人信息、健康档案或病历，更好地实施个性化服务。

（2）"财"的管理

"财"的管理是指养老机构的财务和资金的管理。养老机构财务管理包括财务制度、财务计划、资金分配、资金周转、成本核算和财务监督等内容。养老机构对财务和资金管理的目标是以有限的资金投入获取最佳的社会与经济效益。

（3）"物"的管理

养老机构对"物"的管理包括对机构内硬件设施的建设、改造、维修，物品使用、设备的采购以及保管、维护等资产管理。养老机构对"物"的管理目标是使所有设施、设备始终处于完好状态，物品采购、使用、管理始终处于规范有序状态，保证养老机构各项工作正常进行。

表 1-4　生产服务要素管理

分类	对象	目标	内容
"人"的管理	员工	如何调动员工的积极性，增强责任意识，保证老人居住安全，提高服务质量，这是养老机构管理的重点，也是养老机构赖以生存和发展的关键	一是做好员工的选拔、聘用、岗前和在岗培训，严把员工"入口"关，并不断进行在岗培训，提高员工素质和服务质量；二是加强员工的职业道德教育；三是加强员工考核管理，实现奖惩分明
	入住老人	确保老人居住安全，预防和杜绝意外伤害事件的发生	老人入住与出院、生活照护、医疗和精神慰藉以及入住安全等管理。养老机构为每一位入住老人建立个人信息、健康档案或病历，实施个性化服务
"财"的管理	养老机构的财务和资金	以有限的资金投入获取最佳的社会与经济效益	财务制度、财务计划、资金分配、资金周转、成本核算和财务监督等管理
"物"的管理	养老机构的"物品"	所有设施、设备处于完好状态，物品采购、使用、管理始终处于规范有序状态，保证养老机构各项工作正常进行	硬件设施的建设、改造、维修，物品使用、设备的采购以及保管、维护等资产管理

2. 子系统管理

按照子系统类型进行分类管理，可分为行政、业务和后勤三类管理。

（1）行政管理

养老机构行政管理包括组织机构管理、政策方针管理以及规章制度建设与管理。

①组织机构管理：养老机构的组织机构管理包括科室设置、岗位设置、人员配备、部门职能、岗位责任、人事聘用和档案管理等工作。前提是把最适合的人放在适合的管理岗位，让他们人尽其才、各展其能。行政职能科室设置、人员配备等应以实际工作需要为准，避免机构臃肿和人员配备不合理，如人多则浮于事，工作相互推诿，工作效率低；人少则影响机构的正常运营。

②政策方针管理：养老机构的领导者要研究关系到养老机构生存与发展的政策方针性问题，并把握办院宗旨、服务定位、发展目标、发展方向与发展规划等，在管理实施中不断创新与改革，使养老机构按照既定方针、目标建设发展。

③规章制度建设与管理：规章制度是员工的行为规范、工作准则，也是行政、业务管理的重要依据，是常规工作正常有序进行的保障。领导者应当亲自主持确定本机构各部门的岗位职责、服务标准、操作规程与流程以及各项管理制度等。

（2）业务管理

业务管理主要是指针对养老机构所开展的各项业务活动而进行的有效管理，主要包括出入院管理、护理管理和医疗服务管理三个方面，见表1-5。

表1-5 养老院业务管理

分类	内容	意义
出入院管理	入院管理包括接待咨询、登记预约、健康体检、家庭调访、入住审批、协议签订、试住等；出院管理主要是出院手续办理等	做好出入院管理可以规范经营服务行为，化解矛盾与风险
护理管理	健康评估、护理等级评定或变更、生活护理、心理护理、康复护理、疾病护理、老人安全和文娱体育活动组织以及入住老人健康和个人档案等管理	其是养老院管理工作的中心和核心，有助于提高服务水平与质量，确保老人入住安全
医疗服务管理	明确医疗服务范围，在规定的范围内开展医疗服务，如遇重大、突发性疾病，在现场急救的同时，直接拨打"120"急救电话，寻求外援帮助，并及时通知其亲属；没有救治能力与条件的情况下，一定要配合老人亲属送往外院救治。此外，做好医务人员执业资格管理，药品、处方管理和病历档案管理等工作	保证基本医疗需要

（3）后勤管理

养老机构后勤管理涉及养老机构环境绿化、美化和清洁卫生，房屋、水、电、煤气、采暖等设施的维修，食品采购、加工制作与服务，车辆的使用与维护，消防安全与保卫等工作的管理。后勤服务人员归行政职能部门管理，司机、安全保卫人员可由院办公室管理；房屋及水、电、煤气设施维修和膳食工作人员可由总务部门管理。后勤服务人员多的部门可成立相应的班组，实施班组管理。

3. 服务对象分类管理

服务对象分类管理包括自理老人与非自理老人管理、健康老人与患病或临终老人管理以及国家供养对象（即城镇"三无"、农村"五保"老人）与社会老人（即托养、寄养老人）的管理。在大多数情况下，服务对象的管理是按照老人的生活自理能力、健康状况、年龄、经济承受能力实施分级、分类管理。多数国办养老机构将城镇"三无"、农村"五保"老人与托养、寄养老人实行分开管理。

（三）管理目标与原则

明确了管理内容，还必须制定管理目标与原则，以便确定管理方法，实施有效管理。

1. 管理目标

（1）追求社会效益

养老服务业是老年人社会福利事业的重要组成部分，也是社会主义精神文明的窗口，体现了党和政府对广大老年人的关心与关怀。因此，不断改善住养条件、提高服务质量、追求社会效益，让老人满意、让子女放心、为政府和社会分忧是养老机构管理的最高目标。

（2）重视经济效益

虽然大多数养老机构不以营利为目的，但其参与社会经济活动与市场竞争，同样存在着经济效益问题，特别是在政府投入不足、优惠政策难以落到实处、老年人支付能力低、市场竞争激烈的背景下，养老机构要生存、要发展，必须重视经济效益。追求社会效益与重视经济效益并重，是所有养老机构管理的共同目标。在这个共同目标的指导下，养老机构结合自身实际制定出具体的管理目标，如近期和远期的发展规模目标、质量管理或品牌战略目标、经营效益和人才战略目标等。养老机构管理目标设计、制定得越具体、越缜密，就越容易付诸实施和实现。

2. 管理原则

（1）以人为本的原则

"以人为本"是管理学中人本原理的核心，它是管理之本、发展之本。养老机构管理中的"以人为本"体现在三方面。一是规划设计、装修或改造过程中体现"以人为本"，充分考虑老年人的体能、心态变化，一切为了方便老人居住与生活，为老年人营造一个温馨、舒适、安全、方便的居住环境；二是服务理念上体现"以人为本"，充分了解老人的需求，理解老人的心理与期望，对每一位老人提供体贴入微的个性化服务；三是员工的管理上体现"以人为本"，员工是养老机构生存与发展的重要因素，管理者要对员工既严格又关爱，切实解决员工工作、生活上的困难，维护员工的合法权益，激发员工努力工作的积极性。

（2）安全第一的原则

养老服务业是一个高风险的行业，它面对的是体弱多病的老年人群体，稍有不慎或工作疏忽，就有可能酿成入住老人的意外伤害事故，引发纠纷，造成损失。因此，在养老机构管理中，安全管理是头等大事，应从制度上进行设防，意识上加以强化，把不安全因素消除在萌芽状态。

（3）服务质量首位原则

质量是养老机构发展的生命线，没有可靠的服务质量，难以吸引和留住老人，养老机构的经营将陷入困境，甚至难以生存。

（4）依法管理的原则

养老服务是一个政策性很强、管理严格、社会关注度高、十分敏感的工作，稍有偏离，将会遭到政府行政部门的批评、处罚和社会舆论的谴责，使养老机构处于十分被动甚至难堪的局面。只有依法管理才能使养老机构健康发展，赢得政府的扶持和社会的认可。

任务解析

回顾案例：

南京市某社区养老院，收住本社区和附近有养老需求的老年人，已经运营10余年，多年来一直是一床难求，是南京市远近闻名的示范社区养老院。设院长1名，院长助理1名，管理人员3名，5人承担了养老院全部管理工作。管理上一人多责，分工明确，职责到人，养老院的行政、业务、后勤等管理工作井然有序，高效运作，老年人的入住满意度居市区榜首。

案例解析：

从该养老院内部组织机构的设置来看，该社区养老院属于中小型规模的养老机构。养老机构的内部组织机构设置应遵循的原则有：①符合国家政策法规、行业规范；②满足实际工作需要；③明确部门与岗位职责，精简、高效；④调动员工工作的积极性和创造性。大型或国有养老机构的内部组织机构的设置通常采用的管理模式是："三层五级"管理模式，即分为决策层、管理层、操作层和院长级、科级、区主任级、班组级、员工级，由此形成了阶梯形的领导与被领导关系。

实训项目

通过我国养老服务机构的公益性培育学生的仁爱之心，并结合养老机构主要任务和管理模式的学习，完成一次养老机构的志愿者服务工作。

1. 做一次长者的孙辈，待老人如家人，学会倾听，观察并体会长者身体功能日渐衰退出现的身心变化，以及对日常生活的影响等。

2. 结合过往所学专业知识和养老机构管理模式，对未来的养老工作从业做出近期和远期个人发展规划。

巩固拓展

1. 名词解释：我国养老机构管理的概念。

2. 简答题：

（1）简述我国养老机构管理的组织结构。

（2）我国养老机构管理的主要任务有哪些？

3. 结合所学专业知识，通过养老机构的专业实践和志愿者服务活动综合分析，考虑如果你作为一名管理者会采用什么样的管理模式，在提高服务质量的同时创造更好的社会效益和更高的经济效益。

项目二　会议管理基础理论知识

【知识目标】

◇　掌握会议的概念、特征及基本构成要素，能利用不同的分类方法对会议进行准确分类。
◇　理解会议管理的内涵及原则。
◇　了解会议的基本功能及流程。

【能力目标】

◇　在掌握会议管理相关知识的基础上，能对会议管理有全面正确的认识。
◇　能够独立写出会议的基本流程，并撰写一份完整的报告。

【素质目标】

◇　在理论知识和专业实践的学习过程中，建立起社会责任感和时代担当意识，收获知识和技能，提升职业素质。
◇　在小组合作的学习中，培养学生自主学习的能力。

【思维导图】

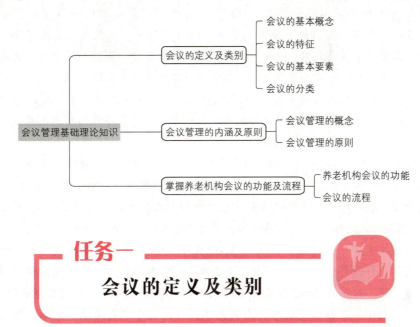

任务一
会议的定义及类别

【知识目标】

◇ 掌握会议的基本特征。
◇ 掌握会议的基本构成要素，并能正确分析案例中的各要素。
◇ 了解会议的不同分类方法，并能区分出不同的会议类型。

【能力目标】

◇ 能利用会议的基础知识指导实践，区分出实际工作中会议的各种要素。
◇ 能区分出各种不同会议类型的分类方法。

【素质目标】

◇ 通过理论知识的学习，培养学生机构管理理念，提升学生的职业素养。

案例导入

　　中国虚拟现实大会（ChinaVR）由赵沁平院士发起，创办于2001年，至今已经举办了18届，是国内虚拟现实领域最早和最重要的学术会议，前身为全国虚拟现实与可视化学术会议（CCVRV），主办方和参会人员涵盖了国内从事虚拟现实技术研究和产业研究的全部科研人员，包括中国计算机学会及其虚拟现实与可视化技术专业委员会、中国图象图形学学会及其虚拟现实专业委员会、中国仿真学会及其虚拟现实技术应用专业委员会等。

为扩大中国虚拟现实的国际影响力，主办方自2011年开始，联合世界顶尖的国际电气和电子工程师协会（IEEE），创办了国际虚拟现实与可视化会议（ICVRV），并与ChinaVR联合同期举办。到目前为止，已经成功举办了18届，分别由北京航空航天大学、装甲兵工程学院、浙江大学、国防科技大学、大连海事大学、山东科技大学、上海大学、燕山大学、西北工业大学、沈阳航空航天大学、厦门大学、杭州师范大学、郑州大学、山东大学等国内知名高校和单位承办，邀请了一批著名专家进行大会报告，组织了虚拟现实技术的研究人员进行专业性技术研讨，取得了积极的成效。

经过18年的不断积累，ChinaVR已经成为中国虚拟现实领域的旗舰型学术会议，会议从最初的学术论文宣讲形式发展到专题课程与报告、学术论文宣讲、主题论坛、展览展示、竞赛、奖励多元结合的形式，参会人员从最初的50多人发展到现在的近500人，是国内虚拟现实技术创新与产业创新的重要发源地之一。

围绕国家"一带一路"倡议，ChinaVR于2018年筹建了虚拟现实与可视化技术国际合作创新中心，通过VR"走出去"，为"一带一路"交流提供了崭新的助力手段。目前，ChinaVR已经涵盖11所国内高等院校（北京航空航天大学、北京理工大学、北京师范大学、南昌大学、青岛大学、天津理工大学、同济大学、西安理工大学、西安音乐学院、中国海洋大学、中国科学院软件研究所）、6所"一带一路"国家的高等院校（西部自治大学、安地瓜亚大学、考卡大学、安第斯大学、伊塞斯大学、圣地亚哥卡利大学），以及美国罗切斯特理工大学等。

第十九届中国虚拟现实大会于2019年11月21—24日在深圳召开。本次大会邀请国内外学术界与产业界的著名专家就目前VR关键技术与热点问题做特邀报告，集聚国内外从事虚拟现实与可视化技术的研究人员和工程技术人员，广泛开展学术交流、研究发展战略、推动成果转化、发展国际合作、激励青年志士，共同促进中国虚拟现实与可视化技术的发展与应用。

一、会议的基本概念

《现代汉语词典》对于会议的解释是：第一，有组织、有领导地商议事情的集会，如全体会议、工作会议、厂务会议等；第二，一种经常商讨并处理重要事务的常设机构或组织，如中国人民政治协商会议、部长会议等。

从这个层面上理解，会议是一种围绕特定目标进行的、组织有序的，以口头交流或书面交流为主要方式的群体性、多向性沟通和商议的活动。它具有集思广益、传达、交流、沟通、共享信息和支持决策的功能。

目前国内广义上的会议概念涉及面较宽，即"MIC"：一般性会议、讲义性会议（如活动或旅游）、大型会议。而国外则更偏重于将广义的会议活动称为"event"，而且是"business event"，反映和强调了会议产业的性质与功能。会议越来越被视为一种商业性的（或具有商业功能的），能带来商业效益的事件活动。会议的功能在"商议和解决问题"

之余，其具有的经济和商业意义更催生了"会议产业"的迅速发展。

综上所述，本书对会议做了以下定义：会议是一种围绕特定目的和议题开展的、具有一定组织形态的、以口头交流为主要方式的群体性社会交往活动。

二、会议的特征

1. 目的性

任何会议的举行，都是为了满足人们交往和沟通的客观需要，解决人类活动面临的共同矛盾和问题。因此会议主办者都是为了达到某一明确目的而决定开展会议活动的，没有目的的会议一般情况下是不存在的。

会议的目的不是抽象的，它通过会议的议题及其相关的议程和会议结果来统领会议的全过程，既体现组织者的愿望，也反映全体会议成员的共同期盼，因此是会议活动最基本的驱动力。

2. 组织性

会议需要有一定的组织和计划性，它是一项组织有序的活动。即使会议有了明确的目的性，也还是需要依靠有效的组织和管理来实现。会议的组织形态表现在有明确的会议组织者、会议的领导和管理服务体系，有会议规则和会务工作程序等若干方面。组织一场会议，常常要经过确定会议目标、确立会议议题、选择会议场所、确定会议时间等一系列程序。会议只有具备一定的组织形态，才能确保会议各项组织管理工作的科学高效，才能使会议目标最终实现。

3. 沟通性

人们在社会交往过程中，经常会遭遇一些个人能力无法完成的目标或愿望，遇到一些个人能力无法解决的矛盾和无法战胜的困难，这个时候，就需要人们通过集体讨论、商议、交流和沟通，相互启迪智慧，共同想出方法，协调相互关系，依靠集体的力量来解决矛盾、战胜困难、达到目的。因此会议具有沟通性，缺乏沟通和交流的会议，是很难起到令人满意的效果的。会议中面对面的群体沟通也是最直观、最直接、最符合人类本真的沟通方式。

4. 可行性

会议的可行性是指会议活动在明确目标的前提下，还必须具备召开会议的现实性条件，而且要确保会议一旦召开就要有结果，以免做无用功或造成资源的浪费。尤其是现代越来越多的大型会议，牵涉甚广，花费较多，更要考虑会议举行的可行性。

三、会议的基本要素

1. 会议名称

会议的名称是对会议的内容、性质、参加对象、主办单位以及会议的时间、届次、地点、范围和规模等信息的概括性反映，必须用准确规范的文字来表达。使用合理的会议名称可以让与会人员及工作人员迅速了解会议的基本议题，也有利于会议的宣传工作，扩大会议的影响。

2. 会议时间

会议的时间包含两个方面的含义：一是会议的起止时间，也就是会议开始和结束的时间。比如"于某年某月某日下午3：00召开某某会议"。二是会议的会期，也就是会议的时间跨度，指整个会议从开始到结束所需的时间。比如"于9月2—5日召开某某会议"。会期必须向与会者明确，这样才能方便与会人员提前做好相关工作安排及物品准备。

3. 会议地点

作为一种集体性的社会交往活动，会议总是在一定的空间范围内存在的。所谓会议地点，就是指会议存在的空间。一般情况下，会议地点包含了两方面的含义：一是会议举办地，也就是会议主办城市。尤其是一些中大型的会议，需要选择一个合适的会议举办地。会议举办地的选择要综合考虑会议的性质、主题、举办地的经济条件、接待能力等。二是会议举行的具体场所，选择会议场馆时，应根据会议的实际情况，综合考虑会场的大小、交通状况、环境和设备等因素。

随着现代科技的发展，出现了视频会议、电话会议、国际卫星会议等多种新型会议形式，会议地点的概念也发生了变化，不再局限于一个固定的地方和场所。

4. 会议议题

会议议题是根据会议目标，确定并付诸会议要集中讨论和解决的问题，是构成会议必不可少的因素之一。会议议题是对会议内容的具体化，体现了会议的目的，能准确为会议服务。同时作为会议交流的中心，能引导和制约会议的发言，好的会议议题能起到集思广益的作用。

5. 会议人员

会议人员包括会议的组织者和会议的参与人员。会议的组织者也就是会议的主体，我们把发起、策划、主办、承办、协办会议活动的机构或个人统称为组织者，因此会议的组织者包括会议的主办方、承办方、支持单位、赞助单位和协办单位等。会议的参与人员也就是会议的客体，一般由出席人员、列席人员、会议主席团及会议执行主席、会议秘书处及秘书长、会议服务人员等组成。

6. 会议结果

会议的举行必定要达到一定的效果，实现一定的目标，其目标实现程度和效果就是会议结果。受各种因素的影响，会议的结果可能与会议目的完全一致，也可能部分一致，甚至会背道而驰。当然，不管会议结果如何，都应该以文件的形式将会议结果记载下来，可以归档保存，也可以直接公布、传达。

四、会议的分类

1. 按会议规模进行划分

根据参会人员数量的多少，可以将会议分为小型会议、中型会议、大型会议及特大型会议。

（1）小型会议

出席人数不多于 100 人。如各单位内部召开的日常工作会议。

（2）中型会议

出席人数在 100~1000 人。例如，中央委员会全体代表会议、全国人大常务委员会会议等。

（3）大型会议

人数在 1000~10000 人。

2. 按照地域进行划分

我们也可以按照会议覆盖的地理范围对会议进行分类。根据会议覆盖的范围和参会人员的来源，我们可以把会议分为以下三类：

（1）区域性会议

区域性会议是指与会人员限定在国家的一定范围内的会议。这里的"区域"，可以是行政区域，例如行政单位的省、地级市和县区，也可以是自然区域，例如长江流域、珠江流域，还可以是经济合作区域，例如南京都市圈、上海都市圈等。

（2）全国性会议

全国性会议是指与会人员来自全国范围内的会议。这种会议的参会代表来源于全国范围，针对某一主题，或讨论某一行业。

（3）国际性会议

国际性会议是指参会代表来自不同国家或地区。这种会议，可以针对某个区域集团，例如东南亚国家联盟、石油输出国组织，也可以来自全球范围，例如联合国有关组织、世界性的行业协会或者标准化组织。

3. 按会议的内容进行划分

所有的会议都会有一个主题，或者针对某一特定内容进行交流。因此，我们可以根据内容，把会议分成以下几类：

（1）决策性会议

在这类会议上，参会人员一般是能够进行决策的中高级管理人员和专家。通过这样的会议，参会人员对某些主题和建议进行分析、讨论和交流，并在会上根据讨论的结果做出决定，形成决议，以供执行。

（2）研讨性会议

在这类会议上，参会人员往往是有关领域的专家学者和决策者。在会议上，参会人员对某些主题进行分析、讨论和交流，提供各种建议，或对某一领域的未来发展趋势做出预测，也可能形成一些共识，但并不形成用于指导行动的决议。

（3）学习培训性会议

在一定的组织范围内，针对特定人群进行培训，教授新知识、新技能的会议，被称为学习培训性会议。这类会议可以由企业组织，也可以由某些学术团体或行业协会组织。

（4）咨询论证会议

这类会议，一般是在做重大决策前，邀请有关专家对相关主题提供建议，进行咨询和论证。

（5）沟通协调会议

在执行某项决策和任务时，往往需要对执行中遇到的问题进行定期交流讨论，并协调困难，以推进任务的执行。在这种情况下，任务负责人往往需要组织、沟通、协调会议。参会人员可能是在任务中涉及的所有部门和人员，以对任务进行定期的回顾和推进；也可能是针对某项特定工作的直接相关部门和人员，并对特定工作产生的问题直接由相关责任人进行交流，以解决问题。

（6）总结交流会

当某项工作和任务完成之后，或经历一段时间后的日常工作，需要对已完成的工作进行总结。这类会议，用来回顾过去的工作，互相交流从中获得的经验和教训，并对未来的工作产生裨益。

（7）庆祝表彰会

庆祝表彰会是用于对过往的工作中取得的成绩进行肯定和表扬，对相关表现优异的人员进行奖励。在某些情况下，庆祝表彰类会议可能和总结交流会共同举行。

（8）信息发布会

当个人、组织、国家机关需要对某个重要信息进行发布，或者对某个错误信息做出澄清的时候，往往需要举办信息发布会。信息发布会就是对某些信息专门做出说明的会议。这种会议，一般参会的除了信息发布人，还有各个媒体单位。在一些情况下，会议举办方也会安排问答时间，以更全面地释疑。

（9）典礼和仪式

典礼和仪式是指正式和隆重举行的有明显程式化特点的会议，例如各种签字仪式、开工仪式、开学典礼等。

仪式包含典礼。仪式是某项活动的程序，典礼是某项庆祝活动的仪式。

案例分析

2016年8月10—13日，"第七届中国国际供电会议（CICED 2016）"在西安曲江国际会议中心圆满闭幕。

本次会议以"能源变革下的供电系统"为主题，由国际供电会议组织中国国家委员会（CIRED CNC）、国家电网公司主办，国际供电会议组织（CIRED）联合主办，电气与电子工程师学会电力与能源分会（IEEE PES）、国际大电网委员会（CIGRE）、英国工程技术学会（IET）技术支持，国网西北分部、国网陕西省电力公司、陕西省电机学会、英大传媒投资集团有限公司协办，西安交通大学承办。智能、清洁、可持续成为与会者口中的高频词。

据悉，作为国际供电会议组织的区域性国际会议之一，中国国际供电会议每两年举办1次，至今已举办七届。本届会议汇聚了来自17个国家和地区700余名各地电网公司、研究院所、大学、制造企业、学会等的一流专家、学者与工程技术人员，就供电系统规划、设计、建设、运行、管理和设备制造等主题进行交流与研讨。

　　问题：1. 这次会议是什么类型的会议？

　　　　　2. 你能分析出此次会议的议题是什么吗？

巩固拓展

1. 会议的基本概念是什么？
2. 会议的基本特征有哪些？
3. 会议的基本要素有哪些？
4. 会议的常见分类方法有几种？按不同的分类标准，可以把会议分成哪些类型？

任务二
会议管理的内涵及原则

【知识目标】

◇ 明确会议管理的概念。
◇ 掌握会议管理的基本原则。

【能力目标】

◇ 能运用会议管理的基本理论，指导会议全过程的管理。

【素质目标】

◇ 通过理论知识的学习，增强学生对养老机构管理理念的认识，提升学生的职业素养。

　　成功职业中学创建于 1955 年，原来是一所农业类学校，起初只有 200 多名学生、20 余名教职工和 50 万元固定资产。建校以来，学校历经 3 次撤并后，学校将培养第三产业的初中级技术人才作为办学的新目标，逐步减少"农字号"专业，陆续开设了公共关系、文秘、礼仪服务、市场营销、美容美发等新兴专业。经过几年的发展，学校的文秘专业被评为省级示范性专业，学校被升格为国家级重点职业学校，目前学校拥有近 3000 名在校生、200 余名专任教师，固定资产近亿元。"成功"办学走过了 60 余年，是一部"成功人"自力更生、开拓进取、励精图治、艰苦创业的创业史。

在学校建校 60 周年时，学校领导经过研究，决定举办 60 周年校庆活动，并确定了"以成功人为荣，做成功者"的活动宗旨。学校对内增强全体师生员工对学校的自豪感和荣誉感，对外显示学校的实力和发展前景。学校提前成立了校庆筹备委员会，下设秘书组、新闻组、接待组、信息组、联络组，每组的组长都由学校的中层以上干部担任，筹备委员会给予他们充分的权力和空间，自主设置校庆项目及筹划相关事宜，重大项目须由校庆筹备委员会讨论审核。

秘书组主要负责庆典仪式活动的筹划，确定议程，拟定邀请重要来宾的名单，并撰写相关文书，直接接受筹备委员会领导、协调、监督。

新闻组负责庆典活动新闻发布会的筹划及新闻采访活动安排。

接待组的主要工作由该校的文秘教师负责筹划，具体工作由文秘专业的学生承担，要求统一着装，负责迎接宾客、来宾签到、赠送纪念品、茶水服务、活动迎导、参观解说，并要求在大门口列队迎送客人。

信息组负责组织编写校史、校友录及学校宣传册。

联络组主要负责联络各界校友，组织校友会。

对于 60 周年校庆，学校领导非常重视，撰写了一整套方案，专门拿出 80 万元经费用于筹划庆典。在庆典仪式上安排了剪彩活动，校庆日晚上还会举行盛大的庆祝晚会。同时，为使校庆活动更具学术气氛，校庆期间还会举行"学校发展战略研讨会"和"职业教育学术报告会"，既隆重热烈，又让人觉得意蕴深刻，更能展现"成功人"的气度非凡。

一、会议管理的概念

会议管理有微观和宏观两个方面。所谓的宏观会议管理，就是由政府机关或者有关主管部门对会议行业和会议活动实施的行政管理，如制定促进会议行业发展的政策、规范会议行业的行为、审批会议等。微观会议管理，即会议的组织者对会议活动实施的过程管理。本书所讨论的是会议的微观管理。

任何会议都是一种有目的、有组织的集体性交流活动，需要协调的关系非常多，为了保证会议活动能高效有序地进行，就必须实施会议管理。会议管理就是指会议组织者运用科学的决策、规划、组织、指挥和协调手段，以最优的服务、最低的成本和最高的效率，合理配置会议资源，实现会议目标的过程。会议管理的过程渗透到会议的策划、报批、申办、筹备、接待、举行、主持、总结、评估、反馈等各个环节。

二、会议管理的原则

1. 依法规范原则

任何人和任何组织在举行会议时，都必须遵守法律、法规和规章。强调依法规范原则，意味着既要维护公民和合法组织举行会议的权利，又要明确相应的义务，将各种会议活动纳入法制化和规范化的轨迹。

对于营利性会议的组织者来说，除应遵守有关的法律、法规和规章外，还应当在举办会议时设立相应的管理制度和规则，一方面实行自律，向与会者提供优质规范的服务，另一方面规范与会者的行为，维持会议的良好秩序，确保会议安全，维护与会者的合法权益，从而树立会议品牌形象。

2. 准备充分原则

一次成功的会议都需要充分准备，准备充分的原则主要包括以下几个方面：

（1）思想准备

会议组织者和会务工作人员在接到任务后，要从思想上重视起来，认真学习相关的法律法规，明确会议管理的目标和要求，为投入紧张的会议管理工作做好思想上、心理上的准备。

（2）信息准备

会议信息的管理工作烦琐复杂，对于会议的成功有着至关重要的作用。具体来说，会议举行前需要准备的信息包括：

①议题性信息，即需要列入会议议程，进行讨论、研究或需要解决的问题和工作。议题性信息的收集对于确定会议的主题和具体议题以及确定会议议程具有关键性意义，是会议信息管理的重要环节。

②指导性信息，即对确定会议的内容与形式，办好会议具有指导意义的信息，如当下的方针政策、有关的法律法规等。

③参考性信息，即围绕会议所收集的背景性、资料性信息，包括下级机关、人民群众围绕即将召开的会议所形成的意见、建议、要求，社会舆论的动向，国内外同行举办会议的经验教训，能够帮助说明和阐述会议文件的有关资料，以及与会者需要了解的信息等。

现代会议活动离不开物质和技术支持。因此在会议举行前，一定要做好物质和技术上的准备。

（3）方案准备

会议活动包括会议组织工作都需要进行周密的方案准备，同时为了避免突发状况的发生，有时候还需要准备几套不同的方案。

3. 分工协调原则

会议活动的每一项组织工作，会议管理的每一个环节都要落实到具体的人，做到岗位职责和任务要求明确。会议管理是一项错综复杂的工作，涉及的部门很多，发生矛盾和冲突在所难免，这时候应有大局意识，要通过建立协调机制，明确协调责任，使会议管理机构及其各个工作部门成为一个相互协调、相互配合的团队。

4. 服务周到原则

会议管理其实就是会议服务，良好的会议服务，能为会议的成功举办提供有力的支持。会议服务要做到周到细致和主动及时。任何的服务都应该赶在前面，要想客人所想，急客人所急，主动了解与会者的需求，尽快满足他们的愿望。

5. 确保安全原则

安全是会议顺利举行最重要的保证，这里的安全主要指以下几个方面：

（1）人身安全

人身安全是会议管理的重中之重。在会议开始之前，就应事先编制好各项应急预案，明确安全责任。同时加强对会议场馆的安全评估和检查。保障会议饮食安全和会议用车安全。

（2）信息安全

会议信息不能随意泄露，尤其是一些涉密性会议，要在会场的安排、设备的使用、文件的印发和保管、人员的进出等方面采取严格的保密措施，确保会议信息安全。

6. 环保节俭原则

会议活动中应严格执行财务预算，加强资金管理，努力降低成本。采取切实有效的措施，科学合理地配置和最大限度地利用资源，并从制度上厉行节约，杜绝浪费，实行绿色办会。

案例分析

2020年，一场突如其来的疫情打乱了我们的生活。本该熙熙攘攘的城市街道变得车少人稀。疫情之下的中国进入了全民远程办公模式，在线复工，网络办公蔚然成风，全世界最大规模的"线上办公室"正式开放，似乎提前进入了未来世界模式，也算一大奇景。疫情下的全民远程办公热潮来势汹汹，其暴露出来的安全隐患也日渐凸显。

大家显然还没完全适应新定义下的"面对面"办公环境，使用卡顿、掉帧掉线问题还未平息，在线办公的安全问题又来侵袭。随着企业对视频会议的需求越来越多，企业对视频会议软件的选择也是飞花乱入。甚至有些企业会议在即时聊天软件上召开，一时间这些聊天软件不分公私，既是拉家常的地方，也是严肃的办公场所，段子和文件齐飞，搞笑图片和商业PPT一色，全部混杂在一起。

不戴口罩都让人心惊肉跳，用普通的聊天软件开会沟通，则无异于公司的裸奔。公司内部很私密的会议，极有可能被远程监听、偷听，最可怕的是监听还录音，基本等于是把老底都交出去了，如何保护好互联网之下视频会议的信息安全问题已经刻不容缓。

目前，国内视频会议的应用范围不仅限于大型企业、中小型企业用户，一些政府机关乃至县、村、医疗、在线教育、培训机构都开始应用视频会议系统。一旦政府机构或是企业单位在召开视频会议时出现信息安全问题，后果不堪设想。

视频会议存在以下安全隐患：

1. 网络监听——开会信息被偷听。视频会议意味着大量企业内部员工接入生产网时所处的物理环境及网络接入环境均为未知，开会信息、商业机密容易被监听，企业经济损失重达上亿元。

2. 服务器受黑客或流量攻击——会议中断，使会议无法继续进行。由于服务器受黑客攻击，或诸多企业瞬间同时发起海量各类会议直播，服务器压力过大直接崩溃，从而导致视频会议掉线中断。

3. 身份冒充——有人假冒身份，不择手段获得账户登录权限，伪装身份进入会议。伪装者就像"披着羊皮的狼进入了羊群"，假如安全人员或会议管理员不能及时发现，不仅会存在商业机密泄露的危险，同时，也会因信息泄密给企业带来极大的恐慌和未知的损失。

4. 会议内容被窃取或篡改——会议内容被非法窃取或篡改。会议内容被篡改后，企业将无法获得确切、真实的会议内容，而下一步企业就会因错误的信息而做出错误的判断，导致一步错步步错，企业损失无法挽回。

问题： 1. 你认为会议中的安全问题涉及哪些方面的内容？
　　　　2. 针对视频会议的安全隐患问题，你有什么好的建议吗？

巩固拓展

1. 什么是会议管理？微观的会议管理指的是什么？
2. 会议管理的基本原则有哪些？
3. 会议的安全原则应从哪些方面考虑？

任务三
掌握养老机构会议的功能及流程

【知识目标】

◇ 掌握会议的功能。
◇ 熟悉会议的流程，以便在会议的不同流程阶段做好相应服务。

【能力目标】

◇ 在理解会议功能的基础上，能准确发挥会议的作用。
◇ 能根据会议的议程拟定会议的流程。

【素质目标】

◇ 在会议的不同阶段，培养学生的服务意识，提高学生的职业素养。

南京市养老服务行业协会为了能在中国养老机构发展高峰论坛期间做好会议服务工作，面向社会招收了 30 名会务工作人员，其中大部分人员属于非文秘专业人员，对会议的功能等相关知识并不十分了解。如何让新人快速了解会议的功用和类型，培训部王经理将这个任务交给了部门的王芳，并要求王芳两小时后将自己的想法以文字的形式发送至其电子邮箱。

一、养老机构会议的功能

会议就是群体研究问题、交流信息、获取知识、统一思想等目的中的一个或数个而在特定的时间聚集在特定的地点、按照一定的规则所进行的演讲、发言、讲解、讨论、商议和交流等行为，从而集思广益、达成一定结论的活动。在这个过程中获得的一系列有价值的信息，实现了预期目标以及协调行动等功能。养老机构为追求内部机构的完善，外部影响力的提升，在服务老年人的过程所开展的会议也发挥了很重要的作用，养老机构会议常见的功能有以下几点（图 2-1）：

图 2-1　会议的功能聚合图

1. 交流信息，互通情报

会议是集思广益的重要场所，是资讯的交换站，沟通交流信息也是会议最基本的功能。养老机构在发展运营的过程中难免会有自身的局限性，通过会议的讲话、报告、发言、讨论、文字等材料，以及与会人员的会下多向沟通，可以交流工作情况，相互沟通信息，彼此较快地了解全局，克服认识上的主观局限性。较之其他沟通形式，会议沟通具有直接、快速的优势。

2. 发扬民主，科学决策

通过会议，与会者广开言路，集思广益，管理者获取信息，了解情况，避免疏漏，找到方法和对策，单纯依靠个人的决策可能思虑不够开阔，众人议事，能够找到更合适的方法和策略，很多科学决策都来自会议。

3. 增进友谊，联络感情

会议是一种社交活动，人是社会性的动物，人是需要社会交往的，而老年人从原有的岗位上退休下来，角色发生很大变化，社会交往范围会急剧缩小，如果老人的社会关系不够网络化，很容易患上心理方面的疾病，因此合适的会议形式可以为老人提供一个很好的平台。而养老机构的管理者在工作的进程中也可以借助会议增进感情。在会议的进程中，人们相识、交谈、交往、送别等，很多人通过参加会议增进了友谊，树立了良好形象，提升了身份地位，扩大了影响。

4. 传达指示，部署工作

召开会议传达上级指示，部署养老机构的中心工作和重大行动，可以使机构内部充分领会上级精神和意图，避免工作中的盲目性和片面性，有助于推动工作。

5. 统一认识，协调行动

如果养老机构各部门对全局情况不了解，又缺乏必要的交流和沟通，就很容易导致行动不协调，影响工作落实。召开会议可以把问题摆到桌面上，使大家充分沟通，寻找到大家普遍接受的行动方案，并形成决议，可以防止不同部分各行其是，私下你争我斗，减少相互之间的矛盾。

6. 脑力激荡，寻求创意

一个富有生命力的机构一定依附于足够的创新意识，会议就是产生创意的一个良好场所，通过有效的会议，进行头脑风暴，不断激发出良好的创意。

7. 检讨缺失，改进方案

如果一个养老机构不能提供令人满意的服务，那可以通过会议来寻找原因，比如，是不是硬件设施不够人性化，还是服务人员的素质不够高？可以将所有的原因列举出来，然后再编列成册，一一做出分析，通过分析结果来检讨和改进机构的有关缺失。

此外，我们在发挥养老机构会议积极功能的同时还应注意会议的消极作用，比如时间精力的浪费、金钱的浪费、信息的重复浪费等方面。有效的会议决策能让会议成为推进养老机构优化改革的一个有力工具。

二、会议的流程

会议流程是按照时间的顺序自然发生的、彼此之间有紧密逻辑联系的会议工作环节的集合。由于性质和规模的区别，不同的会议可能会在具体环节上产生差异，因此这里强调的是所有会议都具备的一般流程。在制定会议流程前，要确定会议的四大要素，如图 2−2 所示。

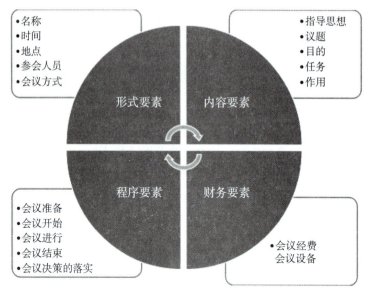

- 名称
- 时间
- 地点
- 参会人员
- 会议方式

形式要素

内容要素

- 指导思想
- 议题
- 目的
- 任务
- 作用

程序要素

财务要素

- 会议准备
- 会议开始
- 会议进行
- 会议结束
- 会议决策的落实

会议经费
会议设备

图 2-2　会议的四大要素

1. 会前准备

（1）目标设定

决定召开会议以后，在开始做其他任何事情之前，首先要确定的就是预期在会议上达到什么目标。目标一般表现了领导决定召开会议的初衷，或者是要征询意见，或者是要解决问题，或者是要确定方案，或者仅仅是为了说明情况等。确定目标的决定权在管理者或者负责人手中。一个清晰而明确的目标，会成功引导接下来工作的所有重要安排。

（2）确定与会者、会议主持人

谁来参会、以什么身份参会、在会议的哪个阶段参会，是根据实现会议目标的需要而确定的。当与会者的这些具体细节确定之后，会议的其他安排就显得容易多了。

通常情况下，会议主持人就是会议召集方的负责人。确定会议主持人等于确定了会议的规格和重要程度。

（3）拟定会议议程、会议日程表和会议方案

第一，拟定会议议程的前提是确定会议议题。简单来说，会议议程就是对确定的会议议题进行先后排序，让与会者明白会议的讨论次序。所有的会议议程都必须在会前发到每个与会者手中。根据会议的性质，提前发放的时间不确定。

第二，时间较长的会议需要制定日程表。所谓会议日程，是指会议在一定时间内的具体安排。通常，日程表中的会议时间都跨越了上午、下午，有时可能会连续几天。

会议日程表一般采用简短文字或者表格形式，以上午、下午为单元把会议的内容固定在具体的时间段内。会议日程表也要在会前发给每个与会者。作为会议有序进行的指导，同会议议程一样，会议日程表一旦确定，就不能随意更改。

第三，会议方案是在前两者的基础上完成的。除了会议组织方、会议目的、与会者、会议议程和会议日程之外，会议方案还要对由会议产生的各项具体花费做出预算，有利于

组织方对会议产生一个相对明确的认识，再次检查会议的规格、规模、议程、日程的必要性和可行性。

（4）确定会议时间、会议地点

第一，确定会议时间。包括以下几个方面的内容：首先，确定会议开始的时间；其次，确定会议结束的时间，这是保证效率的一个有力措施；最后，明确每个议题的讨论时间，每个与会者的发言时间等。

第二，会议地点的选择。除了考虑会议本身的规模和性质之外，还要考虑会议所需设备的情况。

××机构的会议流程见表2-1。

表 2 - 1　××机构的会议流程

时间	内容
13：00—14：30	1. 工作人员布置场地并分发好会议需要物资（如座位上摆笔、纸、水等），测试场地所有设备 2. 主持人做好准备并彩排
14：30—15：00	1. 会员先到前台签到并找到指定的商务秘书，企业家朋友同时登记信息，领取友商宣传手册，并赐名片 2. 随后由接待人员带领进入会议室 3. 到会嘉宾交换名片
15：00—15：10	全场准备就绪，主持人开场（提示手机静音）。先介绍特邀嘉宾魏志军先生以及到会嘉宾
15：10—16：15	1. 主持人介绍蒋纵主席出场 2. 蒋总配合PPT介绍杰出友商俱乐部并进行主题分享
16：15—17：00	到场嘉宾互动交流。先讨论然后进行提问环节（由蒋主席负责讲解并解答在场企业家问题，若是现场会员积极提问，整个提问环节时间可以视情况适当往后延）
17：00	1. 主持人宣布宣讲会结束 2. 会员朋友有兴趣加入，商务秘书团要做好交接，在后台完成登记资料，会后邀请会员上台合影留念（放音乐）
17：00 以后	工作人员回收物资，收拾场地

（5）准备会议文件

为使会议在最短时间内取得预期效果，在确定好会议议程后，会议组织方要做的事情是为会议议程中安排的议题讨论准备背景材料。具体包括相关的数据、报表、各类报告、前期分析、已发布的行业法规、本单位制度等。这些文件要在会议开始前发给与会者，尤其是关键人物；同时，确保通知与会者在会前认真阅读并思考，以免在会议上继续为此浪费时间。

另外，还要准备的会议文件包括会议主体文字资料，如开幕词、重要发言、会议决

议、闭幕词等。

召开大型会议时组织方还需要在会议开始前准备会议须知、作息时间、与会者名单、分组情况、小组负责人等。

（6）发布会议信息

发布会议信息就是在会前发送会议通知。发送会议通知的形式有很多种，可以通过书面、电话，也可以通过函件。为了保证通知到位，一般情况下，都是几种方式结合使用。

会议通知的主要内容就是将会议的议程（日程）、会议文件、会议时间、会议地点等重要会议信息提前告知确定的与会者，提示他们准备会议需要的材料或用品，提醒他们做好准备，按时参会。

会议通知通常需要回复。根据通知的方式，回复的方式也有多种。组织内部的通知可以通过口头告知，组织以外的通知可以通过函件回复。与会者要在规定的时间内向会议组织方确认是否参会，以便会议组织方开展相应的筹备工作。

（7）会场布置

在决定了会议需要的会场之后，组织方要及时预定，然后就是对会场进行符合要求的布置。会场布置最重要的是突出主题，美观大方。

会场布置时要注意的具体事务有以下几点：第一，会议将采用什么样的会议桌，或者干脆就是主席台和听众席，这要根据会议议题来决定；第二，会议使用的设备，根据议题讨论的需要，合理布置所需要的仪器设备；第三，每个会议都需要的装饰性布置。

2. 会议开始

（1）会前确认

会议开始之前，要对与会者、预定的会场做最后的确认。对于不能到会的人员及不能到会的原因要做到心中有数，清楚明白。这对于组织内部会议尤其重要。另外，主办方需要再次提醒与会者此次会议的主题和会议议程以及确认预定的会场，以确保会议能按照预计开始，防止出现意外情况。

（2）会场检查

在会议正式开始之前，为了避免在紧要关头出现差错或者造成尴尬局面，应该再次检查所需要的设备是否已经都安排在合适的地方，并将所有的设备再次调试检查一遍，出现问题迅速解决，不得已时可以变换会场。

（3）会议开始

前两项工作可以保证会议在预定的时间准时开始，这是会议走上正轨的第一步。

会议开始后要注意做好会议记录。会场上一定要指定一个人作为专门的会议记录员。正式会议的记录是会议进程的原始记录，是具有法律效力的档案，因此务必准确、完整和条理清楚。

3. 会议结束

（1）整理会议室

第一，清理所有的文件、物品，检查是否遗漏。

第二，多余的文件、资料等要认真清点，按要求进行销毁。

第三，需要存档的文件要整理齐全。

第四，让所有使用过的设备恢复到备用状态。

（2）整理会议记录，形成会议纪要

会议纪要在会议记录的基础上形成，重点是总结会议的重要观点和重要决策。在会议主持人或领导确认无误之后，会议纪要必须在最短的时间内发到与决议有关的部门和个人手中，以便贯彻落实。

（3）经费结算

按照财务制度，仔细核对并及时结算会议的各项花费开支。

（4）对会议进行总结评估

会议结束后，必须对会议的组织工作和效益、得失等进行评估和总结。通过评估，会议组织方可以了解如下信息：

会议目标是否得以实现？

会议的成本效益如何？即会议是否超支或者盈利？

与会者是否满意？他们从会议中获得了什么？

以后的会议需要哪些方面的改进？

会议评估经常采用定量评估和定性评估两种方法，对采集来的数据进行分析。

案例分析

　　刚毕业的大学生陈刚去一个大型民营企业应聘办公室秘书一职，负责会议和接待工作，该企业办公室李主任从陈刚的应聘材料中了解到他在校期间是一名很优秀的学生，为了检验小陈的工作能力，李主任采用了非常实际的考核办法。李主任给了小陈如下一份材料：

　　××年××月××日，红星集团召开会议，由企业领导进行月奖考评，只能部门负责人参加。首先，企业的劳资部门负责人将会议文件发给与会者，接着讲了简短的开场白，然后紧锣密鼓地将企业各部门月奖考评情况进行详细的通报：根据××规定××条××款，××部门加扣月奖多少少等。在会议通报过程中，遇到了这样的情况，即根据发生事项的性质及危害程度，应该对发生该事项的相关部门进行考核，但由于企业对上述情况无合适的考核条款，因此劳资部门要求提交会议讨论。为了使会议通报继续进行，厂长把劳资部门提出的问题记录下来，示意劳资部门继续通报。月奖考评情况通报完毕后，厂长将会议中提出的问题交给与会人员进行讨论，经过较短时间的讨论，厂长宣布会议决定，会议结束。整个会议持续近四个小时，其中企业各部门月奖考评情况的通报时间约占会议时间的三分之二，而通报中并没有很典型的需要通报的事项。

　　李主任要求小陈运用所学会议知识分析以上会议材料，并设计好会议的流程。

　　问题：1. 案例中的会议需要设计哪些流程？

　　　　　2. 根据此案例谈一谈这项会议实现了哪些功能？

任务解析

回顾案例：

南京市养老服务行业协会为了能在中国养老机构发展高峰论坛期间做好会议服务工作，面向社会招收了 30 名会务工作人员，其中大部分人员属于非文秘专业人员，对会议的功能等相关知识并不十分了解。如何让新人快速了解会议的功用和类型，培训部王经理将这个任务交给了部门的王芳，并要求王芳两小时后将自己的想法以文字的形式发送至其电子邮箱。

案例解析：

考虑到此次新人的特殊情况，加之时间紧，工作任务重，准备以布置学习任务的形式，要求新员工利用图书、网络等途径学习，然后以笔试或随时提问的形式检查学习情况，力求新员工真正理解会议的功能，能在会议的流程中切实做好会议服务，以及充分认识会务人员与会议的关系。

学习途径：

1. 与会议相关的图书。

2. 利用网络，输入"会议组织""会议服务"等关键词，搜索相关学习内容。

3. 向有经验的人员请教。

4. 现场观摩会议，加强对会议功能和会议类型的认识。

巩固拓展

会务工作者在会议中的主要工作任务有哪些?

项目三　常见养老机构
会议服务

【知识目标】

◇ 掌握会见、会谈、签字仪式、典礼和其他常见会议形式的内容、特征和分类。
◇ 掌握会见、会谈、签字仪式、典礼和其他常见会议形式的基本工作流程及要求。
◇ 掌握相关会议的会场布置方法与要领。
◇ 掌握相关会议的具体服务方法和要点。

【能力目标】

◇ 能够区分会见、会谈、仪式、典礼的不同之处和主要特征。
◇ 根据不同的会见、会谈、签字仪式、典礼和其他常见会议要求设计、布置会场。
◇ 根据不同的会见、会谈、签字仪式、典礼和其他常见会议要求从容完成接待服务。

【素质目标】

◇ 运用小组讨论合作的学习方法，提升学生独立思考能力，培养学生的团队合作能力。
◇ 理解并掌握会议服务中所需要的基本礼貌礼节，提升学生的职业素养。

【思维导图】

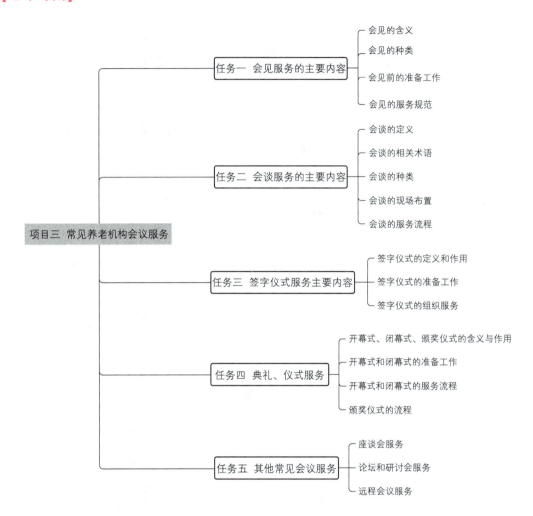

- 项目三 常见养老机构会议服务
  - 任务一 会见服务的主要内容
    - 会见的含义
    - 会见的种类
    - 会见前的准备工作
    - 会见的服务规范
  - 任务二 会谈服务的主要内容
    - 会谈的定义
    - 会谈的相关术语
    - 会谈的种类
    - 会谈的现场布置
    - 会谈的服务流程
  - 任务三 签字仪式服务主要内容
    - 签字仪式的定义和作用
    - 签字仪式的准备工作
    - 签字仪式的组织服务
  - 任务四 典礼、仪式服务
    - 开幕式、闭幕式、颁奖仪式的含义与作用
    - 开幕式和闭幕式的准备工作
    - 开幕式和闭幕式的服务流程
    - 颁奖仪式的流程
  - 任务五 其他常见会议服务
    - 座谈会服务
    - 论坛和研讨会服务
    - 远程会议服务

任务一

会见服务的主要内容

【知识目标】

◇ 掌握会见的形式、内容等相关概念和主要分类方法。

◇ 掌握会见的主要服务流程，熟悉会见座次安排方法以及相关服务礼仪和规范。

【能力目标】

◇ 运用会见接待工作的基本理论知识，能独立完成会见接待服务工作。

◇ 在基础知识熟练掌握的基础上，能独立完成设计会见接待会场布置工作。

【素质目标】

◇ 运用小组讨论合作的学习方法，提升学生独立思考能力，培养学生的团队合作能力。
◇ 理解并掌握会议服务中所需要的基本礼貌礼节，提升学生的职业素养。

全国大城市养老服务工作会议暨全国养老服务推进会议于 2019 年 5 月 9 日在南京召开。会前，省委书记娄勤俭会见了来苏调研并出席会议的民政部部长黄树贤、副部长高晓兵一行以及各地方养老产业的专家、代表。省长吴政隆出席会议并讲话。当天，与会代表在南京进行考察，省委常委、市委书记张敬华陪同考察并在会上代表南京作交流发言。副省长费高云、省政府秘书长陈建刚参加会议。

在现代社会交往中，我们将双方见面谈话称为会见，亦称为会晤。会见是组织之间通过对话、交流、沟通、协商，消除分歧、达成共识、实现相互合作的重要手段。随着我国政治、经济和社会改革开放及对外发展的日益深化，会见在国内、国外交往中越来越重要，成为会议的一种重要活动形式。

一、会见的含义

在国际上一般将会见称为接见或拜会，凡身份较高的人士会见身份较低者，或是主人会见客人，一般都称为会见。凡身份较低的人士会见身份较高者，或是客人会见主人，一般称为拜会或拜见。拜见君主，又称谒见、觐见。

二、会见的种类

1. 会见按照内容分为礼节性、政治性和事务性三种

（1）礼节性会见

礼节性会见主要是社交上出于礼貌而与对方举行会见的礼节性会见，如外国代表团来我国访问，在欢迎仪式后我国领导人都会在休息厅等地方进行会见。其时间短，话题较为广泛。

（2）政治性会见

政治性会见一般涉及双边关系及重大国际事务等重大问题，由政治组织的领导人或特使之间就双方共同关心的问题进行意见交换而举行，保密性强。

（3）事务性会见

事务性会见范围较广，可以指一般性外交事务交涉，也多指企业常用的会见和涉及业务商谈、经贸洽谈等内容的事务性会见。

2. 会见还可以根据形式分为个别会见或大型会见

（1）个别会见

个别会见又称个别约见，具有会见范围较小、保密性较强的特点。一般是我党或我国领导人或某部门负责人，就一方面的外交事务或者业务问题，与个别人士或使馆人员进行会面商谈的一种礼宾活动。

（2）大型会见

大型会见具有参加人员多、首长比较集中、场面隆重等特点。在国内，党政领导人接见本国专业会议代表或劳动模范时较为多用，业务上也称为大型接见。

三、会见前的准备工作

1. 明确任务

会见安排需要明确任务内容，因此当接到会见任务通知单后，应首先确定会议的目的和议题，会见的规格，会见的时间、地点，会见时的主要嘉宾和陪同人员构成，与会人数，如果涉及外宾还要确定外宾的国籍、文化、习俗和喜好等。

（1）明确会见目的和议题

安排会见必须明确双方见面的目的，不同的目的会导致会见安排的侧重点不同，如事物性会见侧重于确立双方在工作上的合作机制、互通情况、沟通立场等，而礼节性会见的目的往往是交朋友、联络感情、鼓舞士气等。因此无论举行哪种会见，都要事先了解对方会见的目的和可能涉及的话题，从而确定实施策略，这对会见举办成果有着关键的意义。

①明确会见的规格。

不同领导人的身份会决定会见的规格，这是一件慎重的事情，会影响到与会双方关系，有时还有一定的政治影响。

②客人身份。

一般来说，会见领导和客人的身份级别应该相等。当客人访问某单位，且客人身份高于或等于这一单位最高领导人身份时，应当安排最高领导人出面会见。如该单位身份最高领导人因故不能出席，则安排次位领导人代表最高领导人出面会见。

③双方关系和利益。

当会见双方关系密切，或所涉及事项的利益重大时，则可以派出身份最高领导人出面会见，以示重视，即高规格会见。当然如果双方关系紧张，也可以低规格会见对方。

④客人的求见要求。

有时客人会主动要求会见某领导，如无特别原因，应尽量满足对方要求，如果不能满足对方要求，也应当做好解释工作，以表达尊重。

（2）明确会见时间、地点

根据主宾双方商议的时间日程安排，确定好会见到访时间和时长以及当天会见嘉宾的先后顺序和时长。长时间的会见往往能表明双方关系密切和对会见的重视，而匆匆会见则会给人做表面文章的印象。同时会见的顺序也要根据双方的亲密程度来进行安排，关系密切的嘉宾往往会安排在前面进行会见。

会见的地点也与会见的性质密切相关，政治性会见或事务性会见往往会安排在主人办公室或会客室，而重要的会见可以通过主客具体协商决定，必要时也可以安排在第三地进行。

（3）明确会见的人员身份和数量

会见客人时，主方领导和陪同人员的身份和数量要根据客方身份、人数来确定，如主宾和主人身份等同，则主办方陪同人员数应和客方随行人员身份、数量大致相等。如主宾携配偶来访，则主人也应当与配偶共同出席。如主宾身份较低，或者是领导接见下属或群众，则可以根据实际需要确定陪同人员的身份和人数。

另外涉外会见还需要安排好翻译，翻译人员安排需要和客方协商，一般由主办方派出，特殊情况下也可以由客方派出。对于重要的会见应安排记录员在场记录，将真实、完整的会议情况和谈话内容记录在案，以备今后整理考查。

2. 布置会见厅

会见厅的布置，应根据会见人数、规格、会见活动的内容以及厅的形状和面积来决定。会见厅的光线和温度，应根据实际情况和主要宾客的要求而定。一般以夏季24~25 ℃，冬季20~22 ℃为宜。如果会见涉及媒体采访或者演出表演等项目需要布置场地，应提前和施工单位联系，提前设置好相关设施。

（1）准备好所需用品

①招待用品——饮料。根据主办单位的要求准备，一般用茶叶，有时也准备矿泉水、咖啡等。同时要根据会议时间、规格、对象准备香烟、茶歇、冷饮、水果等多样的招待用品。

②茶具——茶杯、杯垫、垫盘、茶壶、茶叶漏、暖瓶、凉水具等。

③文具——席卡、便签、铅笔、文件夹等。

④服务用具——大小毛巾、托盘、口布等。

⑤厕所用具——毛巾、洗手液（香皂）、梳子、卫生纸等。

⑥音响设备——扩音器、投影仪、投影屏或电视等。

（2）悬挂国旗

举行涉外会见，如果双方身份相同，为了显示会见的庄重性，可在宾主就座的两侧按照左主右客的惯例悬挂国旗。如果会见身份较低的外国客人，或不挂双方国旗，或只挂主方国旗。国旗可以用落地旗架插挂于两侧，也可以用小旗架放置在主人与主宾之间的茶几上。

（3）其他物品准备

除了以上招待用品，还需根据不同招待用品准备配套用具，例如准备咖啡就要准备咖啡杯具、咖啡杯垫、咖啡壶、奶罐、糖罐、咖啡勺、咖啡保温壶等，如果准备茶歇就需要配套水果碟、点心碟、水果刀、水果叉、点心叉、牙签、纸巾等物品。同时无论是冷饮还是热饮，都要注意到准备的数量应当有一定富余，保存的地点要卫生安全，做好餐具和食物的严格清洗、消毒工作，并封存起来由专人负责保管。以上物品准备应该在会见前一小时内完成。

3. 会见的座次安排

会见的座次安排非常重要，主人、主宾和陪同人员坐在哪儿是有一定要求和规范的，如果座次安排错误，不但会影响会见的效果，严重时还会引起矛盾。通常会见的地点一般安排在客人所住的宾馆会议室或者主人会客室。座次的安排一是要考虑到座位格局，二是安排双方座区，三是排列各方座次。

座位格局较多采用并列式或者全围式，形状多为弧形、圆形、椭圆形、长方形等，可以根据与会人数和场地形状、大小来设定。

座区分布往往会根据与会人员身份、国籍来安排。举行涉外会见、商务会见，常常主宾各坐一边，根据我国的礼仪习惯左主右客来安排双方座区，即以双方的朝向为准，主人居左边，客人安排在主人的右边。国内兄弟单位领导人会见或者商务会见的场合，一般不分左右，也可按照左主右客的国际惯例来安排座区。

座次一般是在确定座位格局和座区后，双方陪同人员按照身份高地依次由中间向两边排开。双方的翻译和记录人员一般情况下坐在主人的后面或者主人和主宾的后侧中间，不能坐在主宾的后面。双方均安排翻译人员时则分别就座于己方领导的后面。

会见座次安排如图 3-1 所示。

图 3-1　会见座次安排

四、会见的服务规范

会见的主要服务用品应当在会议召开前准备好，规格高的会见还需要准备鲜花和茶歇等。在会议开始前 30 分钟，所有的物品都应该按照要求摆放好。

1. 迎宾

为了迎接客人，表达对客人的欢迎之意，主人一般提前到达会见场所，到大门口准备迎接客人，此时应为提前达到会场的主方人员准备毛巾和茶水服务。如果主人不到大门口迎候，应由工作人员在大门口迎候客人，并引导客人至会客厅或会场。

客人到达时，迎接人员应主动上前询问并自我介绍，以示对客人的欢迎。客人较多时，主方人员一般在前厅或门口列队迎接，并按照身份高低与客人一一握手问候，服务人员可等双方问候完毕后引领客人至会客厅或会场。

2. 落座服务

宾主进入会场落座后，服务人员用茶杯上茶，茶杯把一律朝客人右手一侧，一般服务人员先从主宾和主人处提供茶水服务，再依次提供给其他宾客。必要时可以提供毛巾服务，夏天提供冰毛巾，冬天提供热毛巾，毛巾可以用架子递至客人手中，递毛巾时应当热情地说"请"。不论是茶水还是递毛巾的服务，都应该先提供给主宾，再提供给主人。

3. 会见中服务

会见中间（绝密会谈除外），需要留少数服务人员在适当位置观察厅内情况，随时提供服务。会见期间一般每间隔 15～20 分钟续一次茶水，续水一般使用小暖瓶，并携带一块小毛巾，以便随时擦拭溅出的茶水。会中服务应注意动作的幅度和声音尽量不要影响会见的进行。如果会见中进行茶歇，应当在客人离开座位后及时回收台面上的垃圾，保持会场的整洁。

4. 会见后服务

会见结束后，应及时打开厅室大门，欢送客人离去。主人会将客人送至会客厅或会场门口，应提前安排好车辆，等候宾主相互道别。

有些会见后还需要安排宾主合影，以进一步表示友好，也可以作为活动纪念。安排合影应当事先和主办方确定好人数和位置排列，做好场地布置，设计合影方式。合影时引导宾主双方有序按照预先设计进行排列。

> **任务解析**
>
> **回顾案例：**
> 全国大城市养老服务工作会议暨全国养老服务推进会议于 2019 年 5 月 9 日在南京召开。会前，省委书记娄勤俭会见了来苏调研并出席会议的民政部部长黄树贤、副部长高晓兵一行以及各地方养老产业的专家、代表。省长吴政隆出席会议并讲话。当天，与会代表在南京进行考察，省委常委、市委书记张敬华陪同考察并在会上代表南京作交流发言。副省长费高云、省政府秘书长陈建刚参加会议。

案例解析：

某养老服务管理专业的学生有幸以志愿者身份参与该次会议的接待服务工作。该项接待会议中心的主管对大家的接待工作进行了详尽的安排，并将同学们分成了不同的服务小组，每组完成不同的任务：

1. 迎宾组

（1）客人前来，迎领员应站在电梯口或会议室门口迎接客人，礼貌问候。

（2）及时引领客人进入会议室，请客人入座，以免大量客人拥堵在会议室门口。

（3）根据需要提供衣帽服务。

（4）如有需要，应协助会议工作人员分发会议材料。

2. 场内服务小组

（1）将会议主席台人员引入会前休息室，休息室服务员在礼貌问候后提供茶水、点心或水果服务。

（2）会议客人全部进入会议室后，应及时关上会议室的门，但应事先明确会议工作人员的所坐位置，以便能及时联络。

3. 会中服务小组

（1）客人入座后，会议室服务人员应由里到外依次为客人斟倒茶水，撤去水果盘上的保鲜膜。

（2）适时续水。一般要求会议室服务员半小时为客人斟倒一次茶水。

（3）适时换毛巾。一般要求在会议中途休息时为客人更换一次毛巾。如果主办单位要求，还应在会中提供点心服务。

（4）会中休息时还应及时清理会议桌上的果皮等杂物。

（5）注意观察会议室温度及音响效果，如有不当，应及时报告上级或通知工程维修部门。

4. 会后服务小组

（1）会议结束时应及时打开会议室的门，服务人员应热情送客、礼貌道别。如果客人有衣帽寄存，应及时取递，协助穿戴。

（2）将会议中的场租费、茶水费、水果费等费用的汇总账单请会议工作人员签字，并及时送交饭店财务计入会议总账。

（3）询问会议工作人员下次会议的有关事宜，以便做好相应的准备工作。

（4）向会议工作人员征求服务方面的意见和建议，以便改进工作。

（5）迎领员应将客人送出会议室，并引领客人至电梯口，按好电梯，示意客人进入电梯后道别。

根据各小组完成情况，会议主管还设计了对同学们服务情况的评价表（表3-1），让参与服务的同学能够清晰认识到自己的服务水准。

表 3 – 1　会见服务评价表（会中服务小组）

服务人员姓名_____

评价标准	组内评价			组间评价			主管评价		
	好	一般	不足	好	一般	不足	好	一般	不足
当宾客到达时，迎宾到门口迎接									
礼貌问候客人，引导宾客准确入座									
主宾入座后能够给客人上茶，注意茶杯把朝向，用夹子递毛巾给客人，并注意从主宾到主人的顺序									
会见中能够留人观察厅内情况，随时提供服务									
会见期间间隔 15 ~ 20 分钟为客人续水									
总计									

巩固拓展

日本老年福祉财团法人宫本式近期将到南京交流考察，南京市民政局的赵厅长将在雨花厅会见远道而来的宫本先生，请大家设计一个会见服务流程，并完整地模拟一下服务过程，在完成后谈一谈你的收获与不足之处。

任务二
会谈服务的主要内容

【知识目标】

◇ 了解会谈的定义和相关术语，掌握各类会谈活动的特点。
◇ 掌握会谈接待规格要求和场地及服务准备要求，并熟悉相关礼仪。

【能力目标】

◇ 运用会谈接待工作的基本理论知识，能独立完成会谈准备工作。
◇ 在基础知识熟练掌握的基础上，能按照规范要求完成会谈接待服务。

【素质目标】

◇ 在会议接待工作的训练中，培养学生服务礼仪，提高学生自身的职业风貌。

2019 年 12 月 25 日，雅达国际董事长、雅达资本创始合伙人蒋建宁在宜兴雅达·阳羡溪山会晤了松下公司代表团一行，并召开第四次雅达、松下高层联席会谈。松下电器中国·东北亚公司社长本间哲朗、上席副社长大泷清、常务林南、松下家电（中国）公司总经理吴亮等率松下工作团队出席会议。本次会议回顾了自"雅达·松下社区"合作项目启动以来，双方工作团队经过近半年的密集磋商会谈，取得的显著工作进展，在社区理念、规划设计、产品应用等各方面达成高度共识，并对下一阶段的具体推进方案进行了布置。同时，双方就"立足合作社区，放眼养老产业"开展长期务实的战略合作，进行了深入交流，达成了一致意见。

一、会谈的定义

会谈是指在正式访问或专业访问中，双方或多方以平等的身份就双方实质性的问题交换意见，进行讨论，阐述各自立场，以期取得共识或就具体的业务进行谈判的活动。会谈在商务场合指洽谈业务，即就具体业务进行谈判、会商，在企业中主要指商务谈判和业务会商。

一般来说，会谈的特点表现在：首先，会谈内容较为正式，其政治性或专业性较强，保密性较高；其次，参加会谈的双方或多方主要领导人的级别和身份应是对等的，所负责谈判事物也是对口的。

二、会谈的相关术语

1. 谈判

谈判是一种正式会谈。任何一种谈判，小到做成一宗买卖，大到解决重大国际问题，都必须具备以下特点：首先，会谈旨在就某一特定问题达成协议；其次，谈判是一个"讨价还价"和"有取有予"的漫长的、艰难的、反复的过程；再次，达成的协议必须对各方具有约束力，并通常需以某种书面形式予以确认；最后，主谈人必须是双方全权代表，具有一定的决定权。

2. 单独会谈

单独会谈是指双方领导人单独举行会谈，除翻译和记录员外，其他人员不参加，会谈结果高度机密。

3. 限制性会谈

限制性会谈是指双方领导人和少数高级助手之间举行的会谈，会谈结果不公开，又称小范围会谈。

三、会谈的种类

1. 按照会谈目的分类

（1）争议解决会谈

其主要目的是解决军事、政治、经济、贸易等方面的争议，为的是"化干戈为玉帛"。

（2）发展关系会谈

其主要目的是谋求合作和建立良好关系。政府和民间往往都可以通过这种会谈来达成合作意向或建立合作友好的关系。

2. 按照会谈内容分类

（1）综合性会谈

综合性会谈又称"一揽子会谈"，即把所有相互关联的问题都拿到谈判桌上进行讨论，以期达到全面解决问题的目的。

（2）专题性会谈

其目的是解决某一专门性问题。专题性会谈讨论的问题单一，与综合性会谈相比更容易达成一致。

3. 按照会谈的性质分类

（1）预备性会谈

当会谈内容涉及比较重要或比较敏感的问题时，在正式会谈之前先就会谈的议题和程序进行磋商，称为预备性会谈。预备性会谈往往在级别较低的官员之间进行。

（2）正式会谈

这是指双方最具有全权资格的代表为正式交换意见而举行的对等会谈。

4. 按照会谈当事人数量分类

（1）双边会谈

这是指两个国家或组织之间的会谈。

（2）多边会谈

这是指两个以上国家或组织之间进行的会谈。这种会谈往往通过会议的形式举行。

5. 按照会谈的机密程度分类

（1）机密会谈

机密会谈的时间、地点、与会人员以及会谈内容一律不对外公开，内容高度机密。

（2）不公开会谈

不公开会谈主要指会谈内容不对外公开，会谈后会以联合记者招待会或联合公报、联合声明等文件形式公布部分内容或会谈结果。有些不公开会谈允许记者在会谈前进行采访，然后举行闭门会议。

（3）公开会谈

公开会谈主要指向公众公开会谈的全部过程和内容，记者可以旁听、报道和采访。

四、会谈的现场布置

案例分析

中美贸易上海会谈的几个细节：

1. 在会谈开始前，双方握手致意并合影。

2. 在媒体简短拍照后，双方开始了正式会谈。媒体被请出会议室之前，没有任何官员发表任何评论。

3. 参与会谈的代表，每个人桌子上的名（字）牌也非常讲究——面向对方的是对方熟悉的语言。比如，中方代表桌子上对号入座的名（字）牌朝向美方的一面是英文，美方代表桌子上对号入座的名（字）牌朝向中方的一面是中文。这样在会谈中，每个人都能迅速了解发言人的姓名和职位，提高了会谈效率。

4. 第一天的会谈结束后，双方代表共同走出会议室，这一幕在以前的会谈中似乎没有出现过。

问题：通过这个小案例，你思考一下会谈一般如何布置现场，需要准备哪些物品呢？

1. 座位

双边会谈的厅室一般将谈判桌安排成长方形或椭圆形，双方相对而坐进行会谈。如果谈判桌呈横一字形摆放，主办方往往背向正门一方而坐（图3-2），如果谈判桌呈竖一字形摆放，则主人坐在进门的左侧一边（图3-3）。涉及会谈的双方主谈人居中而坐，其位置两侧空当应大于其他座位，其他参加会谈的人员按照职位的高低（如图标数字所示），按照右高左低的惯例排列。翻译员位置根据各方习惯安排，我国一般会安排在主持会谈的主宾和主人右侧，记录员则安排在会谈桌后排或两端。

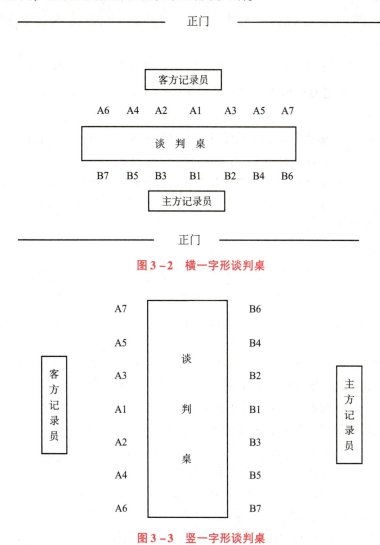

图3-2 横一字形谈判桌

图3-3 竖一字形谈判桌

多边会谈的座位一般多为圆形、方形、T形、多边形等，不同形状的位置显示了会谈方的重要程度。

2. 国旗

举行涉外会谈时，为了显示会谈庄重性，可以在会谈桌上交叉或并排放置两国国旗，也可使用落地旗架插挂两侧。一般公司会谈可以在会议桌上交叉或并放双方公司的标志或旗帜。

3. 席卡及备品摆放

每方座位前可放置席卡，用双方语言书写组织名称、职务和姓名，以便双方落座以及会谈中相互认识了解。记事便签摆放在每个座位前，桌面的正中，便笺的下端距桌面的边约 5 厘米。紧靠便笺的右侧摆放文具，便笺的右上角摆放一个饮品垫，盘内垫小方巾或杯垫，以免端放时发出声响。便笺、垫盘、烟具等物品的摆放要整齐划一。

4. 影音设备

会谈要根据实际需要配备扩音、播放等设备，有时因为允许记者采访或旁听需要准备扩音设备。

5. 茶水

如果会谈时间较长，往往需要准备充足的茶水，夏天还可以准备饮料。

6. 鲜花

会谈现场可以使用鲜花装饰，可以在桌子的纵中轴线上摆几组插有鲜花的花瓶或花盘，花枝不宜过高，以不遮挡双方视线为宜。

五、会谈的服务流程

1. 迎宾服务

会谈前的迎接、介绍是非常重要的礼节，应当予以重视（具体细节参见上一章会见服务）。当主人提前到达会场后，服务员应及时引导主人至休息室或会议厅内落座，提供毛巾和茶水服务（具体服务细节可参见上一章会见服务），冬天可以提供为客人寄存外套或大衣的服务。

协助主人迎接客人，引导双方至会议场地落座，并主动为客人拉椅子，提供毛巾和茶水服务。如有记者采访，则先安排宾客采访，后提供毛巾与茶水服务。宾客使用毛巾后先收回毛巾，后提供茶水服务。

2. 会中服务

会议间注意续水服务，每隔 15～20 分钟续水一次，人多的时候安排专人负责主席位宾客，每隔 15 分钟续水一次，其他宾客则 20 分钟续水一次。

会议中间如提供咖啡或干果服务，应该先将牙签、小毛巾、奶罐垫盘、咖啡杯垫盘上桌，然后再按糖罐、奶罐、水果、干果的顺序依次上桌。

会谈时间一般比较长，可以视宾客情况及时添补文具用品，会谈中间休息时服务员要做好桌面用品、桌椅的整理工作，及时提供添补茶水、增补便签或铅笔等服务。注意在此过程中不要弄乱和翻阅桌上的文件。

3. 会后服务

会谈结束后的送别礼仪也十分重要，一般公开会谈或不公开会谈会在会后召开记者采访或新闻发布会。因此应该根据事前拟定的方案做好引领和服务工作。散会后服务员应注意会场检查，留意宾客的遗留物品和会议室设备使用情况，及时将遗失物品交还给客人，发现问题及时汇报。

任务解析

回顾案例：

2019 年 12 月 25 日，雅达国际董事长、雅达资本创始合伙人蒋建宁在宜兴雅达·阳羡溪山会晤了松下公司代表团一行，并召开第四次雅达、松下高层联席会谈。松下电器中国·东北亚公司社长本间哲朗、上席副社长大泷清、常务林南、松下家电（中国）公司总经理吴亮等率松下工作团队出席会议。本次会议回顾了自"雅达·松下社区"合作项目启动以来，双方工作团队经过近半年的密集磋商会谈，取得的显著工作进展，在社区理念、规划设计、产品应用等各方面达成高度共识，并对下一阶段的具体推进方案进行了布置。同时，双方就"立足合作社区，放眼养老产业"开展长期务实的战略合作，进行了深入交流，达成了一致意见。

案例解析：

该项目会议负责人小张，在接到相关会谈任务单后，准备安排会议桌布置，他将学生分成了几组，把会谈物品摆放评价表（表 3-2）发给同学们，要求他们按照评价表内容进行摆放。请同学们也来试一试并将组员分工和完成情况写在表 3-2 中。

小组分工：_____

_____

表 3-2　会谈物品摆放评价表

评价标准	组内评价			组间评价			教师评价		
	好	一般	不足	好	一般	不足	好	一般	不足
记事便笺摆放在每个座位前，桌面的正中，便笺的下端距桌面的边约 5 厘米									
紧靠便笺的右侧摆放文具，便笺的右上角摆放饮品垫，盘内垫小方巾或杯垫。便笺、垫盘等物品的摆放要整齐划一									

续表

评价标准	组内评价			组间评价			教师评价		
	好	一般	不足	好	一般	不足	好	一般	不足
会谈现场使用鲜花装饰，摆放在桌子的纵中轴线上，花枝设计得当，以不遮挡双方视线为宜									
会谈桌上交叉或并排放置两国国旗，或使用落地旗架插挂两侧									

巩固拓展

请考虑一下，这次的会谈中，如何安排大家的座位顺序，使其能够符合国际会谈的标准，并能够让服务人员提供更好的会间服务。

任务三

签字仪式服务主要内容

【知识目标】

◇ 掌握什么是签字仪式，了解签字仪式的准备工作和基本要求。
◇ 掌握会议签字仪式厅布置以及签字仪式服务的具体工作任务及要求，并熟悉相关礼仪。

【能力目标】

◇ 运用签字仪式服务接待工作的基本理论知识，能独立完成签字仪式的准备工作。
◇ 在基础知识熟练掌握的基础上，能熟练掌握签字仪式的服务接待工作。

【素质目标】

◇ 在会议接待工作的训练中，培养学生服务礼仪，提高学生自身的职业风貌。

一、签字仪式的定义和作用

1. 签字仪式的定义

有关国家、组织或企业之间经过谈判，就政治、经济、文化、科技等领域内的某些重大问题达成协议时，一般需要进行签字仪式。

2. 签字仪式的作用

（1）签字仪式是确认会谈文件的效力的仪式

公开的签字仪式是双方对签署的特定的正式文件表示确认的行为。会谈中形成的文件只有经过会谈各方主要负责人签字才能产生效用。因此签字仪式是会谈的一种延续。

（2）体现会谈各方对会谈成果的重视

会谈正式文件的签字并不是都需要举行签字仪式的，一般性的文件可由双方代表在会后分别签字，后交换文书即可。或者双方在一定场所会齐签字，并不一定要举行签字仪式。但是对于重要或重大的合作项目，签字仪式是一种高规格的文件签署形式，能够体现合作的重要性和双方的诚意，因此，在一些大型的签字仪式上，往往会派出比签字人员身份更高的领导出席见证。

（3）见证有效性和扩大会谈影响

举行签字仪式时，双方都要派代表参加，有时还需要邀请公证人、担保人、协调人等第三方或记者参加，既起到见证仪式的作用，又能够扩大协议或项目的知名度。

二、签字仪式的准备工作

案例分析

　　联合国国际老龄问题研究所（简称联合国老龄所）所长马文·福尔摩萨和钟山学院，就双方老龄领域深度合作达成一致意见，并签订合作协议书。这次合作协议正式签订之后，联合国老龄所将协助钟山学院在南京每年举办一次面向老龄领域工作人员的短期培训班，并委派两名国际顶级授课专家授课；钟山学院将成为联合国老龄所全球合作组织网络的合作伙伴之一，参与老龄领域各种形式的活动，得到交换的信息、当前和未来的出版物及技术支持。为此，江苏省委副秘书长、省人大常委会秘书长顾介、新华人寿保险股份有限公司副总裁李丹、江苏省民政厅福利与慈善事业促进处处长蒋同进、栖霞区人民政府副区长毛银玲、栖霞区民政局局长葛启龙、江苏省康复医学会常务副会长兼秘书长许光旭、《新华日报》科教卫部副主任沈峥嵘、省人民医院相关负责人等政府官员及专家学者同聚一堂。

　　问题：你若是钟山学院的相关工作人员会如何筹备这场签字仪式呢？

1. 确定参加人员

（1）签字人

签字人是代表国家、政府或企业进行签字的人员，所以签字人十分关键。首先，各方签字人应具有代表政府或机构的法定资格，如国家领导或企业法人。其次，各方签字人的身份应当一致，如一方由董事长签署，另一方也应该由该企业董事长出面。

（2）助签人

助签人是洽谈有关签字仪式的细节并在签字仪式上帮助翻阅与传递文本、指明签字处的人。该人员由双方共同商定，有时也可以聘请礼仪小姐担任。

（3）主持人

由于有些签字仪式中有致辞、祝酒、交换礼品等活动，故有一名主持人安排整个仪式程序，并宣布仪式的开始、结束和相关人员的身份。主持人的选择可以由主办方安排具有一定身份的人士担任，也可以由第三方主持。

（4）致辞人

一般由签字各方的最高领导人分别致辞。有时签字仪式的签字人同时也是致辞人。如邀请上级机关、政府部门协调机构的代表出席仪式，也可以请他们致辞。

（5）见证人

广义的见证人主要指所有到会参加人员。狭义的见证人则指邀请的协调人、公证员、各方的保人或双方律师等专业人员。

（6）出席签字仪式的人员

参与签字仪式的人员应是参加会谈或谈判的全体人员。如一方要求让一些未参与相关会谈或谈判的人员出席签字仪式，应当先征求对方的同意，注意双方参与人数最好大体相等。不少国家或机构为了表达对签字仪式的重视，会邀请级别更高或更多的领导人出席签字仪式，同时还会邀请各媒体记者来采访，以扩大新闻宣传范围，提升知名度。

2. 文本准备

签字仪式要求双方在会谈的协议条款文本上签字，因此文本准备是签字仪式的重要工作。文本准备的工作包括：

（1）确认内容条款

前期会谈、谈判所确定的各项条款内容应由双方指派专人共同负责，合同或条约的具体内容应由双方反复修改，最终确定各项内容条款和文字表述，在确定无误后进行定稿、校对等工作。

（2）确认书写文字

涉及会谈的正式文件需要用到有关国家的文字书写，形成不同的文字文本。按照国际惯例，待签的合同文本应同时使用有关各方法定官方语言，或使用国际上通行的英文、法文。此外，亦可同时并用有关各方法定的官方语言与英文或法文。一些技术性较强的专门文件，也可以经过各方同意只使用某一国际通用语言写成。

（3）确认正、副文本

会谈正式文件内容及书写文字确定后会交付印刷，通常印刷会分正本和副本。正本是指签字文本，具有正式依据和法定效力，签字后由各方各自保存或由专门机构保存。副本是为了方便各方使用而根据正本内容和格式印刷的文本。一般情况下副本不用盖章、签字，或者只盖章不签字。

（4）确认公章

签字仪式中不仅要签字，还要在正式文本上盖上具有法律效力的印章，文本才能生效。可以在举行签字仪式前提前盖好，这样一经签字就具备法律效力，也可以在签字仪式中直接签字、盖章，以彰显流程准确。

3. 确定时间、地点

签字仪式一般在会谈后立即举行，效率高。但是有时需要邀请身份更高的领导出席，这时时间就需要商定。一般会安排在最后一次会谈的东道主一方所在地。特殊情况下也可以另外安排会场地点。签字仪式的地点可以选择酒店、展览馆或一些具有象征意义的地点。不仅需要考虑场馆规格，同时也需要考虑是否便于签约双方移动。

三、签字仪式的组织服务

签字仪式的整个过程所需时间并不长，也不像举办宴会那样涉及多方面的工作，其程序简单，但由于签字仪式涉及国与国之间、企业与企业之间、组织与组织之间的关系，而且往往是访谈、谈判成功的一个标志，有时甚至是历史转折的一个里程碑，因此一定要认真筹办。

1. 现场布置

（1）签字厅

签字厅的现场布置往往会因签字仪式的具体要求或各国的风俗习惯而有所不同。因此签字厅的布置往往不尽相同。一般应选择较有影响的、结构庄严、宽敞明亮的大厅作为签字大厅。其布置简单，往往分为签字仪式台和记者观众席两部分。

（2）签字桌椅

双边签字，一般设长方桌，上铺深绿色或暗红色的台呢，有时也要根据对方的风俗与习惯来安排颜色。桌后放两把椅子，为双方签字人员的座位。如签字方较多，则加长桌子，增加座位。多方签字也可将桌子排成圆形或方形，或仅放一张椅子，由各方代表依次签字。涉外双边签字仪式的座位按左主右客的惯例摆放，即客方的座位安排在主方的右边。

多方签字则按礼宾次序安排各方签字代表的座次，一般按英文国名当头字母的顺序排列，也可按事先商定的顺序排列。排在第一位的居中，第二位排在其右边，第三位排在其后。

（3）席卡

签字桌上可放置各方签字人的席卡。席卡一般写明签约的国家或组织的名称、签字人的职务及姓名。涉外签字仪式应当用中外文标示。

（4）国旗

涉外签字仪式一般要挂各签字国的国旗。双边签字，双方的国旗按左主右客的惯例插在签字桌上，也可以并挂在墙上。举行多边签字仪式，则按签字人座次插挂各国国旗。

（5）文本

各方保存的文本可以事先放置于各方签字人座位前的桌子上，也可以由助签人在签字仪式开始后携带上来。

（6）签字文具

签字用的文具包括钢笔、墨水、吸墨器（纸）。用笔和用墨必须符合归档的要求，签字笔要防止墨水堵塞，确保签字时书写流畅。重要签字仪式的签字笔可请专业公司特制，镌刻仪式的名称、时间、地点，作为历史的见证物和纪念物收藏保存，也可作为礼物相互交换。

（7）签到台

签到和礼仪引导是举行签字仪式的重要环节，表示对来宾的欢迎，同时彰显仪式的礼仪氛围。签到簿（或称题名册、题词簿、留言簿）要精美、典雅或体现喜庆气氛，具有收藏纪念价值。来宾较多时，可以多准备几本签到簿。签到台要设在会场入口处较为宽敞的地方，人数较多的签字仪式可分成几个签到台同时签到，以免出现拥挤。签到用的笔墨也应准备齐全。签到台要设有醒目的标志，由礼仪人员负责接待和引导。如图3－4所示。

图3－4　签到台

（8）讲台和话筒

签字台的右侧设讲台和话筒，也可不设讲台，仅放置落地话筒。如致辞人同时又是签字人，则可直接在签字台上设话筒，讲台仅供主持人使用。

（9）会标

签字仪式的会标包括签字仪式的名称、时间、地点等项目。

签字仪式的名称是会标的核心部分，写法有两种：

一种由签约双方名称、签字文本标题和"签字（署）仪式"或"签约仪式"组成。如：

《南京浦口健康城日本福田法财团法人投资意向书》
签字仪式

为起到宣传的效果，会标中要尽可能显示缔约方的名称，但如果签字文本标题中已经显示缔约方的名称，则不必另外再写，以避免重复。

另一种由签约各方的名称、签约内容和"签约仪式"组成。如：

江苏省教育厅

重点共建××医院、××学院、××企业老年服务
与管理专业实习、实训基地签约仪式

签字仪式名称写作要注意正确使用"签字仪式"和"签约仪式"这两种提法。

（10）其他物品

其他物品如相互交换的礼品、鲜花、胸花、席卡架、条幅（贴在座位上，起指示作用）、背景音乐等，应根据实际需要做好准备。

2. 仪式服务

签字仪式是签署合同的高潮，虽然时间不长，但是程序规范、庄严、隆重。一般的签字仪式大致有以下几方面的流程：

（1）来宾签到

来宾（包括嘉宾、群众代表、媒体记者）抵达时由礼仪人员引导到签到台签到。主要嘉宾签到后，可由礼仪人员为其佩戴胸花，然后引导到休息室。如现场不设休息室，可由礼仪人员直接引导就座于台下前排座位，位置要与台上站立的位置相对应。在主要嘉宾落座后，服务人员可以为主要嘉宾提供毛巾和茶水。

（2）介绍来宾

仪式开始前，主持人介绍出席仪式的来宾，介绍顺序为嘉宾（各方政府官员、上级机关领导、签约单位领导）、见证人、群众代表、媒体。嘉宾要按身份高低、先主后宾、一主一宾的顺序逐一介绍职务和姓名，其他见证人、群众代表、媒体可进行笼统介绍。

（3）嘉宾定位

介绍完毕后，主持人请出席各方嘉宾上台，由礼仪人员引导定位。按照我国惯例，主持人首先可以请助签嘉宾上台，然后介绍签字人，由礼仪人员引导就座后，双方助签人员分别立于签字人员外侧，协助主签人翻揭文本并指明所需签字之处。其他人员按照主方、客方的身份分立于签字人座位后排，按照中心身份高、两侧身份低的顺序依次排开，如一排不够站立，可以按照以上顺序遵照"前高后低"的惯例排成两行或多行。

（4）正式签署合同文本

嘉宾定位后，主持人在致简短的开场白后宣布仪式开始。通常做法是首先各方先在各自保存的文本上签字，助签人上前站在外侧为签字人翻揭文本，指明签字处，如系多种文字印制的文本，签字人需在每种文字文本的签字处逐一签字，不能遗漏。每签一处后，助签人用吸墨器（纸）吸干，并由助签人合上文本，在签字人的身后互相交换文本。其次，助签人打开对方保存的文本，指明签字处，请签字人逐一签字，再用吸墨器（纸）吸干。最后，签字毕，助签人合上文本后退到两侧。双方签字人起立，相互交换文本并握手。然后签字人面向前方，一手持文本，一手握住对方的手，以便记者和工作人员摄影留念。此时全场鼓掌祝贺。助签人上前接下签字人手中的文本。

（5）祝酒

签约合同文本签字完毕并交换后。按照国际惯例，有关人员，尤其是签约人应当场饮一杯香槟酒，以示庆贺。通常会安排两位礼仪人员端出香槟，从中间开始依次敬献给每位嘉宾，然后嘉宾相互碰杯、敬酒、庆贺。如嘉宾人数较多，可以先由主方全体嘉宾依次向客方全体嘉宾逐一敬酒，然后由客方全体嘉宾向主方全体嘉宾逐一敬酒。祝酒结束后，礼仪人员上前接下酒杯。

（6）交换礼品

如事先商定交换礼品，则由礼仪人员将礼品递给主礼人（一般应当是签约双方领导人），先由主方向客方赠送礼品，然后由客方向主方赠送礼品。赠送前应当由主持人或主方有一定身份的人士介绍礼品，以示郑重和诚意。

（7）致辞

主持人请各方领导人先后致辞。双边签字仪式按先主后客的顺序致辞，多边签字仪式按签字顺序致辞。

（8）宣布仪式结束

各方致辞后，主持人进行简短小结，然后宣布仪式结束。一般情况下，商务合同在正式签署后，应提交有关方面进行公证或现场进行公证，才能正式生效。如事先协商一致并做好安排，可在现场联合举行记者招待会或新闻发布会。

任务解析

回顾案例：

2014 年 3 月 26 日中法建交 50 周年庆典之际，中国国家主席习近平对法国开展了为期三天的国事访问。某高龄老人的医护型养老机构集团以法国养老企业代表身份参与活动，在两国领导的见证下签署南京项目协议。该项目作为中法养老产业战略合作重点项目之一，得到双方领导人的高度关注和大力支持。

案例解析：

想要成功举办一场重要的签字仪式，需要提前制作一份签约仪式的方案，请小组成员分工策划签约仪式，并根据策划单内容进行仪式模拟服务。

1. 签约仪式及会标

_____与_____签约仪式

2. 签约时间

时间：____年____月____日（星期___）上/下午_____—_____时

3. 地点

4. 主持人

5. 参加人员

有关领导、相关部门负责人、_____公司相关负责人、签约人员、新闻记者

6. 签约仪式议程安排（待确定）

（1）主持人宣布仪式开始，介绍主要来宾和领导。

（2）签约：主持人介绍项目情况，并请助签嘉宾上台，_____负责人×××与_____公司负责人×××分别签约，由礼仪小姐引导并摆放文件夹、笔。

（3）全部项目签约结束后，礼仪小姐斟酒，嘉宾举杯庆贺。

（4）公司代表_____致辞。

（5）领导致辞。

（6）记者自由提问。

（7）主持人宣布仪式结束，来宾退场。

7. 主要筹备工作

（1）人员分工。

①前期准备。

总监督协调：_____

策划文案：_____

场地预定、订餐：_____

场内布置：_____

媒体邀约：_____

物资准备：_____

②现场活动。

总指挥：_____

执行指挥：_____

总协调：_____

现场执行：_____

前台签到：_____

贵宾接待：_____

摄影摄像：_____

后勤：_____

（2）筹备工作安排。

①确定签约人数、参加仪式的主要来宾和领导（____日之前完成，责任人：_____）。

②会场预定、会场落实及会场布置所需酒店负责的细项落实（____日之前完成，责任人：_____）。

（3）会场布置。

①制作横幅、座签，准备会场内摆放的鲜花、贵宾胸花、香槟酒及酒杯，确定礼仪小姐（需6位礼仪小姐：2位入口迎宾；2位引导贵宾、佩戴胸花；2位引导现场签约，摆放签约夹）。

②签约台布置。

巩固拓展

该项目在南京落地后，南京市相关市领导非常重视，打算尽快与该养老机构法方高层共同签订合作协议，本次协议主要是南京市下属鼓楼医院集团和该公司进行合作，请你作为公司员工，为这次签字仪式设计一下签字厅的布置。

任务四
典礼、仪式服务

【知识目标】

◇ 掌握并理解开幕式、闭幕式及颁授仪式的使用场合和关联的程序。
◇ 掌握开幕式、闭幕式的准备和服务工作的具体工作任务及要求，并熟悉相关礼仪。

【能力目标】

◇ 运用开幕式、闭幕式接待工作的基本理论知识，能独立完成服务接待工作。
◇ 运用颁奖仪式接待工作的基本理论知识，能独立完成服务接待工作。

【素质目标】

◇ 在会议接待工作的训练中，培养学生服务礼仪，提高学生自身的职业风貌。

　　为了提升老年人服务技术水平，提升从业人员专业技能，锻炼打造出一批"专业强、技术硬"的养老护理员，2019 年浙江省养老护理员技能竞赛在宁波举行。来自全省各地的 11 支代表队共 33 名选手参赛。本次竞赛由省民政厅、省人力资源和社会保障厅、省总工会联合主办，浙江省老年服务业协会和宁波卫生职业技术学院承办。

　　典礼主要有开幕式、闭幕式和颁授仪式。开幕式、闭幕式是各类会展活动正式开始前和结束时的礼仪、庆典活动。开幕式、闭幕式可以起到扩大社会影响、提高社会知名度、树立主办单位良好社会形象的作用。

一、开幕式、闭幕式、颁授仪式的含义与作用

1. 开幕式、闭幕式的含义

开幕式和闭幕式是标志某项社会活动开始和结束的仪式。开幕式和闭幕式运用广泛，

比如各种"会"（如运动会、展览会、博览会、交易会、代表大会、论坛等）、各种"节"（如电影节、艺术节、旅游节、购物节等）、各种"庆"（如校庆、司庆等）、各种"年""周""月"（如文化年、宣传周、质量月等），都可以举行开幕式和闭幕式。

2. 开幕式和闭幕式的作用

（1）标志活动开始和结束

各种性质和形式的开幕式和闭幕式繁简各异，但其最基本的、也是共同的作用是标志某项社会活动的开始和结束。

（2）表示欢迎和欢送之意

开幕式和闭幕式位于各种活动开始和结束的时间节点，向参加对象表示欢迎和欢送之意、传递友好与合作信息是其重要的内容。

（3）动员和总结

对于会议活动而言，开幕式和闭幕式往往具有动员和总结的作用。开幕式一般要向与会者提出会议目标和任务，进行思想动员，闭幕式则总结会议的成果，向与会者发出号召、提出要求。

（4）展示实力，扩大社会影响

对于大型社会活动而言，开幕式和闭幕式往往举行各种丰富多彩的表演，展示主办者的经济和科技实力，表现民族风采和文化魅力，起到扩大社会影响、树立良好形象的作用。

3. 颁授仪式的意义与作用

各种颁奖、颁证、授勋仪式统称为颁授仪式。颁授仪式运用十分广泛，几乎每个社会组织（包括政府、国际组织、企业以及民间组织）都会设立各种勋章、奖章、荣誉称号、奖励基金、证书，授予本组织内外的领导人、社会活动家、专家学者、劳动模范、先进工作者、各种竞赛或评选活动的优胜者等，以表彰他们在某个领域的贡献，同时通过树立正面典型，弘扬时代精神，鼓舞人们积极向上、不断进取。有时，颁授仪式也是一种公关活动，有助于联络感情，树立社会组织的良好形象。

二、开幕式和闭幕式的准备工作

案例分析

为了提升老年人服务技术水平，提升从业人员专业技能，锻炼打造出一批"专业强、技术硬"的养老护理员，2019 年浙江省养老护理员技能竞赛在宁波举行。来自全省各地的 11 支代表队共 33 名选手参赛。本次竞赛由省民政厅、省人力资源和社会保障厅、省总工会联合主办，浙江省老年服务业协会和宁波卫生职业技术学院承办。

问题：你若是宁波卫生职业技术学院的工作人员，你该如何做好开幕式与闭幕式的会前准备呢？

提示：开幕式和闭幕式的种类繁多，规模和内容跨度不一。因此，开幕式和闭幕式的组织准备工作应根据活动的具体内容和性质来策划和安排。下面以本次比赛的开幕式和闭幕式为例，介绍主要的准备工作。

1. 确定参加对象和范围

开幕式和闭幕式的参加对象应当包括下列几方面的人士：

（1）主办单位的领导

如系重要活动，还可邀请上级机关的领导出席。

（2）活动的承办单位、协办单位、赞助单位、东道主的领导或代表

（3）与主办单位关系密切的政府机关和兄弟单位的领导或代表

涉外活动的开幕式和闭幕式也可邀请有关国家、地区和国际组织的代表参加。

（4）主持人

开幕式和闭幕式通常由主办方主持，主持人应当有一定的身份。联合主办的活动，可采取共同主持的形式，各方主持人身份应大体相当。规格较高的开幕式、闭幕式，应当在开始前由司仪人员介绍主持人的身份和姓名。

（5）致辞人

重要的开幕式、闭幕式，可由现场身份最高的领导人致开幕词或闭幕词。致开幕词、闭幕词的人的身份应当高于主持人，如致辞人为正职，主持人为副职。较为简单的开幕式，可由主持人直接致开幕词，或由主办方领导人致欢迎词或进行主旨演讲。

（6）剪彩人

剪彩是开幕式上常见的一种仪式，象征活动正式开始。凡安排剪彩仪式的，不再安排致开幕词。剪彩人应当是出席开幕式身份最高的领导，有时也可安排上级机关、政府机关、主办单位、协办单位的领导共同剪彩。联合主办的公关活动，各方均应派出代表参加剪彩，剪彩人的身份应大体相当。

（7）参加活动的成员

如会议的正式成员、列席成员、特邀成员、旁听成员、展览会的参展商代表和观众都可以参加开幕式和闭幕式。

（8）群众代表

为使开幕式和闭幕式具备一定的规模和人气，可临时组织部分群众观摩。

（9）有关新闻单位

如需要媒体报道，应邀请媒体代表参加。

2. 确定开幕式和闭幕式的形式

（1）形式

开幕式和闭幕式的形式主要有两类，一类是以致辞为主的形式，另一类是文艺晚会的形式。前一类开幕式和闭幕式也可以安排文艺表演，但一般放在仪式开始前或结束后。后一类则是致辞和文艺表演交织融合，主要用于文艺类活动的开幕式和闭幕式。

（2）现场布置和物品准备

会议的开幕式和闭幕式都在会议现场举行，其现场布置与会场布置要求基本一致，但主席台要增加座位供特邀嘉宾就座。特邀嘉宾人数较多时，还需要在台下前排设贵宾区。由于会议的开幕式和闭幕式往往邀请列席成员和旁听成员参加，故会场的座位要根据人数安排并事先划分座区。

三、开幕式和闭幕式的服务流程

奥运会的开幕式与闭幕式

根据中国奥委会的介绍：

奥运开幕式（Opening Ceremony）历来都是奥运会的重头戏。在开幕式上既要反映出以和平、团结、友谊为宗旨的奥林匹克精神，也要展现出东道国的民族文化、地方风俗和组织工作的水平，同时还要表达对世界各国来宾的热情欢迎。开幕式上，除了进行一系列基本的仪式外，一般都有精彩的富有民族特色的团体操和文艺或军事、体育表演。

开幕式主要有以下仪式：奥运会组委会主席宣布开幕式开始。国际奥委会主席和奥运会组委会主席在运动场入口迎接东道国国家元首，并引导他到专席就座。各代表团按主办国语言的字母顺序列队入场，但希腊和东道国代表团例外，希腊代表团最先入场，东道国最后。

奥运会组委会主席讲话，国际奥委会主席讲话。东道国国家元首宣布奥运会开幕。奏《奥林匹克圣歌》，同时奥林匹克旗以水平展开形式进入运动会场，并从赛场的旗杆上升起。

奥林匹克火炬接力跑，进入运动场，最后一名接力运动员沿跑道绕场一周后，点燃奥林匹克圣火，然后放飞鸽子。各代表团的旗子绕讲台形成半圆形，主办国的一名运动员登上讲台。他左手执奥林匹克旗的一角，举右手，宣读以下誓言："我以全体运动员的名义，保证为了体育的光荣和我们运动队的荣誉，以真正的体育道德精神参加本届奥林匹克运动会，尊重并遵守指导运动会的各项规则。"

紧接着，主办国的一名裁判员登上讲台，以同样的方式宣读以下誓言："我以全体裁判员和官员的名义，保证以真正的体育道德精神，完全公开地执行本届奥林匹克运动会的职务，尊重并遵守指导运动会的各项规则。"

奏或唱主办国的国歌，各代表团退场。这些仪式结束以后，是团体操或其他文艺表演。这是历届奥运会开幕式工作量最大、准备时间最长、花费最多的项目，东道国往往提前一两年即开始准备，并挖空心思，以期能以恢宏的气势、独特的民族精神吸引来宾。开幕式的成败与否，在很大程度上取决于团体操和表演的效果。

开幕式突出的是庄严、隆重，闭幕式（Closing Ceremony）则多一些欢乐的气氛。必不可少的程序有各代表团的旗手按开幕式的顺序一列纵队进场，在他们后面是不分国籍的运动员队伍，旗手在讲台后形成半圆形。

国际奥委会主席和当届奥运会组委会主席登上讲台，希腊国旗从升冠军国旗的中央旗杆右侧的旗杆升起，主办国国旗从中央旗杆升起，下届奥运会主办国的国旗从左侧旗杆升起。主办城市市长登上讲台，并把会旗交给国际奥委会主席，国际奥委会主席把旗交给下届奥运会主办城市的市长。

奥运会组委会主席讲话，国际奥委会主席致闭幕词。紧接着，奥林匹克圣火在号声中熄灭，奏《奥林匹克圣歌》的同时，奥林匹克会旗徐徐降下，并以水平展开形式送出运动场，旗手紧随其后退场。同时奏响欢送乐曲。各代表团退场。

最后，进行精彩的文艺表演。

1. 开幕式的流程

第一，所有会议成员签到入场。一般成员签到后直接进入会场，会议的主要领导（或主席团成员）和特邀嘉宾签到后在休息室休息，会议开始前2分钟，按身份高低或礼宾次序进入主席台就座。

第二，主持人按身份高低或礼宾次序介绍出席会议的主要领导和嘉宾。

第三，主持人宣布开幕式开始。

第四，主办方身份最高的领导致开幕词。论坛类会议也可以不安排致开幕词，由主办方身份最高的领导发表主旨演讲，或者先由组委会领导致欢迎词，然后由主办方身份最高的领导发表主旨演讲。

第五，来宾致辞。开幕式的来宾致辞顺序按身份高低排列，身份相等的可按关系的密切程度或其他方法排列。有时也可安排工作人员宣读有关方面的贺电、贺信。

第六，主持人宣布开幕式结束，进入会议正式议程。

2. 闭幕式的流程

闭幕式中的签到、礼仪引导、介绍领导和嘉宾、宣布仪式开始等环节与开幕式基本相同。不同之处主要是：

第一，举行专题工作性会议，由主办单位的领导人致闭幕词。闭幕词一般要对会议活动进行总结，对贯彻落实会议精神提出要求和希望，最后宣布会议圆满结束。

第二，赛事活动和评选活动的闭幕式要宣布比赛成绩和名次以及评选的结果，并举行颁奖仪式。

第三，如果开幕式举行升会旗仪式，那么闭幕式应当举行降会旗仪式。

第四，系列性活动或系列性会议的闭幕式，常常举行交接仪式，由本届主办单位向下届活动的主办单位移交象征性物品，如火炬、旗帜、钥匙等。

第五，节、展、月等大型活动，闭幕式后还可举行文艺和体育表演，以示庆祝。

第六，文艺类活动的闭幕式可以采用晚会的形式和程序。

四、颁奖仪式的流程

颁奖仪式常和闭幕式或其他仪式共同举办，也有重大的颁奖仪式单独举行，其场地布置和前期准备基本和其他仪式合并进行，准备内容也大致相当。但是在具体颁奖仪式程序拟定过程中有两个原则：一是时间宜短不宜长，为了尊重全体出席者，确保效果，时间不要超过一小时；二是程序宜少不宜多，程序过多会延长时间，分散与会者的注意力，给人以凌乱之感。

任务解析

回顾案例：

为了提升老年人服务技术水平，提升从业人员专业技能，锻炼打造出一批"专业强、技术硬"的养老护理员，2019 年浙江省养老护理员技能竞赛在宁波举行。来自全省各地的 11 支代表队共 33 名选手参赛。本次竞赛由省民政厅、省人力资源和社会保障厅、省总工会联合主办，浙江省老年服务业协会和宁波卫生职业技术学院承办。

案例解析：

请您根据案例信息考虑一下：如何为本次技能大赛设计开幕式？当本次大赛顺利结束后，请再为这次技能大赛的顺利结束设计融合颁奖典礼的闭幕式。

1. 常规程序

（1）请来宾入座，宣布仪式正式开始。

（2）介绍到场嘉宾姓名、职务。

（3）主办单位主要领导致辞。

（4）宣读获奖名单。

（5）获奖人员上台领奖，嘉宾颁奖。

（6）嘉宾与获奖者合影留念。

2. 特殊程序

颁奖仪式可以根据所在行业领域情况，在颁奖之余安排一些有特色的活动，以活跃现场气氛。

（1）获奖嘉宾（代表）发言致谢。

（2）文艺演出。

（3）获奖者技术演示。

巩固拓展

近年来，养老问题受到社会各界的重视，每年都会召开养老博览会，不仅交流行业信息，还能向社会各界展示我国或国际上先进的老年产品和企业。本次博览会将在你所在的城市举行，请你考虑一下如何安排这次博览会的开幕仪式，使其既能隆重盛大，又能体现

老年人以及当地文化这两个主题。

任务五
其他常见会议服务

【知识目标】

◇ 了解并熟悉常见的座谈会、论坛、研讨会和远程会议的会议模式，并熟悉相关的礼仪。
◇ 掌握座谈会、论坛、研讨会和远程会议的服务流程及要求，并熟悉相关礼仪。

【能力目标】

◇ 运用会议接待工作的基本理论知识，能独立完成座谈会、论坛、研讨会和远程会议的接待服务工作。

【素质目标】

◇ 在会议接待工作的训练中，培养学生服务礼仪，提高学生自身的职业风貌。

　　2019 江苏国际养老服务博览会暨高峰论坛于 11 月 27 日在南京新庄国展中心开幕。江苏省民政厅副厅长沙维伟介绍，江苏老博会已成功举办七届，本届老博会以"养老服务融合发展和国际化"为主题，将吸引来自 10 个国家和地区的 313 家海内外企业参展，目标是将江苏老博会办成全国一流的专业品牌盛会。本届老博会重点配套活动"2019 江苏国际养老服务高峰论坛"于 11 月 27 日上午举行，来自海内外的知名学者与专家就国内外养老服务领域相关政策、产业趋势和成功案例进行分析解读。某学院养老专业的学生受邀参加了本次论坛，担任论坛的志愿者，提供服务。

　　除了会见、签字仪式、典礼以外，还有其他形式的会议形式，如座谈会、论坛、研讨会、远程会议等，我们应该了解其具体内容要求，从而能够提供相应的服务。

一、座谈会服务

1. 座谈会的定义和作用

　　座谈会是人们为了交换意见及看法或者为了纪念某一特殊的日子、事件而进行的一种会议形式。会议规模不大，与会者人数不多，一般该种会议气氛较为轻松融洽，是与会者自由平等发表意见、交流切磋的小型围坐式会议。如图 3 - 5 所示。

图 3 - 5　座谈会

2. 座谈会议分类

座谈会按其功能可分为:

(1) 咨询论证性座谈会

这类座谈会主要用于决策之前进行技术咨询,对方案进行论证。参加对象以专家为主。

(2) 征询调查性座谈会

这类座谈会主要用于重大政策制定之前征询各方面的意见和建议,或调查了解情况,反馈信息。

(3) 纪念追思性座谈会

这类座谈会主要用于纪念、追思历史人物和历史事件。

(4) 学习交流性座谈会

这类座谈会主要用于汇报思想,交流工作经验和学习心得体会等。

(5) 庆祝表彰性座谈会

这类座谈会主要用于庆祝某个节日、某人的生日、某项工作的完成,或者表彰先进集体与个人。

(6) 联谊交友性座谈会

这类座谈会的主要目的在于加强联系,联络感情,增进友谊,无特定的议题。

3. 座谈会的特点

其一,用途广泛。座谈会的用途广泛,如咨询论证、征求意见、调查情况、纪念追思、学习取经、交流总结、庆祝表彰、联谊交友等,对内对外都可以举行。

其二,规模较小。座谈会的规模一般都较小,小到十人以下,至多几十人,以保证每个与会者都有发言的机会。

其三,形式简单,气氛轻松。座谈会的形式十分简单,大都采取围坐的形式,除主持人和主要领导外，常常不排座次，随意就座，其目的就是创造一种轻松、自然、平等的气氛，从而帮助与会者放松心情，畅所欲言，从而取得良好的会议效果。

4. 座谈会的组织实施

座谈会的形式非常灵活，会场布置也要相应灵活多样，可以采取圆形、椭圆形、方形、长方形、六角形等围坐式座位格局（图3-6），特殊情况下也可以摆设成半围式。但有一点必须注意，会场座位尽量不要摆成上下对应式或分散式，否则就会使座谈会的气氛变得严肃、拘谨，影响会议的效果。重要的座谈会应当悬挂会标，既揭示会议的主题，又渲染会议气氛。

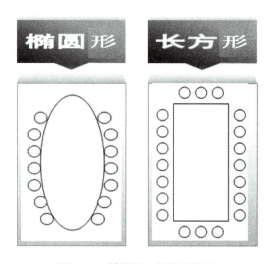

图3-6　椭圆形、长方形台型

5. 座谈会的服务流程

会前要求服务人员将会场布置成带有漫谈气氛的场所。有些正式的高规格的座谈会需要悬挂横幅说明会议主题。会场可以根据主题摆放鲜花、盆景等，会前如需使用投影播放设备，应邀请主办方提前到场调试。会议开始前30分钟，准备好座谈会所用茶水、毛巾等，并提前调好灯光与空调。主办方此时应调整好投影播放设备，服务人员至入口处迎接宾客到来。必要时提前设置签到处，协助主办方安排好签到事宜。

会议中勤添加茶水，同时注意与会者是否有其他需要，并及时提供相应服务。

会议结束后，协助主办方合影留念，欢送客人离开，及时检查场地中是否有客人的遗留物品，并及时归还。撤下茶水、毛巾，并整理打扫场地，最后关闭电源和门窗。

二、论坛和研讨会服务

1. 论坛和研讨会的含义和种类

论坛是指按会议的基本要素组织起来的，以研讨和交流为主要目的，以现场报告、演讲、对话、座谈为主要形式的会议活动，实质上就是研讨会。养老机构常常会与养老或民政部门共同举办养老方面的学术论坛和研讨会，从而提升行业技术，加强规范管理。

2. 论坛分类

（1）按组织形态分类

①常设性论坛。常设性论坛组织化程度较高，是一种固定的社会组织，有论坛章程、有固定的会员、有常设机构，会定期举行会员大会以及各种学术研讨和培训、考察活动。

②特设性论坛。特设性论坛是由某个或若干组织临时发起、主办的研讨活动，多冠以研讨会的名称。

（2）按主办单位的性质分类

其可分为官方论坛和非官方论坛。如中非合作论坛就属于官方论坛，博鳌亚洲论坛就是非官方论坛。官方论坛可以邀请非官方组织人士参加活动，非官方论坛也可以邀请官方组织人士参加。

3. 论坛的特点

（1）会议内容的学术性

学术性是论坛和研讨会的本质属性。论坛和研讨会的基本内容主要围绕某个学科的理论研究成果，又或者以交流、研讨、寻求共识为目的，开展不同的国家、政府、国际组织、企业之间的对话和信息沟通，从而能提出一些意见、建议和方案。

（2）会议主体的专家性

专家学者是学术论坛的主体，这是由论坛和研讨会的性质决定的。尽管许多论坛的代表具有官方色彩，甚至就是政府官员，但在论坛和研讨会上，他们的身份首先是行政管理专家或学者，或者半是官员、半是学者，这样的身份对于与会各方来说，更方便相互接触，更容易相互沟通。

（3）会议气氛的民主性

民主和自由是论坛和研讨会的可贵之处，也是最显著的优势和特点。在论坛和研讨会上，各种不同的观点都应当被允许发表，应当提倡健康的学术争论并加以保护，"一言堂"是学术论坛的大忌。

4. 会议的组织实施

论坛和研讨会的对象及其规格要根据举行论坛的目的和议题来确定。有的论坛被称为"高峰论坛"，说明规格较高，一般要求国家、国际组织、企业和民间组织的领导人亲自参加；有的论坛和研讨会要求某一领域具有一定贡献的专家参加或提交论文者方具备与会资格；有的则面向大众，具有学术报告会的性质；有的可能是仅限于会员参加的年会。

因此论坛和研讨会的会场应当根据规格要求来设置，应当简朴、典雅，且设施齐全，能够为学术和跨语言交流提供技术保障。一般使用课桌式、剧院式会场布置方法（图3-7），主席台布置应当突出报告人的地位。会议如果要进行分组讨论，则要事先安排好分会场，或变换会场布置方法。

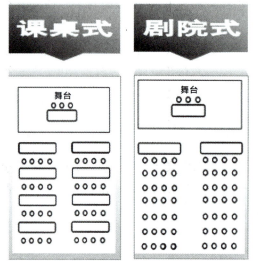

图 3 – 7   课桌式、剧院式会场布置方法

三、远程会议服务

某视频会议软件公司说：当前每个公司的战略定位、商业策略、技术路线不同，即使是在同一市场，面临的机遇和风险也都不相同。随着网络带宽的提升和资费的下降，视讯技术发展和产品成本降低，视频会议的用户群体将不断增加，市场规模日益扩大。视频会议系统将从单纯的视频通信发展为远程教学和培训、远程医疗、远程接访、远程探视、可视指挥调度等多种形式，视频软件市场尚有发展空间。我们会继续加强视频会议产品、解决方案和服务的提升，同时结合场景和行业应用做好视频会议的延伸应用。

问题：1. 什么是视频会议？

2. 视频会议这类的远程会议和传统会议相比有什么样的优点呢？

1. 远程会议的含义、种类

远程会议是指借助现代通信技术把分散在各地的与会者组织起来举行的会议。

远程会议按技术手段可分成：

（1）电话会议

电话会议是一种借助多方互联的信息手段，通过固定电话或移动电话召集分散在各地的与会者组织进行语音沟通的形式。

（2）电视电话会议

电视电话会议是用通信线路把两地或多个地点的会议室连接起来，通过电视图像的方式召开的会议。与电话会议相比，电视电话会议不仅可以听到声音，还可以看到会议参加者，还能实时传送会议资料、图表和相关实物的图像，与真实的会议无异。

（3）网络视频会议

网络视频会议是基于多媒体通信系统的会议，也支持多人视频、语音和文字交流，能实现屏幕共享、动态 PPT 演讲、短信留言、电子白板、文件传输等功能。普通的电脑配上麦克风和摄像头就可以举行网络视频会议。

2. 远程会议的特点

（1）便捷

与传统的会议方式相比，远程会议具有方便快捷的优越性。分散于世界各地的人们不再需要把大量时间花在路途上，随时可以召开电话会议。电视电话会议和网络视频会议更是省去了文件制发、会场布置、迎来送往、住宿安排等会务工作，而与会者的情况以及各分会场的情况通过电视机、电脑照样清晰可见。

（2）高效

远程会议最大的优势，就是通信网络可以使身在全国各地的与会人员自由地交谈、讨论、表决，以最快的速度解决实际工作中迫切需要解决的问题，其速度远远快于任何一种以传统方式召开的紧急会议，从而且大大提高了会议效率，提升了组织的整体效率。

（3）低成本

运用远程会议系统召开会议，由于节省了与会者的大量时间，不仅减少了路费、住宿费和出差补贴费等支出，同时也避免了由于会议的耽搁而造成的经济损失，使大幅降低会议成本变为现实。

3. 组织实施

（1）配置调试设备

电视电话会议需要配备电视机、摄像头和话筒，具备相应的电视电话会议服务功能。会前要由技术人员安装调试，确保性能良好。

（2）发出通知和文件

会前要通过电话或书面的形式发出通知。落实与会者名单。需讨论或审议的文件也应在会前通过传真或电子邮件传给与会各方。

（3）安排会场

电视电话会议需要在专门的会场中举行，主办方设主会场，其他参会方设分会场。主会场可设主席台，按一般会议的要求布置并排列领导人的座次。分会场的领导人一般坐在台下和其他与会者一起观看、聆听主会场的领导讲话，等到召开分会场会议时，再坐到主席台上。

（4）确认线路畅通

会议开始前，各分会场联络人要确认信号接收良好和设备运行正常，发现问题要及时解决。

（5）接通电话

所有参加会议的人员都应当至少提前五分钟进入会场，做好充分的准备。会议时间一到，由召集方以主叫的方式按设备要求操作接通与会各方。

（6）相互通报出席情况

双向的电视电话会议在会议主席宣布会议开始后，各分会场向主会场通报出席情况。

（7）做好会议记录

用录音电话系统记录会议，会后整理成书面记录。电话会议的录音带和书面记录整理稿都应归档保存。

任务解析

回顾案例：

2019 江苏国际养老服务博览会暨高峰论坛于 11 月 27 日在南京新庄国展中心开幕。江苏省民政厅副厅长沙维伟介绍，江苏老博会已成功举办七届，本届老博会以"养老服务融合发展和国际化"为主题，将吸引来自 10 个国家和地区的 313 家海内外企业参展，目标是将江苏老博会办成全国一流的专业品牌盛会。本届老博会重点配套活动"2019 江苏国际养老服务高峰论坛"于 11 月 27 日上午举行，来自海内外的知名学者与专家就国内外养老服务领域相关政策、产业趋势和成功案例进行分析解读。某学院养老专业的学生受邀参加了本次论坛，担任论坛的志愿者，提供服务。

案例解析：

本次会议负责人是某学院张老师，他迅速调派会议专家为学生们做论坛会议服务培训，让学生掌握论坛的摆台方式和当天服务内容。

学生们认为这次大型活动适合课桌式会场布置，按照以下方式布置了会议桌：

1. 会议桌摆放位置要正，椅子摆放在会议桌前并与会议桌保持约为一人的距离，椅子左右之间的摆放距离要均匀，约为一人距离，椅子摆放完毕后竖看要成一条直线。

2. 根据椅子的位置在会议桌上摆放稿纸，稿纸摆放在每个椅子的正中间位置，稿纸底边与桌子的底边成一条水平线，铅笔成 45° 斜角放在稿纸右侧，笔尖朝上，标签外漏。

3. 稿纸定位后，茶杯摆放在稿纸的右上方，与稿纸边保持约为一指的距离，杯把朝右，茶杯左侧摆放香巾碟，香巾碟与杯子的距离约为一指，杯子与香巾碟的中心在一条水平线上。

4. 话筒固定在桌面上，话筒麦克方向角度一致，摆在同一侧方向。

5. 水果、干果、矿泉水及香烟统一是两人一份，水果摆放在两人中间位置，水果上方摆放两瓶矿泉水，水果两侧对称摆放干果，每份物品摆放标准一致，侧看成一条直线。

6. 桌花根据会议桌长度，摆放 2~3 个，桌花一般选用鲜花，并且不易太高，以免影响客人说话，摆放在会议桌的中心位置即可。

请你也利用教室环境按照这样的方式尝试模拟布置一下会场。

巩固拓展

请再考虑一下如果 2019 江苏国际养老服务博览会暨高峰论坛结束后，还需要准备若干座谈会和学术研讨会，我们又该如何布置会场呢？

项目四　会议前的服务工作

【知识目标】

◇　了解会议策划的意义。
◇　掌握会议策划的内容。
◇　了解会议资料和会议物品所包含的内容。
◇　了解会场布置的原则及形式，掌握会场座席安排的方法。
◇　理解会议通知和邀请的形式、派发，掌握如何撰写会议通知和邀请。

【能力目标】

◇　运用会议策划的理论，设计具体的会议策划方案。
◇　能够根据会议要求，完成会议日程的具体安排。
◇　能够对会议所需的资料和物品进行准备。
◇　能够根据会议要求，完成会场布置。
◇　能够撰写会议通知并选择合适的方式派发。

【素质目标】

◇　增强讨论与合作意识，提高团队意识。
◇　通过具体会议策划的锻炼，发散思维，提高创新意识。

【思维导图】

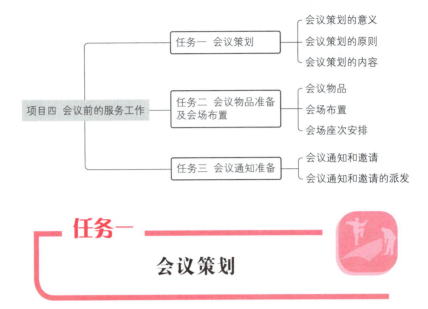

任务一 会议策划

【知识目标】

◇ 了解会议策划的意义。

◇ 熟悉会议策划的一般流程。

◇ 掌握会议策划的内容。

【能力目标】

◇ 能够针对具体会议要求，会前做好会议设计方案。

【素质目标】

◇ 通过具体会议策划的锻炼，发散思维，提高创新意识。

　　截至 2017 年年底，长三角三省一市常住人口中，上海市 60 周岁以上的户籍老年人口占总人口的比例达到 33.2%，江苏省为 22.5%，浙江省为 21.77%，安徽省为 18.16%，三省一市老年人口规模近 4456 万人，人口老龄化已经成为长三角各省市以及全国面临的重大课题。与此同时，长三角养老协会联合体成立、养老机构取消许可证改备案制、机构内设诊所实行备案制等政策松绑，为区域内机构发展提供了阵阵春风和新的机遇。

　　因此，2019 年 6 月，中国养老行业推动者峰会将聚焦"运营模式""人才培养""服务提升""医养结合"等主题探讨中国养老机构运营困惑，促进交流，提升机构服务能级。本次论坛邀请了来自全国各地约 500 位机构运营者共同参与，一起进步，开创中国养老新时代！

会议策划是养老机构会议顺利开展并为此提供全面服务的重要环节。会议策划有广义和狭义之分，凡是与会议产业发展战略和会议活动实施方案相关的策划、创意、设想的过程都属于广义的会议策划，如养老机构产业发展战略策划、会议组织的品牌策划、会议市场营销策划、会议活动策划等。

狭义的会议策划是指围绕会议的目标，在充分占有并全面、深入分析信息的基础上，运用科学的策划方法，围绕会议的组织者、会议议题和议程、会议形式、参会人员、信息、时间、地点等基本要素及其相关背景和条件，制定出相对系统、完整的会议最佳方案的过程。本章所说的有关会议前的策划与筹备多指狭义层面。

一、会议策划的意义

《哈佛企业管理》一书中曾提到，策划是针对未来要发生的事情做出当前的决策。科学的策划会决定将来做什么、何时做、谁来做，策划具有点石成金的作用。会议策划是对会议进行管理和决策的一种程序，是一种对会议活动的进程，以及会议活动的总体战略进行前瞻性规划的活动。出色的会议策划是养老机构会议圆满举办的前提，是会议开展前的重中之重的任务。

1. 会议策划为主办方的决策提供依据，为会议的开展提供指南和预测

决策是对未来行动方案的抉择，有好的方案才会有好的决策。会议策划的目的就是寻求最科学、最合理、最有效的方案，为养老机构单位决定开会主题等提供决策依据。会议的议程、形式、参会人员、信息沟通、时间安排、会场布置的讨论和确定为具体的开展提供有力的依据，并能做出合理的预测，使会议开展和服务具有一定的方向性。只有通过专业策划和充分准备的会议才能取得预期的效果。

2. 会议策划为会议的成功提供强有力的保障

会议的保障体系涵盖信息、资金、物质等各个方面部署，涉及邀请与通知、接待与服务、会务礼仪、后勤保障、安全管理等各个环节，如果没有前提具体、详尽、周密的策划，很有可能在实施过程中因一个小细节的考虑不周而妨碍会议的正常进行，甚至出现更严重的后果。因此，会议策划的科学性、系统性能为养老机构会议的顺利开展提供强有力的保障。

3. 会议策划为会议提供新观念、新思路和新方法

完整的会议策划是一个节奏分明、条理清楚、面面俱到的周全计划，要针对养老机构本身的独特性，提出可行的方案，并在某些方面做出与时俱进的调整，具有突破性，富有新意和创意。

二、会议策划的原则

一般情况下，会议的策划工作是由主办方承担的，即"谁主办，谁策划"，通常称为"主办者策划"。主办者策划分为两种方式：一种是由主办者单位常设的会务部门负责提出具体的会议预案，组织内部具有例行性质的会议基本如此，比如养老院的党政联席会议、

养老院常规事务管理会议、供养人员座谈会等；另一种是成立专门筹备策划机构进行策划，形成会议方案，这种策划方式常用于一些较为重要的会议，比如某地区养老机构论坛会议、某市养老院年度工作交流会议等。无论是主办方策划还是专业策划，都必须遵循以下原则：

1. 针对性原则

会议策划是追求最佳会议方案的过程，目的是为主办者的决策以及会议的成功举办提供依据和保障。养老机构的会议针对的客户群体存在一定的差异，可能是社会管理者、服务工作者、离退休干部及家属等，要根据会议主题、会议目标、参会人员、时间地点等不同因素，制定有助于会议顺利举办的具有针对性的决策和方案。

2. 科学性原则

只有建立在科学方法基础上的会议策划，才能为会议主办者提供科学的决策依据，才能切实保障会议的成功举办，防止"拍脑门"和"闭门造车"的做法。坚持科学性原则，要求策划者尊重养老机构目前管理的客观实际，一切从实际出发，运用科学、规范的策划方法，使会议的方案从无到有，从朦胧到清晰，从感性到理性。

3. 创新性原则

与一般的工作计划相比，策划工作的不同之处就在于更强调、更追求创新。科学是会议策划的基础，那么创新就是会议策划的生命，特色是会议成功举办的要诀。尤其是对于养老机构来说，离退休老年人的生活方式、思维习惯也需要随着时代变化和进步，会议的举办无论是立意还是形式都要不断创新，突出、强化特色，才能更丰富老年人的精神世界和追求。

4. 可行性原则

追求创新，必须建立在现实的、可行的基石之上，否则一切将成为空谈。脱离了可行性，那么会议策划将会被架空，甚至变成"作秀"，大大降低了会议效率，更难以达到预期的效果。

5. 利益主导原则

会议策划时应注意权衡和考虑多方面的立意，尽量实现策划对象、策划者本身及其相应的利益相关者的多赢。养老机构会议应考虑政府、企业、社区、供养人员多方利益的均衡，不可厚此薄彼。

6. 周密性原则

会议策划需要发散性思维，但同时更需要运行收敛性思维，需要总结以往会议服务的经验，注意事物间的普遍联系，使会议策划的每一个细节、会议活动的每一个环节相互衔接、相互照应、相互协调。另外，要加强预防管理，做好突发情况的预判和解决。

三、会议策划的内容

1. 会议策划的一般流程

在会议前的策划过程中，由于会议的组织机构不同（比如政府养老管理部门、养老单位、社区委员会等）、所针对的问题不同、会议项目内容不同，决策的程序也不尽相同，但都要按照一定的、科学的、合理的程序进行，有一定的规律和章法。会议策划是一个循环的过程，是一个双向沟通的过程，更是一个不断完善的过程。这本身就是一个不断追求完美的过程，如图 4 – 1 所示。

图 4 – 1　会议策划的一般流程

（1）明确会议目标和任务

目标是行动的方向和指南。选择并确定切实可行的目标，才能保证会议活动有效地实施。因此，明确合理的目标是会议策划的起点和重要环节。

①明确会议的主题。目标与会议活动主题关系紧密，目标不能脱离会议活动主题。目标必须明确具体，而非含糊笼统地提出一个观念。

②明确策划的重点。从众多纷繁复杂的头绪中，针对目标，抓住重点；在解决问题的过程中，可再有效地细分，找准解决问题的关键点，选择合适的切入点，从而更有效地解决问题。

③收集支撑资料。一个成功的会议及活动项目策划方案应该建立在丰富而全面的信息资料之上，这也是灵感和创意诞生的源泉。

（2）开展调研，完善信息

开展调研并收集与会议目标相关的法规性信息，包括政策、法规、规章制度等，使会议策划符合法律要求和政策条款。例如湖南省 2019 年发布的《养老机构老年人文化娱乐服务规范》，可以作为其省内开展老年人相关主题活动的参考依据。

还需要调研本机构内外相关的有利反馈，尽量充分利用，以达到利益最大化；调研不利的反馈信息，避免各种潜在的威胁，早做预案。此过程要求有一定计划性和实效性，坚持群众性、广泛性和深入性，注重对信息进行甄别和初步筛选。

（3）分析材料

通过对信息、资料的整理和分析，甄别有利的资源、条件并及时发现欠缺的条件和潜在风险，逐渐形成创意的雏形。高效的信息分析，有利于提高会议效率。

（4）设计方案

设计方案的各个环节和方面都要围绕如何实现目标而展开，确定具体行动的途径和方法，应注意以下原则：

一是要遵循量力而行的原则。即从自身现有的条件、具备的能力出发，要考虑项目的经费预算是多少；同时，要尽可能挖掘内部潜力，充分利用内部条件和有利因素。

二是要大胆创新。

三是要细致全面。

设计策划方案最好以文字稿形式呈现，即会议策划书，并且可出两份策划方案，以便综合比较，择优选用。写作需要文字简明扼要，逻辑顺序合理清楚，主题鲜明，必要时可辅以图表、实物图片、设计模型等。

（5）比较论证，选择方案

运用合理的标准和科学的方法进行比较或者采用情节推演法，对设计方案进行客观的评估后做出选择、调整。

（6）追踪实施，反馈修改

为了保证方案的实施，应随时追踪评估反馈信息，尤其要重视不同的意见，对策划方案进行适当的完善。最后，要做的就是制定各个环节的实施细则，以保证会议目标实现过程的顺利进行，必须做好以下工作：

①防范措施。任何事情的进展都有不可预测的情况发生。会议策划方案的实施也必须做好防范措施，准备好不同的预案，以备不时之需。同时，比较的方案可以完善后作为备用方案，根据临时情况，随时启用。

②评估措施。评估既可以是全程结束后的总体评估，也可以是阶段性的评估。就会议策划过程来说，策划书的完成并非意味着策划的结束，保证方案的有效执行及对策划经过和结果做充分的分析、探讨，得出经验或者教训，并在下一次策划中将其改善，这才是一个完成的过程。

2. 策划方案的具体内容

会议前的准备工作至少应该包括以下八个方面：

（1）确定会议的目标与主题

（2）确定会议的形式

（3）确定会议的规模

主要指参加会议活动的人数、形式以及其重要性，即举办的等级控制等问题。针对互动讨论型的会议，需要经过与会者之间深入交流后确定规模。研究表明，互动讨论型会议规模超过 7 人时，每增加 1 人，其互动的频率可能相应增加 10 倍以上。而对于不需要互动讨论的会议，其规模的弹性相对较大，必须考虑的因素有以下几个方面：

①人员与场地：一般来说，规模决定场地，但是场地对会议规模也会产生相应的限制。比如，场地所处位置的交通情况、场地的形状、场地的安全保障等，因此决定会议规模之前应事先考察场地条件。

②效率：会议的规模直接影响着会议的效率。通常，会议人数越少，会议筹备所花的时间就越少，会议效率就越高；反之，会议效率就越低。

③成本：会议规模与会议成本成正比，即规模越大，会议成本越高。在确定会议规模时，先要考虑能够承受的会议成本，做到量力而行。

④效果：一切的准备工作都是为了最后会议顺利开展，获得预期的效果。会议的规模与会议的效果也密切相关。有的会议保密性较强，必须严格控制与会人数和会务人员，以防会议内容扩散，比如养老机构相关条款的制定会议。有的会议则要求造成声势，扩大影

响，需要达到一定的规模才能产生效果，比如某养老院的大型公益活动。所以，会议规模的确定需要根据会议的性质、会议目标、会议效果的实现方面多做考虑。

（4）拟定参会人员

在邀请参会人员的时候，需要注重"羊群效应"，就是先邀请行业内比较重要的名人或者行业内的龙头企业，然后用名人和企业的带动力去吸引更多的目标参会者。养老机构还可以针对自己的独特定位，邀请文化、养生、娱乐类的人员，起到一定的宣传和带动作用。

考虑到会议规模和场地的因素，要对参会人员进行前期的筛选，毕竟，会议服务的成本较高，当达到最优参会人数时，与会者越多，增加的额外成本和难度就越大，因此没有必要出席或者列席的人员，尽量不要让他们参加，另外还要留有适当的余地。

参会人员的拟定应格外关注三种群体：一是代表某一团体或者群体的核心人物，其代表的并非个人，往往是一个群体的利益，应拿捏好"度"，通过适当的途径充分表达意见。二是起到协调作用的人物，可以成为会议主持人或者组织者的最佳候选人，他们可以在不同立场的参会者之间扮演"和事佬"，并能保证会议的有效沟通。三是容易闹事的人，这部分群体不能"一刀切"，得从事物的两面性分析，从而谨慎地决定是否邀请。如果列入参会人员，会增加会议风险；如果不邀请，又会造成事态扩大。通常，必须邀请容易闹事的人作为参会人员时，务必做好预案。

（5）确定会议的时间

会议时间的选定不仅需要参考主要嘉宾、主持人的时间，还要参考大部分参会人员的时间，以及场地的空闲时间。会议的时间是指会议的时机、会议的起始时间、会议的时间量和会议周期。

相关知识：策划会议时间的专业术语

1. 会期：一般是指会议从正式开始到结束所需要的时间，但有时也指系列性、周期性会议召开的固定时间。

2. 会议周期：是指同一性质和系列的前后两次会议之间固定的时间跨度，如年会、月会。会议周期不同于会期。

3. 会议日程：是指会议的各项活动按日期和时间先后的具体安排。凡时间满一天的会议，都应当制定日程。

4. 休会：一般是指会议过程的中止或会议期间的休整。具体来说有三种休会情形：一是会议活动受到外界因素的影响或会议暂时无法达成协议而被迫中断活动的过程，直至复会；二是为了让与会者有足够的时间来进行会外的研究、沟通和磋商，以便会议的最后文件获得顺利通过，宣布休会，这种休会是一种积极的休整，体现了会议的主持艺术；三是会议期间的正常休息，目的是消除与会者的疲劳，提高会议效率。

5. 复会：专指会议在休会之后的继续，因此又称为续会。

6. 闭会：是指在正常情况下完成各项议程后结束会议。大型会议的闭会可称为闭幕。同一性质和系列的两次会议之间的正常间隔期称为闭会期间。

会议的时机，是指会议的有利条件成熟，举行会议正当其时。把握会议的时机要做到两个方面：①正确分析判断举行会议的有利时机。当会议的目的是讨论问题、解决问题时，那么讨论、解决这些问题的时机是否成熟，就是会议组织者在拟定会议时间时必须首先考虑的因素。当时机未到、条件不具备时，宁可推迟会议也不能举办，否则，非但效果达不到，甚至可能适得其反。②及时抓住有利时机。会议的时机一旦成熟，会议就应当及时召开。当问题迫切需要解决，条件已经具备，即会议时机已经成熟时，就不能错失良机。

当会议时机成熟后，还要合理选择举行会议的具体时间，以取得最佳的时间效果。如何合理地选择会议时间？应做到会议的时间富有意义，能烘托会议的主题；要方便工作的开展；要符合一般的生理规律，只有保证参会人员的思维清晰、情绪饱满、精力充沛以及注意力集中，才能确保工作效率和会议效果，因此一般会议的高峰期选择在上午10点和下午4点左右；要留有充分的准备时间，既要给会议组织者足够的时间完成会议的各项组织筹办工作，又要给参会人员足够的时间准备会前提交的相关文件或发言材料。

会议的时间量也应提前计划和安排。比如发言时间的预留，确保会议发言的人数和时间充分；当会议的形式有变动时，要合理分配各项活动时间，比如会议中场休息时间和茶歇准备时间；另外，要预留一定的机动时间。会议的时间量应与会议成本和效率密切相关，一般情况下，会议的时间越短，成本越低，效率越高，反之亦然。因此在满足会议需要的前提下，适当、合理地压缩会议的时间，是降低会议成本、提高会议效率的有效手段。

（6）具体会议日程的安排

会议日程是会议方案的主体部分，会议日程经常是一份由时间和事件组成的表格，要求内容全面，应当包含会议期间的所有活动安排，不仅要写明报告、对话、座谈、谈判等议题性活动，也要写明开幕式、闭幕式、颁奖等各项仪式性活动，有时还要写明报到注册、茶歇、招待会、参观、考察、娱乐、离会等辅助性活动。通常以半天为单位时间安排活动。

会议日程无论是对会议组织者还是参会人员都具有重要的意义。①对会议的具体实施起到指导和辅助作用。对于会期较长的会议，其议程往往较为概括，具体实施时必须将其时间化，而清晰明了的会议日程将议程的各项内容落实到具体的时间节点，这对圆满完成全部议程具有保证作用。②方便参会人员了解具体的安排，比如会议各项活动的内容、时间、地点、出席范围等信息。③便于提高会议效率。科学的会议日程能够使各项会议活动形成一个和谐有序的整体，能够充分激发参会人员的热情和斗志，帮助参会人员合理分配精力和注意力，同时也能对各项活动的时间做必要的限制，最大限度地节省会议的时间和费用，因此，制定合理的会议日程是提高会议效率的重要手段。

会议日程的制定有一定的规律和要求：第一，日程的制定应全面准确地把握会议的议题性活动、仪式性活动和辅助性活动的关系。第二，既要贯彻精简高效的原则，又要科学合理，符合人体生理和心理活动的规律，从而提高会议活动的效率。第三，会议日程的书面结构和写法要清晰、准确，可以采用表格式，也可使用日期式。例如2019养老行业推动者峰会于2019年6月10日举办，采用的是表格式议程，如表4-1所示。

表 4 – 1 2019 养老行业推动者峰会日程安排

时间	主题及嘉宾
2019 年 6 月 10 日	
09:00—09:20	如何构建居家和社区养老服务体系 How To Build Home And Community – Based Elderly Care Service System 张恺悌，中国老龄产业协会副会长、专家委员会主任委员 Kaiti Zhang, Deputy Chair, Director of Experts Committee, China Silver Industry Association
09:20—09:40	政府视角下社区服务体系整体规划 Overall Planning of Community Service System from the Perspective of Government 章维，长宁区民政局局长 Wei Zhang, Director, Civil Affairs Bureau, Shanghai Changning District
09:40—10:00	置顶愿景 驾驭盈利 打造康养产业生态闭环 滕家祺，复星康养集团副总裁
10:00—10:20	养老国企诚和敬的投资思路 CHJ's Investment Ideas 代斌，北京诚和敬养老集团投资总监 Bin Dai, Investment Director, Beijing CHJ Care Group
10:20—10:40	越秀银幸 1000 日的复盘和展望 A 1000 Day Review of the Future Prospects for Silver Beauty Group 何洪涛，越秀银幸总经理 Hongtao He, General Manager, Silver Beauty Group
10:40—11:00	澳洲高端护理项目落地上海的机遇与挑战 Challenges & Opportunities for High – end Foreign Nursing Projects Setting up in Shanghai Diana Xiang，上海绿港莫朗护理院有限公司 CEO Diana Xiang, CEO, Shanghai Greenland Hong Kong Molang Nursing Home Co., Ltd
11:00—11:20	养老人才的引导：推动与守候 Best Practice Guidance for Senior Care Practitioners: Balancing Progress with Patience 傅力，儆堂集养老服务（北京）有限公司总经理 Li Fu, General Manager, Beijing Jingtangji Elderly Care Service Co., Ltd
13:30—13:50	连锁社区养老机构核心竞争力打造 Building Core Competencies in Community Senior Care Institution Networks 陈斌，成都长者乐生科技有限公司总经理 Bin Chen, General Manager, Chengdu Rosy Technology Co., Ltd

时间	主题及嘉宾
13：50—14：10	打通机构、社区、居家，赢得最佳养老政策红利 Linking Institutions, Communities & Homes to Gain the Best Senior Care Policy Dividend 黄璜，无锡九如城养老管理有限公司总经理 Huang Huang, General Manager, Wuxi Joru Pension Management Co., Ltd
14：10—14：40	养老设施的设计要点及与社区同呼吸的新型养老实践 Core Design in Elderly Care Facilities and New Community – Based Elderly Care Practice 须崎正裕，日建住宅设计设计监理部设计主管 Suzaki Masahiro, Design Director, Design & Supervision Department, Nikken Housing
14：40—15：00	"三角协作"为核心的"鹿特丹式护理"提升运营能级 "Triangular – Collaboration" Centric, "Rotterdam – Style Care" to Enhance Operations Dr. J. B. M. Goumans, 鹿特丹应用科技大学护理创新研究中心项目主任 Dr. J. B. M. Goumans, Project Director, Innovations in Care Research Centre, Rotterdam University of Applied Sciences
15：15—15：35	资本浪潮下的蓄力薄发：中国养老产业金融回顾与展望 The Growing Interest of Capital：the Outlook of Elderly Care Industry Finance in China 曹卓君 和君集团健康养老事业部副总经理 Zhuojun Cao, Deputy General Manager, Health & Elderly Care Department, Hejun Group
15：35—15：55	融资租赁模式在养老产业运用展望 Prospects for the Use of the Asset Leasing Model in the Elderly Care Industry 韩炜 诚泰金融医疗健康事业部总经理助理 Wei Han, Assistant General Manager, Healthcare Department, Chengtai Finance
15：55—16：15	每个行业都将为老年行业再细分一次 Every Industry Will Now Have to Cater for the Elderly 段明杰，北京银发壹族科技有限公司创始人 Mingjie Duan, Founder, Silver Hair Family Technology Co., Ltd
16：15—16：35	咱能站着把6100万互联网老人的钱挣了吗？ Can We Really Make Money from the 61 million Silver Surfers in China? 孙黎，养老E周刊创始人 Li Sun, Founder, Elderly Care E Week
16：35—16：55	以中老年妈妈装行业为例谈老年群体消费行为分析 Elderly Consumer Behavior Analysis, Comparing Age Groups within the Clothing Industry 李涛，韩都衣舍电子商务集团股份有限公司迪葵纳品牌创始人、CEO Tao Li, Founder and CEO, Dequanna, HSTYLE Group

例如：2017 年召开的首届全国旅居养老运营管理培训会议日程安排采用的是日期式议程：

尊敬的企业负责人：

您好！我们非常感谢您参加将于 2017 年 6 月 3—5 日在安徽天悦湾举办的"首届全国旅居养老运营管理培训"。

现将培训会议详细日程发给您，请您安排好行程和时间，期待您的参与。

一、6 月 3 日会议报到

全天：外埠人员报到；领取会议材料、办理入住。

13：00、15：00 合肥南站接车

14：00、16：00 合肥新桥机场接机

（非自驾人员统一接站）

18：30 晚餐

19：30—22：30 天悦湾户外温泉免费体验

（可自带泳衣、基地也有售）

二、6 月 4 日培训会议

7：00—8：00 早餐

8：00—8：30 全体参会人员合影（酒店大门口）

8：30—8：35 主持人宣布会议开始，介绍到场嘉宾

8：35—8：40 盛世天源董事长张杰致欢迎词

8：40—8：50 中国老龄产业协会领导讲话

中国老龄产业协会老年宜居养生委员会主任　宋巨明

8：50—9：00 中国老龄事业发展基金会领导讲话

中国老龄事业发展基金会副理事长　章国荣

9：00—10：00 旅居养老服务标准解读及落地推广

中国老龄产业协会老年宜居养生委员会

执行主任　于贵红

10：00—11：00 五院双五行养生系统设计

中国中医科学院中医药科技合作中心自然医学部主任　刘君迈

11：00—12：00 天悦湾旅居养生养老基地介绍及服务体系设计

盛世天源董事长　张杰

12：00—13：30 午餐、休息

13：30—14：20 旅居养老服务管理全流程设计

三明市泰宁大金湖怡养中心董事长　张彩斌

14：20—15：10 文化养老旅居中的书香雅生活

书香酒店集团市场总经理　周大同

15：10—16：00 来自五星酒店的旅居养老管理

河源巴伐利亚庄园福朋喜来登度假酒店

行政经理　李智

16：00—16：50 旅居休闲主题活动设计

四川省养老服务业协会秘书长　罗谦

16：50—17：40 旅居过程中的风险管控

北京天海安龙健康管理有限责任公司健康总监　崔晓燕

18：00—20：00 一楼云门厅招待晚宴

主持人：刘艳琼

天悦湾养生特色产品观赏

太极拳表演

茶艺＋琴＋书法＋朗诵表演

八段锦表演

道家仙舞表演

黄梅戏表演

文娱节目互动

20：00—23：00 天悦湾中医养生馆免费体检

中医外法 6＋1 健康调理

（注：需调理者费用自理）

三、6 月 5 日培训会议

7：00—8：00 早餐

8：00—9：00 参观天悦湾旅居养生养老基地、天悦湾展示中心、天悦湾中医馆、天悦湾温泉公园等

9：00—9：30 创龄之家旅居中心建设

北京庄达养老投资顾问有限公司总经理　岳瑞先

9：30—10：00 旅居养老精准实战营销

北京天开瑞祥不老山庄销售负责人　田自明

10：00—10：30 旅居中的中医保健

中医外法调理疑难杂症专家　信美竹

10：30—11：00 老年特色膳食设计

安徽慧可居精品酒店行政总厨　王永林

11：00—11：30 水利部老年大学介绍与对接

水利部老年大学负责人　张欣

11：30—13：00 午餐

13：00 安排返程

（需周边景区游览者提前与联系人对接，由酒店提供方便，费用自理）

四、温馨提醒

3 号接站时间

合肥高铁南站：两趟班车 13：00、15：00

合肥新桥机场：两趟班车 14：00、16：00

（出站有接站牌）

请大家购买高铁票或机票到达时间尽量在以上接站时间范围内；

请大家购买好往返车票后及时把车次信息发给我们，以便我们了解到达时间并安排好接站。（邮箱：zglvju@126.com，或手机号：18701609549）

5 号送站时间

会议 5 号上午结束，用完午餐后 13：00 统一发车前往合肥高铁南站、合肥新桥机场（路途时间：2.5～3.5 小时，请参考时间购买返程车票）

安徽岳西天悦湾地址：安徽省安庆市岳西县温泉镇天悦湾大道

五、收费标准

会员：868 元/人

非会员：1680 元/人

以上费用包含：

1. 培训费用

2. 2 晚住宿

3. 2 顿早餐、4 顿正餐

4. 合肥南站、合肥新桥机场统一大巴接、送车费及参观交通费

承办单位招待：

1. 会场、会务

2. 温泉体验

3. 晚宴酒水

4. 会议茶歇

账户信息：

公司名称：安徽天悦湾旅游开发有限公司

账号：2000034×××××××00000018

开户行：安徽岳西农村商业银行营业部

（7）确定会议的场地

会议的地点是指会议存在的空间，包括会议举办地和会议场馆两个方面。地点的选择既要考虑参会人员的人数，匹配对应规模的会议场所，更要符合会议的主题和氛围，这样才能得到最佳的效果。对于养老机构的会议，可以适当选择在有文化氛围、养生特色、绿色生态的场地召开，从而能较好地营造良好的会议氛围。根据会议的实际需要，会议场地拟定方面还应注意以下几个方面：

①会议举办地是否具有足够的接待能力，包括住宿、交通、餐饮等条件；

②会议的场地及其周边环境是否能够保证会议的安全，包括人身安全、财产安全和信息安全；

③会议举办地和场地的环境是否适宜；

④会议场地的大小、设备是否能够满足会议的需要；

⑤会场的规格和档次是否与会议主题相适应；

⑥场地的租借费用必须合理。

（8）会议落实及检查

为保证会议顺利进行，会前需要对各项工作进行严格认真的检查，包括场地的布置、人员的安排、会议日程的完善以及参会人员的反馈等。

任务二
会议物品准备及会场布置

【知识目标】

◇ 了解会议资料和会议物品所包含的内容。

◇ 了解会场布置的原则及形式。

【能力目标】

◇ 学会准备和布置会议指示标识。

◇ 掌握会场座席安排的方法。

【素质目标】

◇ 在会议准备及会场布置的训练中，培养学生的团队协作意识。

"互联网＋金融养老"产业创新大会即将在 A 市举行。来自全国各地的专家和学者聚焦"创新养老金融智造"主题，全面探讨养老产业与金融业融合创新发展之路，以及 A 市养老产业的发展。

结合会议主题，你会选择何种形式的会场，该准备哪些会议物品？

一、会议物品

会议物品是会议能够取得成功的重要因素之一，会议组织者在会前必须做好计划，提前准备好会议各类资料和用品。

（一）会议资料

会议资料可分为参会人员资料、会务资料和沟通资料三类，会议组织者应提前做好充分的准备，按时分发，保证与会者的使用。

1. 参会人员资料

参会人员资料是指会议报到时应分发的资料，应整理后用资料袋或者手提袋装好，以便按需分发或者个人领取。资料袋中应包含会议所需文件资料、会议日程表、会议分组名单、代表证、文具、餐券等用品。

2. 会务资料

会务资料是为会议组织者进行接待、服务、应急事件处理提供便利的资料，通常包括接站安排表、会议签到表、会议讨论分组表、住宿登记表、用餐及茶歇安排表、会务组通讯录等。

3. 沟通资料

沟通资料是进行会议内外沟通的资料，比如主持人的沟通、会议宣传的资料、会议参考的文件、会议相关的协议、合同等相关资料。

（二）会议设备

会场设备是现代会议活动赖以进行的物质保障，养老机构注重人性化、个性化、现代化管理，加之科技的进步，其会议活动所使用的设备和物品种类越来越丰富。每一种设备和物品都具有特定的功能，比如：①记载表达信息的作用。会议活动是信息交流、信息共享的平台，而会议信息必须通过适当的载体才能表达、感知、接受、传递、记载和保存。②营造环境氛围，可以借助一些装饰物品或者背景布置等。③克服交流障碍。④确保会议的便利，提高会议的效率。根据会议的目的、方式和手段的不同，所需要的设备往往也不同，会场设备可概括为以下几类：

1. 基本设备

通常指满足会议活动基本需要的一般设施，如主席台、桌椅席位、沙发、茶几、灯具、空调等配套设施，以及用于布置环境、渲染气氛的标识性物品。

2. 记录用品

记录用品能起到记载表达信息的作用，简单的用品有会议便笺纸、签字笔等传统文具，会务组还应配备电脑、摄像机、照相机、录音机、扫描仪、打印机、优盘等记录和储存会议信息的设备和物品。

3. 视听设备

通常指话筒、音响系统、投影仪、写字板、电视屏幕等辅助表达的设备，可用于国际性会议活动的同声传译设备，便于远程会议的网络设备等。

4. 安全设备

大中型会议的现场务必有足够的安全通道和指示，配套质量可靠的消防、疏散设备。

5. 服务设备

大多会议期间提供茶水和茶歇服务，需要准备足够的茶水、茶具、茶点、咖啡用具等。

案例分析

2019年5月9日，全国大城市养老服务工作会议暨全国养老服务推进会议在南京召开，本市的民政局组织收听收看。邀请该市发改委、财政局、民政局、国土资源和规划局、卫健委主要负责同志及民政局老龄办、社会救助科、社会福利科、慈善办科室负责人在民政局的312会议室参加视频会议。

问题：需要做好哪些方面的物品准备？

（三）会议用品

会议用品主要包括会议期间的各种证件以及会议指示标识等。

1. 会议证件

会议证件是会议组织者发给参加会议的代表、嘉宾以及会议工作者佩戴的统一制作的证件，如图4-2所示。会议证件有利于保障会议安全，控制会议出入人员；便于统计到会人数情况；有利于会务组织者维持会议秩序；表明参会人员、嘉宾、工作人员的身份，根据具体需求可以分为代表证、列席证、工作证和记者证等。

图4-2 会议证件样例

代表证是发给参加并有表决权和选举权的代表；列席证是发给旁听但无表决权的列席人员；工作证是便于会议工作人员进出会场并提供服务的证明，不同权限的工作证其出入场地具有一定限制；记者证是发给新闻媒体的有关人员，大多只能出入前台会场区域。

2. 会议指示标识

会议指示标识是会场和相关服务区域内摆放或者设置的，以简明的文字和图形符号传达各种指示性和警示性信息的标识，常用的指示标识有：

①座位号牌。大型的固定会场要标志排号、座位号，有的还要标识楼层号和区位号，以便参会人员找到合适的位置和区域。

②区域或桌号指示牌。可以写明团组名称或者类型，置于该座位区域的前方或者两侧，或是制成台式标牌，放置在该座区首座的桌上。

③方位指示牌。大中型会议应制作标志牌或者指示牌，可将区域分布图放置于入口处，在明显的位置提示具体的方位，如会议室、嘉宾休息室、洗手间等，方便参会人员顺利找到相关区域或地点，如图4-3所示。

图4-3 入口处的方位指示牌

④名签或台签，即席卡。在主席台或各种办事地方摆放名签或者台签，以表明人员的身份或者会议办事机构的名称。席卡的文字内容一般包括所属组织、职务和姓名，通常两面书写，一面朝向自己，一面朝向其他参会人员，这样既便于对号入座，又方便参会人员之间相互辨认、结识。对于国际性会议，常用中外文两种文字书写。

⑤应急指示牌。包括在紧急情况下指示如何逃生、避险、消防、救护的各种标牌。

无论是何种类型的会场指示标识，其布置都应该符合会议礼仪，做到准确细致，放置在醒目之处，便于寻找和识别。

案例分析

2020 年 1 月 3 日，由工业和信息化部、民政部、国家卫生健康委联合主办的《智慧健康养老产业发展大会》在北京人民大会堂召开。

工业和信息化部副部长王××，民政部副部长高××，中国老龄协会会长张××，工业和信息化部电子信息司副司长任××，民政部养老服务司副司长黄××，国家卫生健康委老龄健康司副司长蔡××等领导出席会议并讲话。相关省市工业和信息化、民政、卫生健康主管部门负责人，第三批智慧健康养老示范企业、示范街道（乡镇）、示范基地主要负责人以及嘉宾、记者约 700 人列席会议。

问题：1. 你认为可以做哪些会议用品准备？

2. 结合主题，你认为还应该注意哪些方面的准备？是否能有创新之举？

（四）会议物品准备的注意事项

根据会议预算和会议需求，量入而出；所需物品应经济适用，精打细算，必要的开支应优先考虑，严禁奢华，避免浪费；会议物品的准备有时可起到宣传的作用，比如在发放的资料袋上印刷会议举办企业名称及会议名称；会议物品的准备应在会议前做好适当的试用或调试，比如需用到写字板时，应将其附带的文具、用品一起准备，并放置在便于取用的位置；使用到各种视听设备时，应安排有专人负责调试、维修和保管，专人专责，确保会议的效果。

二、会场布置

会场是会议的主要活动场地，会议场地的选择和布置是会议组织和策划工作中的重要环节，也是会议准备工作中的重要环节。会场布置的根本目的，在于创造或设计与会议主题、性质相适应的会场气氛，从而有利于实现会议的目标。

（一）会场布置的原则

1. 切合会议主题

会场布置要突出会议的主题，要与会议的中心内容相一致。有的会议要求气氛热烈，有的会议要求简洁明快，有的会议要求庄严肃穆。比如，有关养老机构的政府性质会议布置就应朴素、庄重、大方，养老院的年会要求布置得喜庆热烈，座谈会要布置得和谐、融洽、自然，纪念性会议要布置得隆重典雅，常规工作会议则要布置得简洁、舒适。

2. 符合会议类型

会场布置要与会议的类型相吻合，针对不同性质的会议，对会场的功能有不同的要求。比如，有的会议以视听为主，有的会议以讨论为主，有的会议以活动为主，因此在会场布置时要有所侧重，区别对待。一切从会议要达到的效果出发，会场布置应该符合会议类型，突出重点。

3. 把握整体协调

首先，会场的布置及标识应统一格式，系统规划。其次，会场的色调应协调一致，比如桌椅颜色、桌布颜色、会标颜色、主席台背景颜色。再次，格局适中。会场内的所有物品，都应大小适中，比如会标的大小、旗子的大小、音响设备的体积大小、席卡的大小等。最后，物品种类、档次应与会议性质相符，比如茶歇的物品可根据会议的要求适当调整。

（二）会场布置的形式

会议代表的座位有多种排列形式，具体形式的选择由会议的性质、规模来决定。一般来说，参会人员都希望自己的座位能面对主席台，但往往不能满足全部的人群。多种排列方式的出现，就是为了最大限度地提升会议的会客条件和满足代表的要求。会场布置的形式通常分为相对式、全围式、半围式、分散式四大类。

1. 相对式会场

这种会场布局的主要特征是主席台和代表席采用上下面对面的形式，从而突出了主席台的地位，使整个会场气氛显得较为庄重和严肃。但是该布局容易产生距离感，也给主席台上的发言人造成一种心理压力，需要发言者事先做好充分的准备，还得具备较强的心理素质和临场经验。相对式会场的形式还可以细分为礼堂形和教室形。

（1）礼堂形

礼堂形也叫剧院式。礼堂形的会场布置是面向会场前方摆放一排排座椅，中间留有较宽的通道，如图 4 - 4 所示。这种布置形式的特点是在留有过道的情况下，最大限度地摆放座椅，最大限度地将空间利用起来，在有限的空间里可以多容纳人数；显得场面开阔，较有气势；但有的礼堂中，参会者没有地方放资料，也没有桌子可用来记笔记。礼堂形适合单位内部行政动员会议、工作部署会议。

（2）教室形

教室形会场布置形式，一般安排在座位不固定的会议厅内，是仿照一般教室的座椅摆放方式来布置会场的，会场内的桌椅可以摆放成 V 字形，也可以摆放成"而"字形，还可以摆放成倒"山"字形，具体的摆放方式根据桌子大小、房间面积等决定，如图 4 - 5 所示。其优点在于灵活性强，会场的布局格局可以针对不同的房间面积和与会者人数做具体安排，可以最大限度地利用会场面积，多容纳人数；参会者可以在桌面上放置资料及适当记录，有利于与会人员的注意力集中。教室形的布置适用范围较广。

图4-4　礼堂形会场

图4-5　教室形会场

2. 全围式会场

全围式会场布置形式指不设专门的主席台，会议的领导和主持人同其他与会者围坐在一起，如图4-6所示。这种布置形式的优点是，不强调主席台的重要性，减少了距离感，容易形成融洽与合作的气氛，体现平等和相互尊重的精神，有助于与会者之间相互熟悉、理解和不拘形式地发言与插话，让与会者畅所欲言，充分交流思想、沟通情况。同时，也便于会议主持者细致观察每位与会者的意向、表情，及时准确地把握与会者的心理状态，从而保证会议取得好的成果。全围式格局适用于召开小型会议、会议探讨以及座谈性、协商性等类型的会议。全围式又可以分为圆形、方形、椭圆形、多边形等，如图4-7所示。

图4-6　全围式会场

3. 半围式会场

半围式会场布置形式介于相对式和全围式之间，即在主席台的正面和两侧安排代表席，形成半围状，既突出了主席台的地位，又增添了融洽的气氛。它是将桌子连接着摆放成长方形，在长方形的前方开口，椅子摆在桌子外围。通常开口处会摆放放置投影仪的桌子，中间通常会放置绿色植物以做装饰。这种形式的特点是不设会议主持人的位置，以营造比较轻松的氛围，可多摆设几个麦克风，以便自由发言。这种格局适用于中小型的商务交流、展示研讨等类型的会议。半围式又分为马蹄形、桥形、T字形，如图4-8所示。

图 4 – 7 全围式会场的样式

图 4 – 8 半围式会场的样式

4. 分散式会场

分散式会场布置的形式是，将会场分成若干个中心，每个中心设一桌席，与会者根据一定的规则安排就座，其中领导人和会议主席就座的桌席称作"主桌"。这种座位布局既在一定程度上突出了主桌的地位和作用，又给与会者提供了多个谈话、交流的中心，使会议气氛更为轻松、和谐。但是这种会场座位格局，要求会议主持人具有较强的组织和控制会议的能力。该布置形式适合召开规模较大的会议，如敬老院的联欢会、茶话会等。

（三）会场布置的内容

会场的布置分为室外、室内两大部分。

1. 会场的室外布置，包括出入口的布置，需要会前准备并落实到位

①主会标应放置在醒目的位置，并能起到指引的作用。

②欢迎拱门、条幅起到宣传的作用。

③准备适当的装饰物品，例如彩球、鲜花、氦气球应在会议前布置就绪。

④地毯或地标铺设到位。

⑤引导牌，应从会场所在建筑物的入口开始设置，直至会场入口。

⑥签到台。

⑦休息座椅等。

2. 会场的室内布置

①会标、背景板。

②主席台、参会人员座位、演讲台的布置，包括席卡、所需材料的摆放。

③室内装饰物品的布置。

④会议设备及物品的检查和到位。

⑤茶水服务的安排。

⑥奖品、礼品及活动所需物品的准备。

⑦灯光、影像、音响的检查等。

⑧场内卫生、安全的检查。

三、会场座次安排

会场座次是指按一定规则和方法排列的与会者的座席位次。排列座次的作用在于体现会议的礼仪。座次排列是会议礼仪工作重要的组成部分，应符合会议的礼仪规则。座次排列的重点是主席台和嘉宾席。主席台的座次排列是一个非常重要和敏感的问题，有时甚至是个严肃的政治问题，会务工作人员必须极其认真地对待。

按照职位高低、资历深浅、重要程度确定出席人员的排序后，再根据座席安排的一般规律进行布置。国内会议和国际会议排列座次的方法不同。我国实行的是以左为尊的礼节，而国际礼仪则通行以右为尊。

1. 主席台的座次安排

国内会议的主席台安排：首先，将出席人员名单上排在第一位的领导人或来宾安排于主席台前排中央就座。其次，其他领导人或来宾以主席台的朝向为准，按先左后右、一左一右的顺序排列。如果主席台上就座人数为偶数时，前两位领导人共同居中，第一位领导人坐在第二位领导人的左侧，第二位领导人坐在第一位领导人的右侧，以此类推。另外要说明的是，主持人如果列席，应按其排序安排座次，如图4-9所示。

图4-9 主席台的座次安排（左图为偶数席位，右图为奇数席位）

国际会议主席台的座次安排：主办方身份最高者居中，其他来宾按照国际礼宾次序先右后左（以主席台的朝向为准）向两边排列。这一点与国内会议排法正好相反。这是因为中国传统礼仪以左为贵，而国际惯例是以右为贵。

需要说明的是，主席台的领导能否按时出席会议，在开会前务必逐一落实。列席人员到会场后，要安排在休息室休息，再逐一核实，并告之上台后所坐方位。如主席台人数很多，还应准备座位图。如有临时变化，应及时调整座次、席卡，防止主席台上出现席卡差错或领导空缺。还要注意认真填写席卡，杜绝错别字出现。

2. 与会代表的座次安排

为了保证与会代表顺利地对号入座，保证会议和活动井然有序地进行，中大型会议必须会前安排与会代表的座次。

（1）竖排法

把每个代表团、单位、小组的座席从前向后排成纵向一列，再按代表团顺序从左到右横向排列座次。排列依据按照参加会议的代表团名称笔画、汉语拼音字母顺序，或约定俗成的排列顺序。国际性会议往往按照与会国家英文名称的第一个字母顺序。这种排法要注意先排出正式代表，后排出列席代表。

（2）横排法

按照既定的次序把参会的各个代表团、单位、小组的座席排成横向的一行，再按代表团顺序从前到后依次纵向排列，选择这种方法也应注意将正式代表或成员排在前，职位高者排在前，列席成员、职位低者排在后。

（3）左右排列法

这种排列方法是把每个参会的代表团、小组、单位的座席安排成纵向的列，再以会场的中心为基点，将顺序在前的排在中间位置，然后先左后右（以主席台的反向为准），一左一右向两侧横向交错扩展排列座次。选择这种方法时应注意人数。如果代表团、小组、单位数量为单数，排在第一位的成员应居中；如果代表团、小组、单位数量为双数，那么排在第一、二位的两位成员应居中，以保持两边人数的均衡。

（4）座次标志法

座次标志法是指表明会议成员座次的名签、指示牌或表格。座次一旦确定，就要选择好座次标志法。座次标志的常用方法有：在会议桌或者会议椅背放置名签；在与会人员出席证上注明座次；印制座次图表。这些方法可单独取一种使用，也可结合使用。

任务三 会议通知准备

【知识目标】

◇ 了解会议通知和邀请的形式。
◇ 掌握会议通知和邀请的结构。
◇ 了解会议通知和邀请派发的途径。

【能力目标】

◇ 能够撰写会议通知并选择合适的方式派发。

【素质目标】

◇ 培养学生有针对性、灵活性地解决问题，增进团队协作意识。

案例导入

《中国养老金融 50 人论坛"金融支持养老产业发展"
闭门研讨会》邀请函

尊敬的女士/先生：

您好！当前，我国已进入人口老龄化快速发展阶段，大力发展养老产业，加强社会养老服务体系建设，成为积极应对老龄化、适应传统养老模式转变、满足人民日益增长的养老服务需求的必经之路。

金融资本是支持养老产业发展的必要条件，"养老＋金融"是整个养老产业发展的助力器和破解养老产业融资难题的突破口。2016 年，人民银行等五部委联合印发《关于金融支持养老服务业加快发展的指导意见》，从国家层面阐释了金融支持养老服务的重大意义，并对金融支持养老产业发展做出了具体部署和安排，为金融支持养老产业的发展提供了目标和方向。

然而，近年来我国养老产业发展仍面临着诸多的"瓶颈"，其中金融与养老产业融合发展在实践中仍然存在问题是其重要的表现之一，亟须通过理论和实践探讨分析其背后的原因。在国家全面开放养老服务市场、促进民间资本积极参与养老产业、PPP 和产业投资基金大发展等背景下，中国养老金融 50 人论坛举办本次闭门研讨会，旨在从源头出发，探讨金融市场与养老产业发展之间的关系，分析金融支持养老产业面临的"瓶颈"及其根源问题，在此基础上讨论金融支持养老产业发展的未来发展路径。

我们诚挚地邀请您拨冗出席本次会议并参与讨论。

主办方：中国养老金融50人论坛
地点：北京

一、会议通知和邀请

会议通知和邀请是指会议组织者向参加会议的成员以及采访记者发出会议的举办信息，通知或者邀请他们到会所使用的应用文，是会议前向与会者传递会议信息的载体，是会议组织者同与会者沟通的重要渠道。理解这一含义需要说明的是：

①发出通知和邀请的主体是主办者。也就是说，应以主办者的名义发出会议通知或者邀请，其他机构未经特许无权发出会议通知或邀请。

②举办需要对外宣传报道的会议时，通知、邀请的对象不仅是会议成员，还包括拟邀请的媒体记者。

③通知的对象和邀请的对象属于两种不同性质的对象，不能混淆，实际操作时应当加以区别。受主办者领导或管理的会议成员，或者具有法定资格的会议成员，属于通知的对象，书面通知时应当以"通知"或"公告"作为文种。不受主办者领导或管理的会议成员，属于邀请的对象，书面邀请时应当以"邀请函""请柬""海报"的形式进行。

（一）会议通知和邀请的形式

按照通知和邀请的性质划分，可分为两种：预备性通知和邀请、正式性通知和邀请。

1. 预备性通知和邀请

主要是请与会者事先做好参加会议的准备。凡需要事先征求与会者的意见，或者需要与会者事先提交论文、报告、答辩和汇报材料，或者先报名然后确定与会资格的会议，应当先发预备性通知或邀请函。

2. 正式性通知和邀请

具有法定性和庄重性的特点，对会议活动的内容、形式、时间、地点、与会者及其资格、经费的表述必须明确。重要会议的通知和邀请应以书面形态发出，其他会议的通知和邀请也可视情况采取口头或电子邮件等形式发出。一般的会议只需发一次正式性通知或邀请，而需要广招会员的会议或者营利性会议，如贸易洽谈会等，则往往需要连续发布正式的通知或邀请。

（二）会议通知和邀请的结构

会议通知和邀请的内容应尽可能详尽、明确，应具备以下几个方面的信息。

1. 会议名称

会议名称是通知和邀请文书中的关键性内容，显示位置和视觉效果一定要突出，要在标题和开头部分中写明，而且一定要写全称。如果名称较长，正文中第一次出现名称时必须写全称，后面用括号注明"以下简称××会议"。

2. 主办方

通知和邀请文书中应写明主办单位，既宣传主办单位的形象，也明示主办者的法律责任。主办单位名称一定要写全称或规范化简称。联合主办的会议，要写明每个主办者的名称。必要时还可简要介绍组委会、筹委会、执委会等组织管理机构的设置情况以及协办、支持、承办单位的名称，以显示组织阵容的强大。

3. 会议内容

会议内容包括本次会议宗旨、会议主题、讨论的议题、议程安排、报告人及报告题目、召开的时间与地点、参会的要求、会务组的联系方式等信息。这时通知和邀请的主体部分，应做到条理清晰，表述准确。对于预备性的通知可以根据已有的准确信息进行内容的适当调整。

如需向与会者收取费用，要说明收费项目的名称（如会务费、注册费、资料费、食宿费等）、数额以及支付方式。如果费用是由主办者和与会者分担的，要写明分担的项目名称和各自分担的数额。

4. 回执

如果会议参加人员较多或者参会人员是从外地赴会，组织方为了准确掌握参会人员数量从而做好相应的会前准备工作，可以在会议通知正文后附上回执，由参会人员填写完成后通过电子邮件或二维码信息录入等方式反馈给组织方。回执一般采用表格的形式，主要包括参会人员姓名、性别、抵达时间、预订返程车票/机票、联系方式等内容。回执可以帮助组织者准确统计与会人数，以便安排食宿，并为参加人员提供车票预订等服务。会议活动如需履行报名手续，要说明应提交哪些文件、材料，报名的时间、地点。无论是报名回执还是确认回执，一定要写明回执的截止日期和具体时间，如表4-2所示。

表4-2　参会回执

姓名	性别	工作单位	职务	手机号码	QQ	邮箱	是否需要住宿

续表

姓名	性别	工作单位	职务	手机号码	QQ	邮箱	是否需要住宿

注意事项：为保证您的参会质量，请各单位于×月××日之前将参会人员信息通过电子邮件或电话联系返回。

大数据背景下的智慧医养分论坛

20××年5月25—26日将在中国人民大学举办"第×届中国老年学学科建设研讨会"，大会主题为"奋进中的中国老年学：回顾与展望"。该会议是中国老年学领域的年度盛会。

"智慧养老分论坛"自2014年起就已作为大会下的平行分论坛，20××年举办第×届。历年论坛参与人员都是对智慧养老有热忱且务实的官、产、学、研、用、舆等各界人士，且理论与实践界各占二分之一，论坛规模均在100人以上。每次论坛反响热烈，且受到各界人士好评。

20××年5月26日下午，"第×届中国老年学学科建设研讨会"之"智慧养老分论坛"将在中国人民大学逸夫会议中心举行。本次论坛将以"大数据背景下的智慧医养"为主题，目前报名人数已超过60人，现发布论坛日程安排，并继续诚邀关注智慧养老的专家、企业家、政府工作人员和医养领域从业人士齐聚一堂，就相关热点问题展开讨论。

20××年5月26日论坛日程安排

/主持人/尚进《中国信息界》社长兼总编辑，智慧养老50人论坛轮值主席

/报告一/

13：30—14：00 养老服务体系建设对大数据的呼唤 报告人：黄石松

/报告二/

14：00—14：30 智慧医养面临的问题和挑战 报告人：游茂

/报告三/

14：30—15：00 北京一卡通在老龄大数据领域的应用实践 报告人：张翔

/茶歇/15：00—15：10

/报告四/

15：10—15：40基于人工智能的老龄服务模式探索 报告人：李立波

/报告五/

15：40—16：10中国各地孝老虐老情况的数据可视化分析 报告人：左美云教授

/与会人员即兴发言/ 16：10—16：30

本论坛会期半天，不收会务费，交通费和住宿费自理。由于场地有限，进入分论坛报名页面进行报名，或将参会回执发送到组委会联系人信箱。

报名截止日期为5月20日24时。如有任何问题，请及时与组委会联系。

姓名		性别		
单位		职称/职务		
联系电话		邮箱		
是否参与大会开幕式及相关报告 （20××年5月26日上午）		□是　□否		
是否使用午餐（仅为参与上午会议的人员提供）		□是　否		
用餐要求		□无要求　□清真餐　□素餐 □其他＿＿＿＿＿		

组委会联系人及联系方式：

马丹 182×××××××　×××@126.com

商丽丽 156×××××××　×××@163.com

付虹蛟 139×××××××　×××@ruc.edu.cn

主办：中国人民大学老年学研究所

北京大学老年学研究所

中国老年学和老年医学学会教学研究委员会

承办：智慧养老50人论坛

二、会议通知和邀请的派发

1. 确定派发对象

选择恰当的嘉宾和参会人员是会务工作中比较困难而又非常重要的工作，是会议成功的重要因素之一。组织人员应根据领导的指示和要求，综合考虑，查对后提出与会人员名单，并请领导审定。

参会人员可根据以下几方面进行选择：①参加对象的职务或级别，即明确会议必须要担任什么职务和级别的人员才能参加；②参加对象的身份，即明确一个对象是按照正式成员、列席成员、旁听成员、特邀成员等几种身份的哪一种来参加会议；③参加对象的代表性；④参加会议的总人数。

2. 选择合适的发送方式

会议通知和邀请的发送方式多种多样，有口头、电话（传真）、书面、电子、会议、广告等形式。可以根据不同的需求采取不同的方式。

（1）口头通知和邀请

这种方式最突出的优点是快捷、便利、省事，适合参加人员少的小型会议。缺点是声音媒介不易保存，出现问题时，不易厘清责任。正式会议一般不采取口头通知。

（2）电话（传真）通知和邀请

很多内部会议采取这种通知方式。以电话（传真）为媒介传递信息，快捷、准确，成本也不高。以这种方式传达通知时，会务人员必须进行通知情况书面记载。

（3）书面通知和邀请

书面通知是一种传统的方式，适合大型且比较隆重的会议使用。由于书面通知在传递过程中需要一定的时间，所以要提前准备，如果在预订的时间里对方没有收到，还需要及时采取补救措施。它的优点是责任清晰，事项全面、准确，能体现对参会者的重视，对于老年人来说比较适合；缺点是环节较多，效率较低。

（4）电子通知和邀请

这是信息时代的产物，综合了上述三种方式的优势：快捷、准确、低成本、内容全面。目前，通过电子邮件、电子邀请函等形式传达会议通知的情况越来越多。但是，由于电子邮件、电子邀请函等对于部分老年人还没有全面普及，所以这种方式对于养老机构的部分会议有一定局限。

（5）会议通知和邀请

这是指通过新闻发布会、情况通报会和动员布置会的形式向社会公众或有关方面发布会议的举办信息并发出通知和邀请。这种方式具有传播面广、影响力大的特点，常用于大型会议活动。

（6）广告通知和邀请

这是指通过电视、广播、报纸、刊物、招贴、网页等广告媒介向社会公众或有关方面发布会议的举办信息并发出通知和邀请。这种方式同样具有传播面广、影响力大的特点，但成本较高，一般用于营利性会议。

3. 会议通知和邀请的注意事项

（1）符合规定

会议通知和邀请对象的主体是参会人员。人员名单确定后，在正式发送之前送交上司审核，最终根据上司确定的名单发送会议通知。在确定通知和邀请的范围、对象资格时，凡法律、法规、规章和会议规则有规定或者会议的组织领导机构已经明确的，必须严格遵守，任何人都不能擅自扩大或缩小范围，变更通知和邀请对象的资格。

（2）讲究礼仪

发出会议通知或邀请，往往是主办者在向特定对象表达友好善意。一个邀请电话、一次当面邀请、一封请柬或者邀请函，虽然语言简短，却渗透着主办者的一片热忱和欢迎之意，应注意具有礼仪和礼节。比如邀请重要嘉宾，邀请函和请柬应当以主办方或组织领导机构最高领导人的名义发出，并由最高领导人亲自签署姓名，如图4-10所示。

不同的通知和邀请文书的文种具有不同的功能，适用于不同的对象。比如邀请养老方面的专家、知名人士出席仪式类会议活动，就必须使用请柬，而不能用通知或者邀请函。

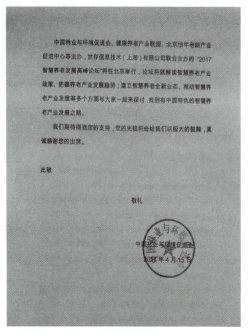

图 4 – 10　《2017 智慧养老发展高峰论坛》邀请函

请柬和邀请函的语言要恭敬、得体、儒雅。例如，请柬和邀请函的称呼应当前置敬语词"尊敬的"，称呼对方应当用"您"。要多使用具有书面语体的礼貌用语，以显示温文尔雅。

（3）灵活运用

会议通知和邀请方式多种多样，有当面邀请、电话通知、传真电邮、邮寄快递、招贴广播、刊登广告等，每种方式各有特点。会务工作人员要根据会议的性质、参加的范围、时间的缓急和保密要求，选择恰当的方式做好通知和邀请工作，必要时可以同时使用两种以上的方式，以提高通知和邀请的有效性。

（4）准确发送

重要会议的通知和邀请文书当面送达时，应请对方签收。由其他人代为签收的，通知人事后要追踪落实，确保通知到通知和邀请对象。通过传真或电子邮件发送的，应请对方收到后及时回复。

采用邮寄快递方式的，填写信封时，要仔细核查信封上的收信人姓名或收信单位名称与通知和邀请文书上的对象是否相符，不能"张冠李戴"，应该及时关注快递签收情况。

凡是重点通知和邀请的对象，都要仔细核对名单，避免遗漏和重复发送。

（5）把握时机

应根据会议性质和要求确定发送通知和邀请的时间，不宜过早，也不能太迟，应灵活把握。比如举办国际性养老研讨会议，其通知和邀请文书至少提前半年发出，以便与会者有足够的时间做好论文交流和办理护照、签证的准备。举办全国性养老论坛会议，至少提前三个月发出通知和邀请文书。而召开小型或局部工作会议，则可以考虑缩短提前量。

对于举行重要会议，通知和邀请文书发出后，即使收到了回执信息，也应在召开之前，再用电话逐一提醒参会人员。

（6）信息归档

回执的客户信息，应做好收集和整理，以便妥善安排住宿、餐饮、交通服务，提供便利的同时还应注重参会人员的信息安全。

巩固拓展

健康、养生成为老年人关注的话题，老年人的消费观念也在发生变化，但是很多老年人健康、养生知识欠缺，容易跟风参加一些打着保健、养生旗号高价销售保健品、养生仪器的活动，社区养老院希望组织一次活动，给老人们普及一下保健活动、疾病预防知识及养生方法，面向的群体不仅是在养老院的老人们，还可配合社区的居家老人开展。

请你结合本项目的学习，在会议开始前做一些会议策划和物品准备工作。

项目五　会议管理的四种策略

【知识目标】

◇　了解会议开场的注意事项。

◇　了解会议发言的方式和影响会议进程的主要因素。

◇　了解罗伯特议事规则和会议流程的 KAS 法则。

◇　掌握会议时间分配的主要方法。

◇　掌握会议圆满结束的几个要点。

【能力目标】

◇　运用会议开场调适气氛的技巧调动会议气氛。

◇　在会议进程受到阻碍的时候，能根据会议时间分配方法调整会议时间节奏。

◇　能够运用头脑风暴技巧，达成会议决策并有效监督会议落实。

【素质目标】

◇　运用会议引导进程的策略，培养学生的应变能力，提升学生的团队合作精神。

◇　在会议调控的过程中，通过几种策略的训练，培养学生强烈的责任心和职业认同感。

【思维导图】

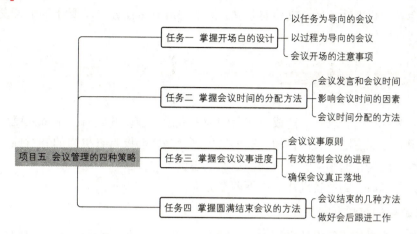

任务一
掌握开场白的设计

【知识目标】

◇　理解会议开场时的注意事项。
◇　掌握会议开场调适气氛的技巧。

【能力目标】

◇　运用会议开场的技巧，撰写合适的会议开场白。
◇　在掌握会议开场调适气氛技巧的基础上，有效调动会议的气氛。

【素质目标】

◇　在会议开场的控制中，培养学生服务心理，提高学生自身的职业风貌。

　　××托老院暨××残障人托老机构在成立之初，要举行一次隆重的揭牌仪式，邀请到了××城区民政局副局长徐长卿、其他兄弟养老机构的代表以及其他社会人士，王娟需要负责这次会议的主持工作。在会议议程中，徐长卿副局长以及机构的马院长需要致辞。王娟在整理好会议各项资料以后，想拟一份别出心裁的开场白。

　　会议以何种形式开场会直接影响到会议的效果。会议组织者不仅能够充分利用这个机会给会议定调，而且能够引导其他与会者很快进入会议的状态。在这个阶段，要兼顾两点：第一点叫"任务向导"——以完成工作为衡量指标；第二点叫"过程导向"——充分调动与会者的积极性。一个成功的会议，既要完成既定任务，又要让每个人发挥自己的才能。

一、以任务为导向的会议

以任务为导向的会议是以达成一定目的为重点。在会议开始时，主持人就应该向所有的参会者说明会议主题和会议目的。这样做的好处是使会议具有更强的针对性，以避免由于会议中细微的变化而影响整个进程，从而让参会者关注会议中的内容。

在会议开场时，需要特别注意以下两个方面。

1. 强调目的与预期效果

为了使会议自始至终保持良好的运行状态，主持人必须对会议进行有效的控制，而会议控制就要从会议开场白强调会议目的和预期结果开始。

保证目标明确。如果会议的目标没有在会议开始的时候交代清楚，参会人很容易注意力分散，从而浪费宝贵的时间。所以，为了调动会议气氛，一定要强调会议目的与参会人的利害关系。为了能使会议顺利进行，主持人在开始就要向参会者介绍记录员等相关人员的具体任务，以便在遇到问题时及时沟通。另外，要明确会议的规则，如关闭手机、做好记录、网络连接服务、鼓励提问、不准中途离开等，以免影响会议的正常进行。

案例示范

会前提示：

尊敬的领导，各位主管，大家上午好！欢迎您参加本次会议。在会议之前请允许我为您做相关的友情提示：

预计本次会议将在五分钟后正式开始，为了保证今天的会议有最佳的参与效果，在会议开始之前：

首先，请大家将手机关闭或调至振动状态，会议期间请不要发出任何声音，以免影响到您周围的朋友。

其次，为了保持我们会场内空气清新，也为了您的身体健康，请不要在会场内吸烟。

最后，在我们会议进行中，请不要随意走动或大声喧哗，如果您需要什么帮助，请示意我们的礼仪人员。也请您在饮水的过程中保持好您周围的环境卫生。谢谢您的配合！

便于衡量会议的进展情况。清楚地说明目的和预期结果可以衡量会议的进展情况。如果没有达到预期效果，你又通过什么来证明呢？主持人的首要任务是要紧扣会议的议题，防止跑题和偏题，设定时间，准时开始、准时结束，并要对每个议程定个大致的时间限制，一个会议议题不能讨论得过久，如不能得出结论，可暂停一下，以免影响其他议题。

比如开始时间以"分"为计算单位，清楚划分，严格控制。

案例示范

　　"本次会议，我们要通过小组讨论最近的广告宣传，进行详细的反馈。""本次会议中，我们要设计一些新产品来补充现有的产品系列，希望大家能达成共识。因此，请大家积极思考，为新产品献计献策。""我们要在本次会议上选出两个老人护理用品供应商。然后，我们会与各位进行单独谈话来确定各位的具体需要。"

2. 宣读会议议程

　　现实中的会议大多错综复杂，而会议议程则是会议中的主要框架。随着会议的进展，人们的思维容易陷入正在讨论的问题，而忽略会议的整体目标。这样就陷入"只见树木，不见森林"的境地。议程对会议的进展是一个很好的"提示"，而宣读议程可以帮助与会者核查是否达成了既定的目标。务必确保每个人都能了解并同意会议议程和会议决策的方法。这样做可以帮助与会者了解会议的主题，并使主持人及时发现分歧意见。你会发现，这样做比在会议进行中重新解释议题的效果要更好。另外，你还需要简要谈一下会议讨论过程中可能出现的问题或障碍，以便与会者有心理准备，不至于让会议轻易陷入僵局。

二、以过程为导向的会议

　　以过程为导向并不是不注重会议的目的，而是更强调会议的过程。过程即细节，尽管不同会议的细节千差万别，但有一点毋庸置疑，注重细节能让会议更加圆满。

　　成功的会议不仅是完成任务那么简单，还要注意处理问题的过程。因为任务只是一个框架，需要用种种方法来填充框架，使会议变得充实而有效。

　　提高会议的效率。研究显示，对会议过程的各环节（比如时间、基本原则和决策）进行讨论能大大提高会议效率。忽视处理问题的过程会给人际关系带来巨大的影响，从而降低工作效率。所以，先应确立会议的基本原则，再着手解决问题。

　　增强协作。明确会议的基本原则后，参会人员就不会再对此有所疑惑，从而避免会议进程中破坏规则或被当众纠正错误的尴尬情形。和谐的氛围能增强合作，使解决问题的过程更加顺利。

三、会议开场的注意事项

1. 确定会议的基调

　　会议的基调与会议议题不同，它是议题的不同表达方式，同一个议题可以有不同的基调，但是会议的基调与议题同等重要。如果以沉闷或批判的基调开始，那么会议的效果会大打折扣。这种负面基调仿佛一道屏障，阻碍了人际协作和创造。比如，如果你要召开紧急会议，并对大家说："我们必须在这次会议上对标书做必要的修改。"这样说是会冒犯那些日夜加班加点写标书的员工的，让他们觉得自己的劳动很没有价值。所以，可以改为："我们在这次会议上要对标书做一些修改，让投标更顺利一些。"好的开始是成功的一半，一个良好的基调可以让参会者充分地融入会议中，使会议进展得很顺利，并取得丰硕的成果。

2. 根据会议基本原则达成共识

如果每个人都能在会议开始就基本原则达成共识，那么会议就会更加顺利。经过多年的实践，职场中已经形成了一些被大多数人认同的会议基本原则。这些原则可以很简洁，也可以很详尽。尽管很多原则不尽相同，但关键要清楚无误，让人一目了然。

下面是一个范例：

我们会准时开始，准时结束。

一次只能让一个人发言，请不要打断别人。

我们会对每个人表示尊重，不会进行人身攻击。

我们会对所有信息绝对保密。

在头脑风暴中，不论你说了什么，做了什么，我们都不会批评你。

3. 尽可能早地调动会议气氛

开会是一项集体活动，因此要符合集体活动的一般要求。比如，充分的交流、活跃的气氛等。要及早调动现场气氛，使参会者对会议产生兴趣。越早行动，就越有可能让他们全身心投入。在组建新团队或当很多成员都比较内向时，这一点尤为重要。可以采用我们即将讲到的打破僵局的方法来活跃气氛。如果有的与会者事先分配到了任务，那么在会议开始时就要把他们的报告收上来，免得他们一直为这份报告分神。还有一个活跃气氛的方法，即在自己回答完问题后，可以再征求一下别人的看法。这样做说明你愿意把责任和"舞台"与别人共享。

案例分析

有些公司给员工开会时列举了一些开会的注意事项，包括：

认真听会：会议期间要认真听，不能打瞌睡，不能看报纸、杂志，不能做与会议无关的事，更不能随意走动，不能出入会议场，这是对别人的尊重，也是尊重自己。

不玩手机：会议期间，要把自己的手机关机，不能玩手机，更不能接打手机，干扰会议的纪律，因为这容易分散其他参加人员的注意力，打乱开会人员的思路，都是不尊重人的表现。

禁止聊天：会议期间，不要窃窃私语。

问题：1. 为了避免上述现象，如何调动与会者的参会热情？

2. 如果出现了上述现象该如何制止呢？

4. 活跃气氛的方法——破冰行动

破冰是建设团队的一种十分有效的方法。如果参会成员互不相识，可以通过自我介绍或交流思想等方式活跃现场气氛，并为会议目的做铺垫。破冰行动就是在会议或行动中打破沟通的坚冰，其起源于冰山理论。冰山理论是指人就像一座冰山一样，意识只占很少的部分，而更多的部分是潜在的意识，或者说是不容易被分辨的意识，而破冰就是把人的注意力集中起来，这样就无法或不容易被潜在的意识影响，实现团队融合，远离怀疑、猜疑和疏远。破冰的目的是消除人与人之间的隔阂，一般用于不经常合作的同事或互不相识的人。在以下情况中尤为适用：①拥有不同背景的人；②需要迅速形成融洽关系以顺利完成既定目标；③新成立的团队；④希望现场气氛更加热烈；⑤大多数参会者对讨论的话题比较陌生；⑥会议的一个新环节需要现场高度互动（比如头脑风暴，见图 5–1）。

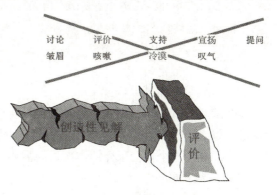

图 5–1　头脑风暴规则

在设置破冰行动时，我们要了解要破的"坚冰"是什么，如果会场上很多人的思维方式和背景类似，那么"坚冰"就是他们共同欠缺的东西；如果参会的人既有管理层，又有普通员工，那么不同的身份级别就成了障碍；如果参会者的国籍、文化、背景各异，那么就需要调和差异巨大的观点视角。处理这些障碍时要谨慎，在跨越障碍时，要本着求同存异的原则，以实现共同的目标。

设计破冰方法，成功地破冰的关键就是直指靶心，也就是会议目标。一旦瞄准"坚冰"，下一步就是列出破冰的具体目标。比如："单位各级员工都要积极参与，为今天的会议创造良好的环境。"既然有了明确的目标，我们就可以把目标细化处理。员工喜欢哪种参与方式？怎样使不同级别和岗位的员工团结在一起？如何让目标通俗易懂？可以把这些问题整理成表格形式供反复查阅。

破冰的好办法。人的本性就是在不熟悉的环境中保持沉默或有所防范。而使用一些打破僵局的方法恰恰可以克服这些困境。设想一下，如果你连对方的"来路"、他的会议角色或与其他人的关系都一概不知，又怎么能畅所欲言呢？下面是一些具体的技巧：

（1）自我介绍

最省时的自我介绍方法就是讲一个"电梯故事"。也就是说，如果你要坐电梯到 4 层，怎么样在这么短的时间内向对方介绍自己呢？可以自我介绍，然后询问对方的姓名、所在部门、职务、在单位的时间以及其他你想了解的信息。在自我介绍时适用两种形式：一是非题形式，比如，你向对方介绍三四点自己的信息，其中有一个是错的，可以让他来指出错误；二是进行采访，两人一组，在规定时间内双方相互采访，到时间后，每个人把自己采访的对方介绍给大家。

串名字

各组组员围成一个圆圈，从第一个人起依次说出自己的名字，后一个人除了要说自己的名字外，还要重复前面人的名字，要解释名字是哪几个字。比如第一个人是刘莉，第二个人是刘文立，刘莉说："我叫刘莉，文刀刘，茉莉的莉。"刘文立说："我的左边是刘莉，我是刘文立，文刀刘，文静的文，立正的立。"依次类推！

（2）词语联想游戏

这个游戏可以作为讨论的热身。参会者要想出与会议议题有关的词语，比如如果是医疗用品会议，就需要想到"危险物品""有毒物质""腐蚀性物品""易燃物""骨架"等，也可以利用这个机会来介绍本次讨论需要的词语和内容。

（3）话题联想

可以针对会议进行话题联想，从而打开思路，为接下来的讨论准备素材。

（4）希望与担忧

在参会人了解会议目的和重点后，可以2~3人一组，分成几组，讨论他们对这次会议有什么具体的看法、有何期望、有何担忧，最后，让每组汇报，并整理出几个主要的观点。

（5）讲一个相关的小故事

花一两分钟时间分享一下跟话题有关的故事，你会发现，突然间你成了焦点人物，所有人的注意力都被你吸引了，他们对主持人的话题产生浓厚的兴趣。但在此之前，要确定这个故事与主题相关，并能推动与会者的热情，最终取得积极成果。

（6）勤于练习

一些独特的破冰练习可以让求新求异的主持人不流于俗套，它有助于激励团队的创造性，消除人与人之间的隔阂，建立团队凝聚力以及对目标的认同感。但请注意，并不是所有的破冰游戏都会奏效，要了解参会人的年龄、身份和心理，因为有些地位高的人可能不喜欢这种方式，所以要根据参会者的风格来选择游戏的开放性。游戏的目的是让参会者相互熟悉，起到暖场的作用，适度即可。

（7）让参会者互换位置，激发思想的火花

在解决问题的创造性环节中，可以让大家互换座位，以激发创意。

任务解析

回顾案例：

××托老院暨××残障人托老机构在成立之初，要举行一次隆重的揭牌仪式，邀请到了××城区民政局副局长徐长卿、其他兄弟养老机构的代表以及其他社会人士，王娟需要负责这次会议的主持工作。在会议议程中，徐长卿副局长以及机构的马院长需要致辞。王娟在整理好会议各项资料以后，想拟一份别出心裁的开场白。

案例解析：

王娟在考虑了会议的性质以及与会人员的特点后，采用会议开场白的设计技巧，拟了一份下面的开场白。

尊敬的各位领导、嘉宾、朋友们：

大家好！春风送爽千山翠，瑞气迎临万象新。在这春满人间、百花争艳的时节，很荣幸迎来了各位领导、嘉宾和朋友们。我是来自××的主持人王娟。经过了前段的筹备，今天，我们在这里举行揭牌仪式。首先对各位领导、嘉宾和朋友们的光临表示热烈的欢迎！

全国第六次人口普查结果显示，60岁以上的人口占全国总人口的13.2%，比20××年上升了2.93%，我国人口老龄化进程逐步加快，中国是世界上老年人口最多的国家，"老吾老以及人之老"，社会各界的真情关注，将会成为老人们爱的源泉，温馨舒适的托老院是老人们爱的家园。

身体障碍者也是最需要关心、帮助和扶持的特殊困难群体。我们不仅要保证他们的吃喝穿戴，还要关心他们的心理、生理需要和精神生活方面，社会要有健全合理的机构收容他们，帮助他们。

社会关爱机构的成立，对于老年人和残障人来说，就像疲倦的人得以依靠，就像迷路的人找到一盏指路明灯，就像炎热的人找到浓浓的绿荫，就像心灵干涸的人找到一泓清澈山泉。

相信有了各级党委、政府的重视和支持，各界人士的关注和友善扶持，我们的老年人和残障人生活必将更加幸福和美好。

下面，我宣布：××托老院暨××残障人托老机构成立揭牌仪式正式开始！

仪式进行第一项……

巩固拓展

为进一步加强养老机构管理，切实提高养老领域安全生产意识，打击和防范养老服务领域非法集资，××民政局组织召开全市民办养老机构工作会议。市人民政府副市长李蔚出席会议，各区县（市）民政局分管副局长、养老服务科科长和82家民办养老机构负责人参加会议。

请你为这次会议拟一个开场白。

任务二
掌握会议时间的分配方法

【知识目标】

◇ 掌握常见会议发言和会议时间的相关概念和种类，了解影响会议时间进程的主要原因。

◇ 掌握会议时间分配的方法和原则，能在会议进程受到阻碍的时候调整会议时间节奏。

【能力目标】

◇ 运用会议时间分配的基本理论知识，安排会议时间分配。
◇ 能够运用相关知识，解决会议过程中出现的问题，调整会议节奏，掌控时间。

【素质目标】

◇ 掌握高效管理会议的理念，掌握团队合作解决问题的能力。

　　江苏国际养老服务博览会暨高峰论坛（以下简称江苏老博会）创办已有8个年头。20××年11月20—24日，江苏老博会高峰论坛在南京举行。承办单位为江苏某大型养老机构，该论坛邀请了全国各地养老行业的知名专家、全国多家知名养老机构、养老产品开发设计企业以及全国开设相关专业的院校，预计到会人数500人左右。当天受邀发言讲话嘉宾众多，如何顺利将会议进行下去，顺利结束会议，时间分配十分重要。

　　会议本身的目的是通过协商处理问题，为与会人员的发言建立一个良好的沟通平台，从而能够让高层管理者及时、全面了解发言者所提供的数据和信息，为制定科学合理的决策提供有效支撑。

一、会议发言和会议时间

1. 会议发言

（1）会议发言的定义

会议发言是会议成员通过口头、书面或其他方式发表意见的过程。有无发言活动，是区别会议活动与非会议活动的基本标志。是否以口头发言为主，是区别广义会议与狭义会议的基本标志。会议期间与会者的演讲、报告、讨论、提问、作答都可以称为发言。

（2）会议发言的分类

常见的会议发言的方式有：

①口头发言。口头发言是会议沟通交流的主要形式，包括现场口头宣读发言稿和即兴发言两种具体形式。

②书面发言。书面发言是指发言者只散发书面发言稿，不进行口头发言。如列席成员的一些建议就不一定安排口头发言，只散发书面发言稿。凡需要在会议上发表的致辞、交流的经验、讨论的文件，已经散发书面发言稿的，都可以不再安排口头发言。

③录音和视频发言。这两种发言需要事先录制，适用于会议成员无法到场但又必须发言的情况。

2. 会议时间

会议是一种短时间的聚会活动，安排好会议时间对于开好会议意义重大。会议的时间要素包括以下三个方面：

（1）会议的起讫时间

会议的起讫时间即会议开始和结束的两个时间节点，涉及会议举行的时机问题。举行任何会议都要考虑何时举行时机最佳。

（2）会议的时间量

会议的时间量即会议从开始到结束所需的时间，又称"会期"，涉及会议的效率和成本等因素。确定会议的时间量，要从会议的实际需要出发。

（3）会议的周期

会议的周期即同一性质和同一系列的前后两次会议之间固定的时间跨度。

二、影响会议时间的因素

通常在养老机构中每天的会议时间都是有限的，需要大家用最快的时间将相关"介护、医护、社工、营养、康复"五大体系的照护团队整合到一起，交换对老人情况的相关信息，并针对老人情况确定进一步的照顾计划。如何才能在最短时间内得出结论呢？护工小张在交接班会议中提出 302 房的王爷爷最近睡眠不好，半夜经常在走廊上走来走去，引起其他老人的投诉，他希望能够给老人一些安眠药来缓解老人睡不着的痛苦。而机构护工小李则认为王爷爷失眠是因为白天睡眠时间过长，运动不足，也是因为小张日常工作敷衍，没有关心老人是否正常作息。小张一听火了，和小李两人在交接班会议上吵得一发不可收拾。

问题：1. 案例中两人争吵的现象可以由谁来化解呢？

2. 你遇上这种情况会怎么处理呢？

1. 人员构成因素

一次成功的会议，取决于会议成员的配合与各成员参与会议的程度。所以在会议开始的初期，选择合适的参与人员让其明确自己的扮演角色和承担任务也是十分重要的，一场成功的会议往往需要以下关键角色：

（1）领导者

领导者既是会议的组织者，也是会议成功的关键人物，一个合格的会议领导者应该清晰地把握会议的目的、目标、局限性以及权限，并能够在会后的跟进工作中担负起责任。好的领导者能够在会议僵持或产生矛盾时化解相关问题，使会议能够顺利进行。

（2）主持人

主持人在会议的讨论阶段、解决问题阶段和决策阶段能起到引领作用。他还需成为一位严格的时间管控者，让发言者尽量在最短的时间内将观点清楚地阐述出来，同时主持人还需要控制发言者的内容，以便大家能够围绕议题进行高效讨论。

（3）记录者

记录者要及时捕捉会议过程的关键点、关键想法和关键决策，为后期会议总结和成功总结提供材料。主动提出意见和建议，使会议能够按照既定目标正常有序地进行下去。同时也为会议后期的整理实施节约时间。

（4）专家

根据需要把知识运用到特定问题的解决上，向团队提供一些必要信息，从而能够减少会议僵持阶段的时间，推动会议顺利进行。

2. 会议规范因素

会议规范是影响会议进程的另一因素，严格执行相关会议规范能够有效推动会议高效运作，大家已达成共识、需要遵守的会议规范主要包括以下条款：

第一，所有与会者将每周工作安排时间表交给会议安排人，以找出适宜所有参会人的开会时间。

第二，超过1小时的会议应有书面通知、议程表及相关资料。

第三，所有与会者都要准备在会上发言。

第四，准时开始，准时结束。

第五，各业务单位负责人对决议能否达成负直接责任。

第六，所有与会者应知道维护别人的尊严，不在会中羞辱别人，这条规则最重要，需特别注意。

第七，意见不同是好事，有议论才会面面俱到。

第八，会议结束2~3天后，所有与会者应拿到会议记录。

第九，所有与会者应承担起对会议质量进行反馈的职责。

第十，必要时请第三方监控，以保证会议质量。

三、会议时间分配的方法

1. 会议时间安排的规范

合理安排会议的具体时间，以及会议时间分配才能取得最佳的会议效果。合理分配会议的具体时间要做到以下几个方面：

（1）符合人的生理规律

第一，8：00—9：00正是人们从家到公司，准备开始一天工作的时候。这个时候的员工，心绪尚且混乱，还需一段时间才能进入工作状态。因此，试图在这一时间段举行会议、试图让员工回应会议提议或进行业务分析，从人的生理和心理角度来看，是不现实的。

第二，9：00—10：00人们已经开始进入工作状态。在这个时间段最适合进行一对一的会谈，同样也是进行业务会谈的最佳时机。

第三，10：00—12：00或13：00—15：00最适合调动大家集思广益，利用头脑风暴，不断想出新点子、新方法。

第四，15：00—17：00 最好不要安排会议。这个时段的大家开始进入一天当中的倦怠期，人人都希望马上回家，在这个时段举行会议往往会事倍功半。

（2）根据需要确定会议的时间量

会议的时间量要根据会议的实际需要来确定，一般要考虑以下几个问题：

第一，会议发言的人数和时间是否得到保证，发言共需要花多少时间。

第二，会议是否安排仪式性和参观、考察、娱乐等辅助性活动，每项仪式性和辅助性活动大致需要花多少时间。

第三，会议中是否允许提出临时动议，如有动议，大致需要花多少时间进行讨论和表决。

第四，是否安排休息时间。

一般来说，会议所规定的时间内能讨论几个议题，就列出几个议题的清单，总体来说，一个议题最少需要 30 分钟，那么两个小时就能够讨论四个议题，但是要记住有些特定的议题，在时间安排上会有所不同，即有些议题可以一带而过，有些议题则需要加时讨论。

当然，也可以根据具体情况来调整时间分配的长短，最好能够通过会议议程表（表 5 – 1）来对会议的时间分配进行管理。

表 5 – 1　会议议程表

会议议程表		
会议目的：		
会议目标：		
会议主题：		
与会者：		
地点：		
日期和时间：		
议题	负责人	时间
开场白	主持人	
成员介绍	主持人	
议题：	××	
议题：	××	
讨论	所有与会者	

（3）处理好时间量与会议成本和效率的关系

会议时间量与会议成本和效率密切相关。一般情况下，会议的时间越短，成本越低，效率越高，反之亦然。因此，在满足会议需要的前提下，适当、合理地压缩会议的时间，是降低会议成本、提高会议效率的有效手段。因此时间控制应该做到：

第一，会前要做好会期的测算，在确保会议效果的前提下，尽量做到长会短开。

第二，准时开会，准时散会，制止任意迟到、早退的现象。

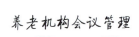

第三，必要时对发言的人数和时间进行适当的限制。

第四，一般性的会议交流，如已分发书面文件，就不必照本宣读。

2. 会议时间掌控的方法

掌握议事进度对一次会议的成功可谓至关重要。掌握议事进度主要包括两种方式：语言方式与非语言方式。

（1）语言方式

语言方式是指主持人用一些比较有技巧的话语来控制会议的议事进度。例如，面对一些非常容易滔滔不绝的发言者，主持人可以凭借对其的了解，让其先发言，使其尽量缩短发言的时间。

案例分析

问题：当A说的滔滔不绝时，如何既不让A尴尬地停下现有话题，又能转到另一个话题里呢？主持人："能不能用3分钟的时间给我们简单地说一下？"

主持人：（当A说到5分钟的时候）"嗯，已经5分钟了，您充分地说明了我们当前困惑不解的问题，谢谢。"

主持人：（转过脸看着A说）"您刚才说的内容非常好，您对下一问题怎么看？或者您对××怎么看"

主持人："您说得很好，坐在您旁边的这位怎么看呢？"

这样就可以把他从一个问题带到另一个问题或是可以转移说话对象，通过以上这些话语，即语言方式，主持人可以有意识、合理地控制议事进度。

（2）非语言方式

更有效地掌控议事进度的方式是用非语言的方式，即通过眼神、手势等告诉发言人说多了或者别说了，或者是说得不够接着说等。比如主持人把目光转向别人，就可能是在提示正在说话的人可以停止说话了。

语言和非语言这两种形式的合理运用，可以做到有效控场，使会议既不会太短，也不会太长，准时开始，准时结束。

任务解析

回顾案例：

江苏国际养老服务博览会暨高峰论坛（以下简称江苏老博会）创办已有8个年头。20××年11月20—24日，江苏老博会高峰论坛在南京举行。承办单位为江苏某大型养老机构，该论坛邀请了全国各地养老行业的知名专家、全国多家知名养老机构、养老产品开发设计企业以及全国开设相关专业的院校，预计到会人数500人左右。当天受邀发言讲话嘉宾众多，如何顺利将会议进行下去，顺利结束会议，时间分配十分重要。

案例解析：

当天嘉宾领导众多，时间有限，如何安排会议讨论呢？常见的会议时间安排规范主要包括三个阶段：

1. 开始阶段；
2. 完成任务的过程阶段；
3. 总结并安排下一步任务的结尾阶段。

当天会议总时长为 3 个小时左右。初步设定当天会议时间分配如下：

时间	内容
13：30—13：40	主持人开场介绍内容及来宾
13：40—14：10	议题 1，发言人××
14：10—14：40	议题 2，发言人××
14：40—15：10	议题 3，发言人××
15：10—15：40	提问及讨论环节
15：40—16：30	总结会议全过程，重申下次会议安排情况

巩固拓展

请就老师布置的课堂讨论任务合理安排发言讨论的时间，请安排 2 人发表意见，并让大家对其意见进行讨论，得出结论，所有时长安排在 10 分钟以内。

任务三
掌握会议议事进度

【知识目标】

◇　了解罗伯特议事规则和会议流程的 KAS 法则。
◇　掌握引导会议进程的方法以及会议议事的一般程序。

【能力目标】

◇　运用引导会议进程的方法，能正确引导会议的进程。
◇　在掌握会议议事的程序基础之下，模拟练习会议议事过程。

【素质目标】

◇ 运用会议引导进程的策略，培养学生的应变能力，提升学生的团队合作精神。

案例导入

　　一年一度的养老盛事——20××年江苏国际养老服务博览会暨高峰论坛将在南京国际展览中心隆重召开，今年老博会的主题是"养老服务融合发展与国际化"，除了中国本土的养老服务组织要来参加，另有多国的养老服务团体漂洋过海来参展，××养老服务中心作为参展成员，李苗需要为这次参展活动展开筹备，为此××养老服务中心的领导决定组织一次参展推进会，共同商讨参与老博会的论坛主题。李苗该如何在会议中推进论坛主题的确立？

一、会议议事原则

1. 罗伯特议事规则

　　会议发展至今，已经成为一门系统的学问，各项会议往往都会制定相应的规则。比如，联合国专门制定了《大会议事规则》。"会议方面的百科全书"——《罗伯特议事规则》（图 5 – 2）对会议讨论有非常精巧且适用的安排，自 1876 年问世后，其重要性立即为人们所认识，影响迅速扩大，被广泛接纳为各类会议的议事准则。作者罗伯特毕业于美国西点军校，曾任工程兵准将。年轻时他主持社团会议，发现大家常常是抱着很美好的愿望来参会，结果却吵成一团，达不成共识，让他很沮丧。罗伯特潜心研究，于是就有了这样一套给民间使用的议事规则。这套规则在问世后的 100 多年历史中，经受了逻辑和实践的考验，并且不断进行修订完善，逐渐成为对提高会议质量和效率非常有价值的国际通用的议事规则。下面是罗伯特议事规则的 12 条基本原则：

图 5 – 2　罗伯特及《罗伯特议事规则》

（1）动议中心原则

动议是开会议事的基本单元，即"动议者，行动的提议也"。会议讨论的内容应当是一系列明确的动议，它们必须是具体、明确、可操作的行动建议。动议的六要素如表5－2所示。先动议后讨论，无动议不讨论。动议的六部曲如图5－3所示。

表5－2　动议的六要素

时间	时间阶段、完成期限
地点	实施地点
人物	执行人、负责人，要落实到人
资源	要花多少钱，资金怎么来，需要什么其他物质资源
行动	必须要用可操作的实意动词，例如"编写、授权、修改为、签发、解聘、取得信息、说服"等。避免用泛泛的方向性的词语，例如"加强、提升、促进、改进、完善、落实、重视、推动、跟踪"等不知道如何做的动词
结果	要有衡量的指标。 不要说"加强监督"，而要说"编写……的调查报告"。 不要说"落实流程"，而要说"抽查……并编写……流程落实报告交……审阅"

（2）主持中立原则

会议"主持人"的基本职责是遵照规则来裁判并执行程序，尽可能不发表自己的意见，也不能对别人的发言表示倾向。（主持人若要发言，必须先授权他人临时代行主持之则，直到当前动议表决结束。）

（3）机会均等原则

任何人发言前须示意主持人，得到其允许后方可发言。先举手者优先，尚未对当前动议发过言者，优先于已发过言者。同时，主持人应尽量让意见相反的双方轮流得到发言机会，以保持平衡。

图5－3　动议的六部曲

（4）立场明确原则

发言人应首先表明对当前待决动议的立场是赞成还是反对，然后说明理由。

（5）发言完整原则

不能打断别人的发言，在其他人拥有发言权的时候起立或举手是不合规的，发言无效。

（6）面对主持原则

发言人要面对主持人，参会者之间不得直接辩论。譬如国会辩论时，不同意见的议员在规定的时间里，只能向主持会议的议长或委员会主席说话，不能向对手直接"叫板"。

（7）限时限次原则

每人每次发言的时间有限制（如约定时间不得超过2分钟）；每人对同一动议的发言

次数也有限制（如约定不得超过2次）。

（8）一时一件原则

发言不得偏离当前待决的问题。只有在一个动议处理完毕后，才能引入或讨论另外一个动议。（主持人对跑题行为应予制止。）

（9）遵守裁判原则

主持人应制止违反议事规则的行为，这类行为者应立即接受主持人的裁判。

（10）文明表达原则

不得进行人身攻击，不得质疑他人动机、习惯或偏好，辩论应就事论事，以当前待决问题为限。

（11）充分辩论原则

表决须在讨论充分展开之后进行。

（12）多数裁决原则

动议的通过要求"赞成方"的票数严格多于"反对方"的票数，弃权者不计入有效票。

罗伯特议事规则主要是针对与会代表平等参与决策的"圆桌会议"而设计的，但对于不同层级领导与下属共同参加的"金字塔"式会议来说，也有很多可借鉴之处。一般而言，我们召开会议，既要汇聚众人的智慧，又要保证决策的效率。在决策阶段既要能使各种观点充分辩论，又要能通过思想的碰撞，形成更好的行动方案；同时这种充分的沟通，也有利于决策后的执行。当然遇到议而不决又需要果断决策的时候，会议主要领导要勇于承担责任，果断做出决策。

2. 会议流程的 KAS 法则

美国领导力大师诺埃尔·蒂奇（Noel Tichy）在与艾力·柯恩（EL Cohen）合著的《领导引擎——谁是企业下一个接班人》一书中提到，一个企业或机构在开会时若不能让每个与会者感到充实并激发他们积极参与讨论、渴望更好表现的热忱，那么就是浪费资源精力的低效甚至失败的会议，企业也自然难以成功。

会议是企业最常见的行为，养老机构也需要定期召开会议，以推进各项工作的开展，高效会议通则则是保证会议效率和效果、实现组织快速有效发展的必要条件。从会议组织者的角度来看，一方面，要根据具体的会议类型设置会议流程；另一方面，还要全面考虑会议流程各个环节的构成及其内在连接，确定重点环节，促进会议过程中成员的有效沟通和激励。比如，在会议组织环节，组织者要围绕会议所设定的讨论话题努力寻找不同发言人的共性，以消除不同部门、组织间的专业或非专业沟通的壁垒；在会议开展过程中，组织者应通过多种手段激发与会人员的发言、互动热忱，并为每位成员的充分表达交流提供机会；在讨论结果的执行上，会议要当即确定相关责任人，明确任务的完成时间、负责监督考核的部门或人员及相关考核标准等内容，以确保会议结果切实有效落地，而不只是"纸面文章"。

总体来看，有效的会议流程需要遵循"KAS"原则，即知识（Knowledge）、态度（Attitude）和技能（Skill）。

（1）知识

对与会者来说，要了解会议的基本原则知识，能够准确把握自己在会议中的角色职责以及要达成的目的，熟悉会议流程和议题并事前做好充分准备；对领导者来说，会议则是他充分展现"导师"角色、向员工传授新知识、拓展员工视野的最佳机会和平台。

（2）态度

与会者不仅要树立积极参与交流讨论的良好态度，提高自己的投入感和参与感，还应注意遵守会议的一些"潜规则"。比如，不要发表非专业性的见解或自己不了解的内容，以免受到专业或知情人员的反驳甚至嘲讽，挫伤自己的信心，并造成部门之间和成员之间出现成见、隔阂。

单位中一个常见的现象是，很多刚走出校门的毕业生对参加会议抱有极高热情，并经常在没有充分了解情况时提出一些问题，因而经常受到老员工的"嘲笑"，导致这些新成员特别是自尊心较强的成员逐渐变得缄默甚至对会议失去兴趣。

（3）技能

开会是有一定成本的，不只是会议本身的一些资源投入，与会者也需要暂时放下手头的工作，因此与会者也要不断提高自身的汇报能力以及献计献策、共同思考的能力，这样才能将自己想要陈述的内容清晰地表达出来。

你应该邀请多少人来参加会议

如果你认为确实有必要开会，那么在考虑邀请谁出席会议之前，首先应该确定与会者人数。不妨试试 8 - 18 - 1800 这个原则：

如果你想要解决问题或者做决策的话，最多邀请 8 个人就够了。如果一个房间超过 8 个人，那么可能引出的问题比所要解决的问题还要多。

如果你想要让大家献计献策的话，就邀请 18 个人。但别指望这么多人达成一致意见。

如果你想要通过会议的形式与大家共同分享一则好消息，并以此来激发大家的工作热情的话，那么与会者人数越多，大家就会越高兴。那就要邀请 1800人，或者更多。

问题：1. 8 - 18 - 1800 原则与罗伯特议事规则的区别是什么？

2. 我们该如何保证围绕会议所设定的讨论话题努力寻找不同发言人的共性？

二、有效控制会议的进程

1. 引导会议进程的方法

有效控制会议进程，能够使会议的整个开展过程按照预期效果进行。在参与者到齐之后，会议主持人应该使在场所有人知晓会议目的，安排会议记录者与时间把控人员，确保所有人清楚会议规范，例如，手机调静音，需记录会议要点，积极发表个人意见，会议结束后才能离场，等等，尽量排除外界干扰因素。

对于主持人而言，最重要的是保证会议进行是围绕预定主题开展的。另外，要在规定时间内完成会议，为此，需提前做好各个环节的时间把控，也就是我们前面所说的拟定会议议程。如果某个议题在规定时间内无法做出决策，应该另行处理，而不是一味拖延。为了按照拟定的会议议程开展会议，需做到以下几点：

一是确定议题。做好会议之前的准备工作，包括资料搜集、信息分析等，熟悉会议的主题与各项议题，知晓此次会议中有哪些人参加，他们对会议主题持有怎样的观点与态度。

二是提前确定会议开始与结束时间，避免会议迟开及会议时间延长。

三是如果会议要持续很长一段时间，可以在中间稍作休息，但要选择合适的时间点。举例来说，当与会者积极参与话题讨论时，不宜提出休息，这样做容易破坏整体氛围，导致与会者的思路中断。另外，当某个阶段的讨论还没有结束时，也不建议大家休息。

四是在会议讨论环节，要保证讨论内容始终围绕会议的核心主题，这就要提前明确要求，让与会者明白什么内容在允许讨论的范围内，什么内容不允许在会议期间讨论，这样才能保证讨论不偏离主题，有效提高会议时间的利用率，并促进会议的正常开展。

五是在恰当的时机，要提醒与会者结束当前的讨论，进行有效总结，产生会议决议。该议题讨论完成之后，要立即进入其他议题的讨论，不能继续拖延时间，无限延伸特定议题的讨论，因此，会议组织者需要对会议议程进行把控，不得在得出结论之后又推倒重来。

六是如果会议议题较多，则需要对其讨论顺序进行有效安排。通常而言，那些需要进行深度讨论与分析的议题，应该被安排到前面，如果在会议接近尾声时才要求与会者展开讨论、各抒己见，则难以达到理想的效果，无法提高时间利用率。

无论什么类型的会议，都要提前制定会议议程，在此基础上，组织者要做的就是采用有效措施，使会议按照既定议程进行，保证会议正常开展。

会议主持人对会议进行引导，并选择合适的时机提醒与会人员遵守会议纪律，纠正偏离会议议题的讨论，提醒会议主席做出决策等。会议计时人员要提醒与会人员遵守会议时间，当需要延长会议时，应该和会议主席及会议主持人进行确认，并明确具体的延长时间。

2. 会议议事的一般程序

会议的议程可以保证会议在预定的方向上有步骤、按计划地进行，因而会议议程的内容十分重要，一般来说，大多数的会议议程都包括以下几个方面的内容：

（1）开场

会议主持人的开场白是会议开始后的第一个环节。开场白的内容范围由会议召集者把握，但具体内容应由主持人控制。前面已经介绍过会议开场白的设计，这里不再赘述。

（2）基本情况介绍

主持人在开场白中提出问题后，最好由事先安排好的对问题有一定研究的与会者，介绍他们对该问题所掌握的情况，针对问题做简明扼要、重点突出的发言，以便其他与会者对该问题有一个初步的概念，并以这些基本情况为出发点进行思考，为之后的讨论做铺垫。

（3）根据会议议程组织致辞、报告、讨论和大会发言，控制发言时间

大会发言时要介绍发言者的身份、姓名和发言题目。

（4）自由发言讨论问题

即使是自由发言，也应提前确定一个大致的顺序，以便控制会议现场秩序和节约时间。如可以先让反应较快、性格外向的与会者发言，再让一些思考时间较长、较深入的与会者接着发言，这样既可以避免出现无人发言的尴尬场面，也有助于整个讨论逐步深入，从而调动和活跃大家的思维。

（5）决定动议是否列入会议议程，或将动议提交申请

（6）主持选举和表决程序，宣布选举和表决结果

如组织投票，选票见表5-3。

表5-3　××××××第一届工会委员会候选人选票

符号						
候选人						
说明	1. 对赞成的候选人，可在其名字上的符号栏内画"○"，反对的画"×"，不画符号的为弃权。 2. 每张选票上所选的人数多于应选的为废票，等于或少于应选人数的为有效票。 3. 不赞成选票上的候选人，而另选他人时，可在选票的空格内写上自己要选的人的姓名，并在其姓名上面的符号栏内画"○"，不画"○"符号的无效					

（7）结论

会议主持人应在会议充分讨论之后，进行意见整合，找到共同点，并站在一个主导地位上，促成与会者们的意见达成一致，最后以一定的形式表述出来，提交上级或者向下级传达。

（8）会议结束

会议达成决议后，并不等于会议正式结束，会议主持人或会议组织者一般都需要对会后的工作进行简单的安排，或明确地向与会者布置任务。

会议议事进度的具体内容安排，应视会议具体情况而定。在上述内容范围之外，还可以根据实际需要对会议的议事进度进行添加或删减。例如，有的会议结束时，可能需要领导发言；有的会议的议题情况介绍，由主持人代为进行等。

 案例示范

英豪公司销售团队会议议事进度表

公司销售团队会议将于5月25日星期一9：00在公司总部的三号会议室举行。

1. 宣布议程
2. 说明有关人员缺席情况
3. 宣读并通报上次会议的记录
4. 汇报与客户的联系情况
5. 进行销售活动的总结

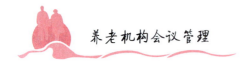

三、确保会议真正落地

很多机构内部缺乏足够的执行力往往是导致各项工作处于被动地位的主要因素。即使养老机构在开展会议上制定再优秀的决策，但如果与会人员不能将其真正落地，就没有任何价值。为了达成会议的目标，会议主持人应该在会议记录上进行重点标注，从而确保会议决定能够得到真正执行。会议主持人还要为已经制定的决策设计一个清晰而明确的时间表，当会议主持人对这些工作做得相当到位时，与会人员才能更加主动地参与会议，从而实现会议目标。

任务解析

回顾案例：

一年一度的养老盛事——20××年江苏国际养老服务博览会暨高峰论坛将在南京国际展览中心隆重召开，今年老博会的主题是"养老服务融合发展与国际化"，除了中国本土的养老服务组织要来参加，另有多国的养老服务团体漂洋过海来参展。××养老服务中心为参展成员，其领导决定组织一次参展推进会，大家共同商讨参与老博会的论坛主题。李苗需要为这次参展活动展开筹备，他该如何在会议中推进论坛主题的确立？

案例解析：

今年老博会的主题是"养老服务融合发展与国际化"，李苗需要根据此主题与相关人员共同商讨××养老服务中心的融合发展与国际化的项目，根据确定议题→提前确定会议开始与结束时间→发言讨论→表决→确定讨论结果的程序确定了××养老服务中心的主题性项目是"让每一位长者在'自立支援'的本土化服务中创造'家庭共生'的环境，通过支援，让他们不脱离社会"。

巩固拓展

截至 2018 年年底，南京市 60 周岁以上老人已达 147 万人，南京城已进入深度老龄化，比肩日韩。

养老问题已成为亟须解决的社会问题，20××年××月××日，南京市居家社区养老服务协会牵手"常青藤"于朗诗常青藤·南京五马渡站召开"市场化、定制化居家养老服务模式"探讨会。在探讨会上，小组成员在"居家上门服务的风险预防"问题上争执不休，假如你是会议的主持人，该如何巧妙地推进这项议题的确立？

任务四
掌握圆满结束会议的方法

【知识目标】

◇ 了解什么是会议总结以及常见会议总结的几种方法。
◇ 掌握圆满结束会议的几种方法，掌握会后跟进工作的方法和原则。

【能力目标】

◇ 运用相关会议组织管理的理论知识，掌握圆满结束会议的方法。
◇ 能够运用相关知识，解决会后信息传达的问题，促进会议成果实施。

【素质目标】

◇ 掌握高效管理会议的理念，掌握团队合作解决问题的能力。

　　在万达，所有部门的会议频率都不低于一周一次，并会定时召开月度会，每三个月还会召开季度会，中间还有一次半年总结会，而每年的会也是各个部门都非常重视的。会议结束后，还需保证会议决议的执行。万达集团通过会议纪要来显示会议的关键内容及会后需要落实的政策，并建立了完善的会议监察体系。万达会将工作任务分配给具体的人来负责，并进行时间限定。

　　万达集团独立推出任务追踪体系，能够以具体的标准来评估决策执行情况，从而保证公司会议决议的落实，体现会议的价值。在会议结束之后，该体系能够明确显示相关负责人的具体任务分配、执行任务的时间限定、当前的落实情况等。负责人以此为参考，如实汇报自己已经做完的任务，明确接下来需要解决哪些问题，并推测自己完成任务所需的时间，与规定时间是否冲突等。由专门人员负责信息的输入，项目负责人则根据系统的信息来核查自己的落实情况。在任务执行期间，系统还会根据预定进度发出提示信息，保证执行者能够在规定时间内完成自己的工作。万达凭借高效的会议监察体系，保障会议的组织召开及执行效率，而不是重复强调会后的工作落实。

　　怎么知道什么时候结束会议？怎样结束会议？会后怎么做可以帮助会议参与者去努力实施大家一致同意的行动计划，从而使会议结果能够真正实现？真正做到完美结束一场会议需要做到以下几个方面。

一、会议结束的几种方法

1. 按时结束会议

按既定的时间结束会议会让与会者感到会议非常高效，有助于树立起会议组织者在大家心目中的威信。技巧如下：

第一，让一个团队成员来做计时员，每隔一段时间提醒大家还剩多少时间，还有几个议题没有讨论；

第二，如果时间不足，就优先或推迟讨论某些议题；

第三，如果需要延长会议时间，应先征得参会者的同意，或者安排另一次会议来处理没有解决的问题；

第四，预留5~7分钟作为会议总结时间。

常春藤养老院为了提升老年人服务工作质量，基本每周都要聚集服务团队利用老人午休的时间，针对一些特殊老人进行服务方案讨论。与会的工作人员来自不同部门，意见比较多且杂，大家的时间也比较有限，且下午老人们三点起床，在此之前要为老人准备好热水和下午茶。常春藤养老院的护理主任非常有经验，每次都能够准时结束会议，就算有突发情况会议不能得出结论，她也能完美解决这个问题。

问题：1. 如果你是护理主任，你认为每次准时结束会议的诀窍是什么呢？
2. 如果不能顺利得出会议讨论结果，怎样做到不需要再开一次会也能获得会议成果呢？

2. 提前结束会议

如果可能的话，最好提前结束会议。有几种场合可以提前结束会议：

（1）解决完该解决的问题

如果该解决的问题都解决完了，就不必等到会议结束的时间到了才散会。给员工一些休息的时间，会让大家更高兴，所以开完了就散会，让大家各自回到自己的工作岗位上去。

（2）无法达成一致意见

如果大家始终无法对会议的最后一个议题达成一致意见，那就说明大家有些累了，注意力已经无法完全集中了，如果是这种情况，最好另行安排时间来解决这个问题。

（3）与会者十分烦躁、疲惫

如果大家不停地在动，那就说明他们的精力和注意力已经完全不能集中了，最好是尊重大家的这种肢体语言，尽量缩短会议时间，因为在这种情况下，是不可能解决更多的问题的。

（4）讨论过于激烈

如果讨论过于激烈，最好的选择就是及时结束会议，让大家都冷静一下。如果继续会议，非但没有任何效果，还会引发矛盾。

3. 收尾

会议结束时间到了，在一般情况下，会议的主持人需要传递给与会者会议即将结束的信号，让与会者知道会议即将结束。

任务解析

回顾案例：

20××年江苏国际养老服务高峰论坛邀请了 5 位国内外一流院校的教授和行业专家就养老相关问题进行分析和研讨，与会者对专家的观点和案例十分感兴趣，有些与会者甚至表示希望能够和专家进行交流，然而会议还有 20 分钟就要结束了，后面还有其他事项有待完成。准时结束会议十分必要。你将如何既能满足大家的愿望，又能为这次成功的会议圆满收尾呢？

案例解析：

第一，简单重复和总结一下大家在会上所达成的一致意见。

第二，明确接下来的任务，比如具体实施哪些行动方案，每个行动方案由谁来负责，有什么样的沟通计划，相关时间安排，等等。

第三，如果有必要，确定下一次会议的时间安排。

第四，如果时间充足，让与会者简单发表一下他们对这次会议的看法。如果时间不足，就告知与会者会后，会通过电子邮件或书面的形式询问大家的意见。如果会议规模很小，可以私下单独沟通。

第五，最后要对大家的出席表示感谢。

二、做好会后跟进工作

会议开得成功与否，不仅仅在于会议的结束是否成功，还在于会后跟进工作的好坏。而高质量的会后跟进工作恰恰是最容易被忽视的一个环节。结束了，但没有沟通和行动计划的会议是出了会议室就会失去生命力的会议。因为毕竟问题的关键不在于会议本身，而是经过会上讨论所要采取的进一步的行动。

1. 确保会后跟进工作成功

如何才能保证会后跟进工作取得成功？每一个会议的每一个议题完成后，会议的主持人都应该确保存在一套完善的机制，使会议能达成的决策被真正执行。因为企业在会议上制定再优秀的决策，员工如果不能将其真正落地，就没有任何价值。

（1）保持沟通

要通过电子邮件或者是备忘录的形式，和所有与会者以及利益相关者保持沟通。其内容不但要包括对会议的总结，还要包括接下来所要采取的关键措施。

（2）了解并安抚不满者

找时间与那些对会议讨论或结论有所不满的与会者沟通，表达对他们的意见在乎的态度，他们会非常感激，以确保他们参与到会议决策的落实过程中来。

（3）发送会议决策和资源，督促大家采取行动

确保向所有与会者提供完成他们各自会后任务所需的资源，最重要的一点是要采取行动，要一鼓作气，不要茫然，按照会上所做的决策采取行动，保持大家昂扬的斗志。只有把沟通和行动计划看成一份责任、一种义务，或者是一份契约时，它们才更有可能被付诸实践。

2. 确定沟通和行动计划

确定沟通和行动计划，沟通和行动计划既可以给会议画上一个圆满的句号，又可以让大家有一种成就感，同时，它还可以提醒所有利益相关者哪些是重要决策，并可以确保所有人都获得了同样的信息。沟通和行动计划应该包括三方面的因素：

（1）什么？

会上做出了哪些具体决策，得出了什么结果以及会后应该完成什么样的任务。

（2）谁？

由谁来负责执行这些任务，那些在会上主动要求承担具体任务的与会者将很有可能顺利地完成这些任务。

（3）什么时候？

什么时候完成这些任务，让与会者更加客观、理性地看待他们所主动要求承担的任务，并确定一个较为现实的工作计划，因为只有这样才能保证他们真正完成这些任务。

3. 对会议工作进行总结

如何才能知道你的会议开得是否真正有成效？会议工作总结是指会议工作告一段落后，进行回顾、分析和评价而形成的结论，总结会议管理和组织实施的具体做法、体会、经验和教训，才能够提出改进的具体措施和下一步的工作方向。可以从以下几点进行会议总结：

（1）总结经验教训

会议工作的成功经验以及失败的教训对于进一步做好会议工作具有十分重要的意义。通过回顾总结，将获得的会议工作经验、体会，遇到的困难和问题，以书面的形式记载下来，能够为今后的会议工作提供借鉴，少走弯路，提高效率。

（2）相互学习交流

会议工作总结还常常是会议工作总结、表彰大会的交流材料，可以起到相互学习、取长补短、促进共同发展的作用。同时不要忘记在会后，和那些似乎对会议结果表示不满的人进行非正式的交流。有些与会者对于会议的结果表现出了不满的情绪，或者他们并没有像其他人那样积极参与讨论。我们密切关注这些人的反应，会从他们那里得到一些更有价值的信息，比如一些关于会议进程、会议议题、会议目的、会议目标以及行动计划等问题的有价值的反馈。也会因此而给那些心有不悦的人带来一些精神上的安慰，并以此来改善

整个团队的协作关系。

（3）汇报工作情况

向上级机关汇报工作有报告、简报和总结等书面形式。报告属于法定公文，如果需要向上级汇报重要工作，或者汇报上级规定必须报告的工作，会议工作总结就可以改头换面，以正式报告的形式呈报给上级机关。平时工作完成后，需要向上级汇报，可以用简报的形式转载会议工作总结，也就是将本单位的会议工作总结作为简报的正文上报。定期性的工作总结，如年度工作总结也可以直接提交给上级机关。

任务解析

回顾案例：

上周，小周成功地召开了一次会议，他事先向与会者发出了邀请，并清晰传达了会议的目的。他还提前把会议的背景材料和议程安排写得清清楚楚，然后分发给每位与会者。会上，他一直在仔细倾听，整个会议都进行得井井有条，不但如此，对于会上所出现的一些意外，他也处理得比较灵活。与会者很快便达成了一致意见，并做出了一个慎重的决策，不但如此，他们还制定了一个既现实又有创意的策略。

但有一个问题，自从会议结束后，没有人再提起过这个决策和策略。每个人都在做他们之前一直在做的事情，他们的工作重心并没有因为会议而发生任何变化，甚至连小周本人也开始怀疑他们之前是否真的开过会，要是你会怎么做？

案例解析：

沟通和行动计划中应该包括哪些内容？根据会议期间的活动挂图和白板上记录的要点，以及会议记录员所做的笔记，可以针对会上发生的事情写一份详细的书面材料，包括：

沟通和行动计划	
会议主题：	
与会者：	
目的：	
目标：	
第一项议程：	产品 X 的情况
选择/提出的观点：	法律层面的问题，质量管理
决策或建议：	为市场检测做好准备
第二项议程：	产品 Z 的情况
选择/提出的观点：	产品检测，新产品销售展示
决策或建议：	新产品销售展示延迟一周举行

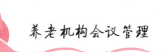

续表

沟通和行动计划		
第三项议程：		
选择/提出的观点：		
决策或建议：		
行动方案		
要完成的任务	负责人	截止日期
从法律的角度做出解释	AAA	2/1
市场产品检测单位查询	BBB	2/10
重新检测产品 Z	CCC	2/4

　　小周的问题就出在那个看似成功的会议上他什么都做了，就是没做最后一件重要的事情——会后跟进工作。作为会议的领导者，应该在会后用一页纸来总结一下会上所做出的关键决策、行动步骤、相关负责人并为后续工作确定一个计划。小周还应该把这张纸的总结发给每一个相关的人，包括出席会议的人和那些没有必要出席会议的人，让大家有效进行下一步工作。

巩固拓展

　　老年人服务与管理的 3 班同学共 30 人，本周末打算到敬老院进行一项老年人活动项目。请你讨论活动目的和内容以及成员工作分配、时间分配、预算等项目，并依此设计一份沟通和行动计划，以便大家在活动前都能明白自己需要做什么。

项目六　会议中的沟通与反馈技巧

◇ 了解会议进程中的沟通环节。
◇ 掌握会议主持人应具备的能力以及会议中的各项沟通技能。
◇ 了解反馈的类型和方式，掌握会议反馈的形式。
◇ 掌握倾听的态度以及倾听的礼仪要求。

【能力目标】

◇ 运用会议沟通的技巧模拟会议主持的工作。
◇ 能根据会议反馈信息的需要，设计合理的调查问卷。
◇ 能正确运用会议中的主持、倾听、反馈技巧。

【素质目标】

◇ 运用情境模拟的方式，体验会议沟通的过程，培养学生的职业认同感。
◇ 在会议沟通的过程中，通过沟通技能的练习，提升学生的职业素养。

【思维导图】

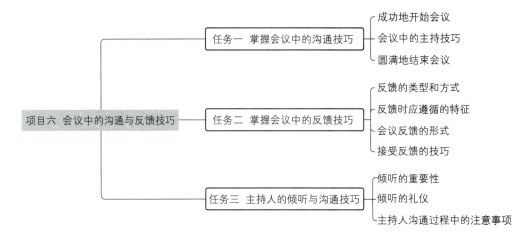

任务一
掌握会议中的沟通技巧

【知识目标】

◇ 了解会议进程中的沟通环节，并熟知相关服务。
◇ 掌握会议主持人应具备的能力以及会议中的各项沟通技能。

【能力目标】

◇ 运用会议沟通的技能，能够在会议的过程中进行沟通模拟。
◇ 在熟知会议中主持的技巧的基础之上，能够模拟主持一般会议。

【素质目标】

◇ 在会议沟通的训练中，培养学生的应变能力，提高学生的职业素养。

　　张扬的表弟张楚刚大学毕业两年，在一家小型工程公司工作，因为工作出色，领导提拔他担任公司一个项目组的负责人。张扬得知消息后很为他高兴，还拉他出来一起喝酒庆祝。可饭桌上的张楚显得闷闷不乐，张扬问询之下得知，原来是因为张楚刚刚毕业，在人员管理上还没什么经验，每次项目组会议上与同事的沟通都力不从心。

　　总经理安排张楚每周召开2次项目交流会，协调各单位现场工序穿插问题。通过工序销项计划表管控各单位各工序的进度和完成时间，并根据项目进度进行二次时间调整。与会人员是各个分包单位主管，年龄在 30~60 岁。一开始大家都还按照总经理的指示参加会议，但是大家看到总经理不出席，就对张楚有了敷衍之心。久而久之，张楚发现会议越来越难进展，不是这个请假就是那个偷偷跑了，还有直接不来的，更别提会议成效了，参会的人扯皮、推卸责任、模糊表态等。一场会议下来，基本上还是各说各的，很难达成一致。

"我也知道，自己太年轻，项目经验和知识技术都远远不够，相比那些参加会议的主管们，自己没什么权力。"张楚继续说道："可是总这样也不是办法，总经理已经对自己组织会议的工作产生不满了，当务之急就是要采取措施，保证会议的正常开展。哥，你说我该怎么办？"

听完张楚的话，张扬很有感触。自己也是从小职员一步步走来的，深知张楚目前的两难境地。"不瞒你说，我最近也有这方面的苦恼，虽然我开会一般都是和下属交办任务，但是也发现自己在开会的时候，欠缺游刃有余的沟通能力。"

张扬和张楚该如何提升自己在会议中的沟通能力呢？

一、成功地开始会议

和其他的很多场合一样，准备工作是避免表现紧张的关键：如果你知道自己将会说些什么来作为开场白，你就会放松下来。更重要的是，你可以给整个会议带来一个富有组织的、卓有成效的开始。

1. 准时开会

对于每一位职业的商务人士而言，最头疼、最深恶痛绝的事情莫过于对方不准时、不守时。在高速运转的信息社会，时间意味着抢占的商机，时间意味着金钱和财富，时间意味着一切。我们说"浪费别人的时间就等于谋财害命"也是毫不夸张的。对于会议而言就更是如此，因为不准时召开的会议浪费的是所有与会者的时间，这不仅会加剧与会者的焦躁抵触情绪，同时也会令与会者怀疑组织者的工作效率和领导能力。

2. 向每个人表示欢迎

用洪亮的声音对每个人表示热烈的欢迎。如果你面对的是一队新的成员，可以让他们向大家做自我介绍。如果他们彼此已经见过面了，也要确保把客人和新来乍到的成员介绍给大家。

3. 制定或者重温会议的基本规则

会议的基本规则是会议中行为的基本准则，你可以使用"不允许跑题""聆听每一个人的发言""每人的发言时间不能超过 5 分钟"这样的规定。如果准则是由与会者共同制定的而不是由主持人强加给与会者的，效果要更好一些。你可以向与会者询问："大家都同意这些规定吗？"要得到每一个人的肯定答复，而不要想当然地把沉默当成没有异议。

4. 分配记录员和计时员的职责

如果可能的话，让大家志愿来担任这些职责而不要由主持人指定。计时员负责记录时间并保证讨论持续进行，记录员则负责做会议记录。对于一些例行会议而言，不妨由所有人轮流担当这些职责。

二、会议中的主持技巧

1. 会议主持人需具备的能力

支持人是会议的主角，他能够对会议进行有效的组织和控制，并促使与会者齐心协力使会议达到既定目标，对会议成功举办有着重要的作用。而且主持人在会议上的沟通能力是有效组织和控制会议的重要组成部分。

（1）仪表大方，举止得体

主持人应衣着整洁，庄重大方，精神饱满。切记不修边幅，衣不得体。在走上主席台时，主持人应挺胸抬头，步伐稳健有力，并配合会议的性质控制行走的速度。通常情况下，一般的纪念、悼念性会议，主持人的步频、步幅要小一些；欢快、热烈的会议，主持人的步频、步幅则可放大些。步入主席台的过程中，主持人不要与熟人打招呼。

站立主持时，主持人应双腿并拢，腰背挺直。单手持稿时，主持人右手放在稿子的中下部，左手五指并拢自然下垂；双手持稿时，主持人两手应与胸齐平。坐姿主持时，主持人身体应挺直，双臂自然前伸，两手轻放于桌沿。主持过程中，主持人切记出现挠头、揉眼、抱腿等不雅动作。主持人与发言者不同，一般不需要手势。在一些小型的会议进行总结概括中，主持人可以适当辅助以手势，但动作不宜过大。如图6-1所示。

图6-1 会议主持人仪容仪表示范

（2）思维敏捷，表达清晰

主持会议是通过语言表述来进行的，因此，主持人的语言风格、语言礼仪规范对会议起着至关重要的作用。

第一，主持人所有的言谈都要与会议的内容和气氛协调，或庄重，或幽默。

第二，主持人需要思维敏捷，积极启发，活跃气氛，引导会议向前进行。主持人一定要根据会议的目的、性质而进行不同的语言引导，最终控制、引导会议的进展。比如在主持提问环节时，主持人面对与会者的提问，反应要敏锐，语言要流利，不能支支吾吾、吞吞吐吐。在遇到冷场时，要善于启发和激励思维敏捷、外向型的人争先发言。

第三，尊重不同的意见，把握好引导的语言和语气。在会议进行中，主持人对坚持不同意见的人，应允许其充分发表意见。主持人要处处尊重他人的发言和提问，不能以任何动作、表情和语言来阻止他人，或者表示不满。主持人要用平静、缓和的口气，准确地来阐述正确的主张，使人心服口服。

第四，把握进程，调控适当。

主持人对会议的调适控制，主要体现在以下三个方面：

首先，把握会议时间。一般来说，要准时开始会议，如果出现特殊情况，主持人应向与会者道歉并诚恳地解释。同时，主持人要严格执行每项议程的时间规定，必要时要巧妙妥善地提醒发言人注意其发言时间与发言内容；会议休息时间一过，不管与会者是否都已回到会场，会议都应准时重新开始。

其次，控制会议讨论。会议讨论不管是内容还是形式，都是相对自由的，但会议主持人必须要通过有效的引导进行控制。一方面，让讨论紧紧围绕会议的宗旨和相应的议题进行，不能让讨论漫无边际地"泛滥"下去；另一方面，避免诸如争论甚至争吵等不利于和谐自由讨论的因素出现。当会议出现争端时，主持人要以客观公正的态度充当调停人，通过协调、休会等方式，有效缓解矛盾。

最后，调节会议气氛。不同性质的会议，或庄重，或幽默，或活泼……因此，主持人还应根据会议的性质，通过自己的努力，调节会议气氛，为会议各项议程的顺利进行营造一种民主的、能让人畅所欲言的、各抒己见的良好氛围。

作为主持人：

（1）你是否表现出过分自信的态度或盛气凌人的作风？

（2）你是否可以和与会者进行有效的交流？你是否提出问题，或做出假设，或倾听阐述，或澄清问题，或做出总结？

（3）你必须改变哪些行为，才能使你的表现更具有效性或能对会议产生更加积极的影响？

古代皇帝"开会"

在专制时代，"开会"也是一种展示和炫耀权力的机会。秦始皇建造的阿房宫，是专门用来举行朝会的富丽辉煌的前殿，是规模极其宏伟的大会堂，据说"东西五百步，南北五十丈，上可坐万人，下可建五丈旗"。

皇帝朝会常常有礼仪大典的性质，但是也往往以议政为主要内容，于是出现了"会议"的说法。汉武帝时，丞相公孙弘"每朝会议"，都只是一一分析诸事原委，预想出各种可能，让皇帝自己进行决策，绝不和皇帝直接发生正面的争执。他曾经和公卿大臣事先协商，有了一致意见，但是一到朝堂上，看到皇帝的脸，又违背原先的约定，以顺应天子懿旨。可见这种"天子与公卿议""天子问群臣议计"的所谓"会议"，往往"会"而不"议"。

> 问题：1. 古代都有朝会，皇帝召群臣议事，这种会议是现代意义上的沟通吗？
>
> 2. 古代的会议少了主持的哪些技巧？

2. 会议主持人的沟通技能

（1）建立亲和力

建立良好的第一印象：主持人热情饱满的精神面貌，清晰、悦耳、亲切、高雅的谈吐，优美协调的姿态，美观得体的着装，朴实的举止，以及对与会者得体的称谓，都能在沟通过程中使与会者产生接受、信任的亲切感。另外，如果面对的是老年人，主持人要通过自己乐观的状态去感染和鼓励老年人，使之积极配合。

（2）有效提问

一个优秀的会议领导者经常提出他们简短的意见，以指引会议讨论的进程。比如"让我们试试""这是一个好的思路，让我们继续下去"。事实上，如果我们仔细观察，就会发现优秀的会议主持人最常用的引导方式是提问题，针对目前所讨论的问题进行引导性的提问，会使与会者的思路迅速集中到一起，提高工作效率。

在会议过程中，我们常用的问题大致可以分为两类：封闭式问题和开放式问题。这两种的区别如图6-2所示。开放式问题需要我们花费更多的时间和精力来思考回答，而封闭式问题则只需一两句话就可以回答了。比如说："小王，你对这个问题怎么看？"这就是开放式问题；"小王，你同意这种观点吗？"这就是封闭式问题。主持人要通过询问老人的感觉，了解真正的需要，应选择开放式问句，抓住关键词。如"您感觉怎样？""有什么不舒服吗？""你认为如何……"等这样的问题，就可以给老人讲话的机会，拓宽交谈的范围。

常见的问题类型及应对方式如表6-1所示。

图6-2　封闭式问题和开放式问题的区别

表6-1 常见的问题类型及应对方式

问题类型	问题特点
棱镜型问题	把别人向你提出的问题反问给所有与会者。例如，与会者："我们应该怎么做呢?"你可以说："好吧，大家都来谈谈我们应该怎么做。"
环型问题	向全体与会者提出问题，然后每人轮流回答。例如："让我们听听每个人的工作计划，小王，由你开始。"
广播型问题	向全体与会者提出一个问题，然后等待一个人回答。如："这份财务报表中有三个错误，谁能够纠正一下?"这是一种具有鼓励性而没有压力的提问方式，因为你没有指定人回答，所以大家不会有压力
定向型问题	向全体提出问题，然后指定一人回答。如："这份财务报表存在三个错误，谁来纠正一下?小王，你说说看。"这种提问方式可以让被问及的对象有一定的准备时间

（3）合理运用肢体语言

美国加州福尼亚大学洛杉矶分校心理学博士艾伯特·麦拉宾曾做过一项研究，在人际沟通中，人的肢体语言信息对一个人的影响力占总体的55%，会议中的主持人在众人面前，更需要注意自己的仪容仪态，可以选择一些有效的肢体语言来拉近与人之间的距离。例如，主持人与老人交流沟通时应面带关怀、亲切的微笑；在老人备受疾病的折磨极度痛苦时，应收敛笑容，给予关注、同情的目光。表情自然而不做作，切忌表情呆板、厌倦或冷若冰霜。进行言语交流过程中，主持人的姿势无论是站还是坐，都应端庄，而且要以高度饱满的精神状态面对在场的每一位与会者。比如在会见会谈时，应神情专注，不可边聊边做其他的事情，以免引起反感，不能低估肢体语言的作用，这种语言虽然无声，但却对有声的语言起着强化的作用。但在主持大型会议时，主持人的肢体语言应以端庄大方为主，慎用肢体语言。

（4）宽容对待与会者的错误

会议成员有时会有不适当的言谈举止，或是对会议的议题理解有误，如存在听力障碍的老人如果理解错了主持人的谈话内容，对此主持人应尽量宽容，并且照顾那些存在认知障碍的老人，可以给予听力障碍的老人近距离的关怀。随着会议的进行，相信他们会融入会议的过程中。主持人应尽量营造轻松和谐的氛围，避免人际关系紧张，从而影响会议的效果。当然，对蓄意破坏会议者必须给予还击。

三、圆满地结束会议

无论是什么类型的会议，在会议结束的时候重新回顾一下目标、取得的成果和已经达成的共识，以及需要执行的行动都是很有必要的。

①总结主要的决定和行动方案以及会议的其他主要结果。

②回顾会议的议程，表明已经完成的事项以及仍然有待完成的事项；说明下次会议的

可能议程。

③给每一位与会者一点时间说最后一句话。

④就下次会议的日期、时间和地点问题达成一致意见。

⑤对会议进行评估，在一种积极的气氛中结束会议。你可以对每一位与会者的表现表示祝贺，表达你的赞赏，然后大声地说"谢谢各位"来结束会议。

任务解析

回顾案例：

张扬的表弟张楚刚大学毕业两年，在一家小型工程公司工作，因为工作出色，领导提拔他担任公司一个项目组的负责人。张扬得知消息后很为他高兴，还拉他出来一起喝酒庆祝。可饭桌上的张楚显得闷闷不乐，张扬问询之下得知，原来是因为张楚刚刚毕业，在人员管理上还没什么经验，每次项目组会议上与同事的沟通都力不从心。

总经理安排张楚每周召开 2 次项目交流会，协调各单位现场工序穿插问题。通过工序销项计划表管控各单位各工序的进度和完成时间，并根据项目进度进行二次时间调整。与会人员是各个分包单位主管，年龄在 30 ~ 60 岁。一开始大家都还按照总经理的指示参加会议，但是大家看到总经理不出席，就对张楚有了敷衍之心。久而久之，张楚发现会议越来越难进展，不是这个请假就是那个偷偷跑了，还有直接不来的，更别提会议成效了，参会的人扯皮、推卸责任、模糊表态等。一场会议下来，基本上还是各说各的，很难达成一致。

"我也知道，自己太年轻，项目经验和知识技术都远远不够，相比那些参加会议的主管们，自己没什么权力。"张楚继续说道："可是总这样也不是办法，总经理已经对自己组织会议的工作产生不满了，当务之急就是要采取措施，保证会议的正常开展。哥，你说我该怎么办？"

听完张楚的话，张扬很有感触。自己也是从小职员一步步走来的，深知张楚目前的两难境地。"不瞒你说，我最近也有这方面的苦恼，虽然我开会一般都是和下属交办任务，但是也发现自己在开会的时候，欠缺游刃有余的沟通能力。"

张扬和张楚该如何提升自己在会议中的沟通能力呢？

案例解析：

缺乏会议沟通技巧，对于公司整体来说都是非常痛苦的。比如，开会时七嘴八舌、漫无边际、议而不决、决而不行；会议冗长拖沓，沉闷低效，对与会者无异于酷刑折磨。因此张扬和张楚需要不断学习会议主持人的必备技能，在工作中联系会议中的沟通技能，这样才能实现双赢。

张扬可以在会议中使用的沟通技巧：

第一步：成功地开始会议，在这个过程中要注意准时，并且把会议的规则讲清楚，为了赢得亲和力，张扬务必穿戴得体，言行举止大方。

第二步：在会议的过程中，有效地控制会议进程，对讨论的议题做到信息清楚准确，思维敏捷，用自己优秀的专业技能赢得与会人员的赞赏，营造会议的群体感，充分调动各个单位主管的讨论激情，利用他们的专业和专长获得会议的有效信息。

第三步：在会议结束的时候重新回顾一下目标、取得的成果，表明已经完成的事项以及仍然有待完成的事项；说明下次会议的可能议程，在一种积极的气氛中结束会议。

巩固拓展

学者的无奈

某高校教育学院邀请一名国内知名学者来校作学术报告。该学者是国内心理学领域学术研究的知名人物，在作报告之前这位学者并没有事先了解参与这次会议报告的人员都有哪些，只想当然地认为是学院的老师来参加。结果参会人员有一半以上是学生，都是慕名而来的，学者准备的都是学术语言，学生听起来晦涩难懂，整个报告下来，除了参会的老师和一些有学术背景的同学听得津津有味，其余同学都表示没有听懂，甚至有同学在打瞌睡。

上述案例中，学者应该使用怎样的沟通语言才能让参会人员满意呢？

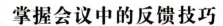

任务二
掌握会议中的反馈技巧

【知识目标】

◇ 了解反馈的类型和方式及反馈时应遵循的规则。
◇ 掌握会议反馈的形式。

【能力目标】

◇ 能正确应用反馈的技巧。
◇ 在掌握会议反馈的基础上，能根据会议反馈信息的需要，设计合理的调查问卷。

【素质目标】

◇ 在会议沟通反馈的过程中，培养学生正确的沟通信息综合运用的能力，提高应变能力，提高职业认同感。

　　××养老社区最近接到一个大型项目，需要为养老社区内医疗设备改造升级，因此需要购入一些医疗设备，为此社区中心专门召开了针对供应商的项目招标大会。

　　此次会议邀请了为数众多的供应商，包括一些没合作过的企业，齐聚会场。助理小韦负责会议的信息传达工作。她因为事先对情况估计不足，会场选择过小，座位不够。当许多供应商向她索要宣传材料时，也无法满足对方的要求。领导向她询问各供应商到场情况和反馈意见时，她也没有做好资料的收集工作，无法及时给领导提供适用的信息。

　　小韦该如何正确地将会议的反馈信息给领导？

　　一次会议的成功是参与会议所有人的事情，而会议成功与否取决于会议的结果。要想知道会议议题的结果和进程唯有跟踪反馈，其中主动反馈进程和结果与被动反馈进程和结果是截然不同的。养老机构中的会议主要是围绕如何更好地为老年人进行服务和管理，会议的参与者可能是老年人，也可能是养老机构中的工作人员。所以我们所需要的反馈一方面是作为养老机构工作人员的主动反馈，另一方面是为了尽快达成会议结果的促动性反馈。试想作为会议的参与者，对于会议议题的完成情况是自己主动汇报好还是等别人问起好？答案显而易见。而对于会议议题完成时间间隔比较长的反馈，可以每间隔一段时间就主动反馈一次，反馈会议完成的进度，并据此及时修订工作计划或加快工作进度等。

一、反馈的类型和方式

1. 反馈的两种类型

反馈的两种类型分别是正面指导反馈和建设性反馈，如图 6-3 所示。

图 6-3　反馈的两种类型

（1）正面指导反馈

正面指导反馈是一种正面的强化指导，即一般意义上的表扬。成功的正面指导反馈一定具有以下特征：具有肯定行为价值、描述特定的行为、真心的、及时、经常、逐渐减少。

（2）建设性反馈

建设性反馈是一种劝告指导，即一般意义上的批评。批评要注意方式，既要达到反馈的目的，又不能伤害别人的自尊。其中，建设性反馈常用到"汉堡"原则或 BEST 反馈两种方法。"汉堡"原则可以分为三步走：先肯定对方的工作成绩，然后再具体地指出工作中的不足，最后提出我们对他的期望。这样将批评夹在好评之中，巧妙而不失委婉，让被批评者心中有数，又不至于大跌面子。

知识链接

两种效果较好的建设性反馈：

建设性反馈金点子1："汉堡"原则：

先表扬特定的成就，给予真心肯定，然后提出需要改进的"特定"的行为表现，最后以肯定和支持结束。

建设性反馈金点子2：BEST反馈：

Behavior description（描述行为）

Express consequence（表达后果）

Solicit input（征求意见）

Talk about positive outcomes（着眼未来）

2. 反馈的两种方式

（1）一对一反馈

一对一反馈即一个人给另一个人反馈，有些情况下，也会由多名专业人士给一名评价对象反馈，这种反馈方式比较困难。一对一反馈最大的好处是可以针对评价对象个体的特点，和对评估结果的反映来调整反馈的重点，还可以当面获得个人发展的承诺。从价值的角度来看，一对一反馈能够带给评价对象的价值是最大的。在一个小时的专属时间段，有专家和你一起谈论，回答你的问题，启发你的思考。许多参与一对一反馈的评价对象表示，这种沟通方式让自己"真正感受到了组织的关怀"。

（2）集体反馈

集体反馈是从一对一反馈演化出来的一种反馈形式。同样是面对面的反馈，但通常由一位专业顾问面对几十名评价对象进行结果的解读。这种反馈多是出于成本和组织难度的考虑。当养老机构没有足够多的专业人士为每一位评价对象提供一对一反馈时，或者没有那么多预算，或者会议时间匆忙没有更多时间的情况下，集体反馈成为一种折中的选择。与一对一反馈的反馈目标不同，集体反馈无法在短时间内做到确保每一位评价对象完全理解组织者的意思，且对未来有深层级的考虑。为了弥补这种反馈形式"大锅饭"带来的问题，我们可以让与会者提供后续的安排，例如进行有预约的一对一沟通或者电话支持，这样可以帮助会议组织者探讨自己的困惑和问题。

二、反馈时应遵循的特征

1. 要描述，不要判断

对一件事情描述性地解释，不要加上任何个人的意见，比如"这个月我们的绩效跟上个月相比偏低一些。"这就是一句描述性话语，而"这是目前为止我所知道的最好的解决方法，你还有什么更好的建议吗?"这句话带有判断性的词语"最好"，因此就不是描述性话语。

2. 侧重表现，而非性格

在给个人或者事件做出反馈时，侧重个人的表现和实际做出的成绩，特定性的成就要给予表扬，需要改正的特定性行为要委婉指出，不要加上任何性格色彩或感情评价。积极的反馈就事论事，忌讳涉及别人的面子和人格尊严，带有侮辱别人的话语千万不要说。例如，"你这人可是糟透了，老是迟到不遵守纪律，这么懒散，怎么这么不负责任……"这句话带有太多的性格批判，如果改成"上个月据我统计你迟到了三次，而且有早退现象，这种行为是极不负责的，我对你的这种做法感到有点失望!"这种表述就显得有说服力得多。

3. 要有所特指

在反馈的过程中要就事论事，有所特指，在反馈的过程中可以引用一些具体的事例，这样就不会让反馈的结果显得空洞无力。表6-2是给予具体明确反馈的两个例子。

表6-2 错误的反馈和正确的反馈示例

反馈示例	评述
"小李，你的工作很多时候不太细心!"	这种表述方式很空洞，对方并不能从这种沟通中得到明确的反馈，从而不能给对方留下深刻的印象
"最近你的报告中有些错误。" "在你上一次的报告中，人员构成数据有错误，其他同事不得不停下自己的工作来改正那些错误。" "这些错误影响了小组的工作进展。"	适当举例，结合工作的实际，可以使员工了解到更多反馈，从而可以真实地认识到问题

三、会议反馈的形式

会议反馈是收集有关会议目标实现情况的信息的过程。通过与会者的反馈，我们可以发现会议实施与策划之间的关系，了解会议目标实现过程中存在的问题，看看与会者是否满意以及明确会议有关任务的实施等内容，为在会议过程中提高会议效率找到相关的经验。在获得会议反馈结果的过程中常采用的形式有口头反馈和书面反馈。

1. 口头反馈

口头反馈即借助声音语言和文字语言来传递反馈结果的形式，例如口头汇报、电话联系等，口头反馈的优点是信息的发送与反馈快捷、及时、全息；缺点是信息传递易损耗与不易保存、信息易被曲解。

2. 书面反馈

书面反馈是借助文字语言，通过视觉来传递与接收信息的反馈方式，最常见的是以反馈问卷表的形式展开，在正式、规范的会议沟通中较为常用。其优点是内容具体化、直观化，信息可以永久保存，便于查询，相较于口头反馈更规范、正式和完整；缺点是费时，不能及时反馈，所获信息不完整。书面反馈最常见的两种形式是数据结果表和有分析的报告，数据结果表是最为常见的书面反馈内容，其中包括评价对象的总分、各项结果评分、各种角色的评分、排名等结果。书面报告的好处是评价对象有一份实实在在的结果，非常适合会议中希望持续改善的管理者。

会议效果反馈表

　　感谢您参加此次会议，请对本次会议做一个评价和反馈，让我们做得更好，谢谢！

姓名_____

手机号码_____

您感觉本次会议的内容对您是否实用？您是否有收获？

您感觉本次会议的演讲者的专业水平和表达能力如何？

本次会议的课件内容是否清晰明了、简单易懂？

您感觉本次会议的时间长度如何？

经过演讲者的讲述，您对本次会议传递的内容掌握程度如何？

针对本次会议，您的总体评价是什么？

如果有下次会议，您希望了解些什么内容？

经过会议后，您有什么疑问或者建议？

四、接受反馈的技巧

1. 仔细倾听，换位思考

沟通是一个双向的过程，而反馈是站在双方的角度上思考。学会换位思考，要会使用共情技术，即从对方角度为对方的行为寻找合理性，以最大限度地理解对方。倾听指能全身心地聆听对方的表达，不仅指听取语言表达的内容，还包括观察非语言行为，如动作、表情、声音、语音、语调（音量的大小、语音的高低、语速的快慢等）。不仅如此，还需要有适当的反应，表示听了并且听懂了。接受反馈时，一定要抱着谦虚的态度，以真诚的姿态倾听他人反馈意见。无论这些意见在你看来是否正确和是否中听，在对方反馈时都要暂时友好地接纳，不能打断别人的反馈或拒绝接受反馈。打断反馈包括语言直接打断，比如："不要说了，我知道了！"也包括肢体语言打断，比如不耐烦的表情、姿势等。如果你粗鲁地打断别人对你的反馈，其实就表示着沟通的中断和失败，你了解不到对方更多甚至更重要的信息。

2. 厘清思路，表明态度

在接受别人的反馈时，自己要有一个明确的态度，比如理解、同意、赞成、支持、不同意、保留意见、怎么行动等。不明确表示自己对反馈的态度与意见，对方会误解你没有听懂或内心对抗，这样就会增加沟通成本，影响沟通质量，所以在得到反馈信息之后，要表明清晰的态度，听懂了就是听懂了，没有听清楚或不赞成要选择合适的方式指出来，这样会取得更好的沟通效果。

3. 整理信息，不去争论

在接受反馈时所获得的信息是多方面和多角度的，我们每个人都有自己的立场，有时对方的观点和意见我们并不赞同，这时可以把信息进行整理，避免与对方的直接争论。在这个过程中，如果急于争论，会打断对方的思路，而且你的争论会使对方意识到他的一些话可能会冒犯或触及你的利益，所以对方会把想说的话隐藏起来，并有足够的时间进行伪装，对方就不会坦诚、开放地进行交流，你也因此不能知道对方的真实反应是什么。

4. 要开明，不要防卫性太强

自卫心理是每一个人本能的反应。沟通不是在打反击战："只要对方一说话，肯定就是对我的攻击，作为保护，我必须自卫。"打断对方的话并试图引导注意力返回到自己的目的或兴趣，这样的话对方也不会认真对待你。对方在向你反馈时，如果仅仅站在自己的立场，选择对自己有利的方面接受，一旦听到对自己不利、不好或不想听的东西，就显示出不耐烦，明智的另一方会马上终止反馈。而这个时候我们应有意识地接受建设性的批评。

5. 要包容，不要独断专横

在接受反馈的过程中我们可能对反馈意见不认可，你可能暂不需要他的反馈，但要用委婉恰当的方式表达你的想法。想想你为什么不同意这个反馈意见，确认你并不只是单纯地反对他人的意见，假设他人对事件的看法对他或她来说是正确的，考虑一下你不采纳建议可能造成的影响，这时候我们要有开阔的心胸，不要以自己的立场独断专横。

无效会议

销售部杨经理临时召开了一场会议，出席会议的有四位下属，分别是小张、小王、小李和小陈。人到齐后，杨经理向大家表达了会议的主题："今天我们来讨论兼职顾问的管理方式，大家谈谈自己的想法。"

小张说"我们在各区域的兼职顾问应该有个组织，加强相互的交流和沟通，这样才能增强凝聚力。"杨经理回答道："目前我们没有精力做这个事情，这个先放放。"

小王提到了一点："应该多给兼职顾问创造一些专业上提升和交流的机会，这样他们才愿意给我们提供长期的服务。"杨经理追问道："关于这点你有什么具体的计划吗？前提是，不能增加公司的成本。"小王没想到这么多："这个……"

　　小李也提了自己的看法："可以请一些初级的顾问，他们经验不太丰富，但从业热情高，对收入也不会太计较，有利于我们降低成本。"但是杨经理并不同意："我们服务的都是世界500强公司，使用这些初级顾问风险太大了。"

　　小陈补充道："可以找一些地方的小顾问公司做我们的挂牌服务商，这样我们就不用每次再派人过去，可以大大降低差旅成本。"杨经理也不太满意，因为"他们羽翼渐丰，会抢我们在地方的客户"。

　　众人的提议被杨经理一一驳斥，会议室保持一阵沉默。

　　问题：1. 上述案例中杨经理合理地接受反馈信息了吗？
　　　　　2. 他犯了哪些大忌？

6. 要平等，不要有优越感

　　在接受反馈的过程中，不管是上下级关系还是平级关系，都要以一种平等的态度进行沟通交流。反馈的需要和这种需要的满足程度必须是平等的，平等是建立人际关系的前提。在组织机构内部因为地位和职位高低不同而产生的某种心理障碍，致使双方在沟通和交流中受到这种心理障碍的影响，一方面，在工作的某些环节容易出现信息失真，进而影响反馈信息的真实性；另一方面，上下级关系容易出现矛盾，进而影响机构凝聚力和工作效率。因此，要想获得一个真实有效的会议信息反馈，会议管理者和组织者务必做到平等沟通。

任务解析

　　回顾案例：

　　××养老社区最近接到一个大型项目，需要为养老社区内医疗设备改造升级，因此需要购入一些医疗设备，为此社区中心专门召开了针对供应商的项目招标大会。

　　此次会议邀请了为数众多的供应商，包括一些没合作过的企业，齐聚会场。助理小韦负责会议的信息传达工作。她因为事先对情况估计不足，会场选择过小，座位不够。当许多供应商向她索要宣传材料时，也无法满足对方的要求。领导向她询问各供应商到场情况和反馈意见时，她也没有做好资料的收集工作，无法及时给领导提供适用的信息。

　　小韦该如何正确地将会议的反馈信息给领导？

　　案例解析：

　　小韦应提前做好会议的准备工作，准确获得到场供应商的名单并下发会议宣传材料。在会议的反馈环节上，小韦可以采用书面反馈的形式，根据社区医疗设备的需求情况提前设计好调查问卷，会后整理收集信息，从而达到会议的目标。

巩固拓展

为进一步加强××区养老院机构的安全和服务管理工作，民政局拟组织召开一次养老机构工作会议，需要区属9家养老院负责人到会参加。一是为了强化区养老机构的安全管理工作，以鸡西杏花煤矿"11·20"事故为戒，督促和警示全区养老院要严格遵守安全相关规定，采取有效措施，加强安全管理工作，将安全生产居于工作首位。二是需要布置养老机构床位补贴工作。假如你是会议组织人员，为了保证会议落实情况，请你根据会议的目标设计合理的会议反馈调查表。

任务三
主持人的倾听与沟通技巧

【知识目标】

◇ 了解倾听的重要性。
◇ 掌握倾听时的态度以及倾听的礼仪要求。

【能力目标】

◇ 运用会议主持人的倾听技巧，模拟练习会议主持。
◇ 在熟知会议倾听技巧的基础之上，能应用正确的倾听礼仪主持会议工作。

【素质目标】

◇ 在会议主持人的倾听与沟通技巧训练中，培养学生服务礼仪，提高学生自身的职业风貌。

戴尔·卡耐基的故事

有一天，戴尔·卡耐基去纽约参加一场重要的宴会，在这场宴会上，他碰到了一位世界知名的植物学家。戴尔·卡耐基从始至终都没有与植物学家说上几句话，只是全神贯注地听着。

然而等到宴会结束以后，这位植物学家向主人极力称赞戴尔·卡耐基，说他是这场晚宴中"能鼓舞人"的一个人，更是一个"有趣的谈话高手"。其实卡耐基没怎么说话，只是让自己细心聆听，却博得了这位植物学家的好感。

我们如何像卡耐基一样成为一个"有趣的谈话高手"？

一、倾听的重要性

1. 获取信息，了解他人的主要途径

倾听的能力是指听者获取和理解陈述者所表达的各种信息的能力，它虽然是一种基本的技能，但却是最重要的技能。人在生活中大部分时间都在倾听，倾听是我们对周围环境和周围人群产生兴趣、产生感情的开始。在了解他人、获取信息、联系情感等方面，倾听是人生必不可少的一种沟通方式。对于老年人而言，他们退休后人际交往圈子会缩小，有个倾听他们心声的人会让他们感到生活充满了活力和生机，而养老机构中的老年人更是远离亲人，我们需要从老人的谈话中了解他们的心声，知道他们的需求，从而更好地为他们提供服务，这些信息的获得都需要倾听。

2. 倾诉是每个人的需要

歌德有一句格言："对别人诉说自己，这是一种天性；因此，认真对待别人向你诉说他自己的事，这是一种教养。"尤其是现代社会，家庭模式的改变，生活方式的变化，这种背景之下形成了一批批空巢老人，他们生活中的烦恼、孤独很需要向他人诉说；有一些老人很愿意分享自己的家长里短，还有些老人与家庭成员之间存在着冲突，这些都需要向他人倾诉，需要从朋友、亲人甚至是友善的陌生人那里得到安慰和鼓励。在日常生活中，我们可能会碰到初次见面的老人聊天能聊大半天，而且他们聊得很投机，其实这正是老人排解孤独"饥不择食"的需求，很可能老人的伴侣不在了，子女远离了，老友逝去了。有的老人发现没有人愿意听他含混不清的絮叨，就只好依靠与萍水相逢的路人倾诉来化解心中的烦闷，这更能显现出来老人需要倾诉的迫切心理。

不管是在国内还是国外，随着人类社会前进步伐的加快，人们越来越需要倾听的耳朵。心灵的沟通能力、家庭的建构、组织的缔结、社会的凝聚，哪样都离不开语言的桥梁和倾听的纽带。

3. 倾听是尊重他人的表现

专注倾听对方谈话，不仅能满足他人倾诉的需求，也是对对方的礼貌和尊重。养老机构中的老年人依赖性和自尊心都比较强，认真倾听能让老人因此喜欢、信赖你并乐意与你交往。

对晚辈来说，老年人的经验阅历都是几十年沉淀下来的精华，对年轻人大有益处，作为晚辈更应该以低姿态尊重老人，哪怕是对老人责怪性和埋怨性的唠叨，我们也要不急不躁，多理解，让老人倾诉完后心情舒畅。

4. 倾听可以赢得尊重与爱戴

心理学观察显示，人们喜欢善听者，更喜欢善于满足自己表达欲的人。

老年人退休以后，活动量和社会活动的范围都会明显减少，而身处养老机构中，客观造成老年人的社会接触面相比退休前大大缩小了，他们对机构的依赖性会很强，一个能让他们自由吐露想法的组织更容易让老人满意。

一个人以言语表达自我的时候，希望听他说话的人能够有所回馈，也希望别人能了解他，这就是满足对方表达欲最好的时刻。即使身处病患期的老人连自己也不知道在说什么

的情况下，也同样希望获得别人的了解，因为对于他们来说，满足这种欲望比任何话语都来得有意义。作为一个好的倾听者，要懂得并且抓住老人的谈话心理。当然，想要真正成功，不仅要懂得满足对方的表达欲，而且要懂得控制自己的表现欲。

说话乃有言而发、有感而生，对一般的人来说较易做到，而执着于倾听就比较难了。学会倾听无疑是一种修养，更是一种美德！所以要做会说话的高手，首先要做一个会听话的高手，要学会倾听，拥有正确的倾听态度，养成良好的倾听礼仪，还应懂得倾听的技巧等。

二、倾听的礼仪

好的交际是建立在倾听的基础之上的，而倾听和普通的听之间之所以不同，是前者懂得礼仪，而后者不懂。正因如此，一个会听话的人，不一定懂得倾听，而一个懂得倾听的人一定会听话。懂得倾听，除了要拥有正确的心态外，还要具有良好的倾听礼仪，如应注意礼貌，专心致志，用眼神与讲话者交流，用恰当的表情和姿态去呼应对方等。如图6-4所示。

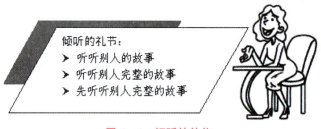

倾听的礼节：
➤ 听听别人的故事
➤ 听听别人完整的故事
➤ 先听听别人完整的故事

图6-4　倾听的礼仪

1. 尊重说话者的习惯

在倾听时，人们常说要懂得尊重说话者，有些老人可能存在着生理机能的退化，说话口齿不是太清晰或者说话嗓门大，而且存在着方言、口头禅或无意识的撇嘴、眨眼等习惯，这就要求我们在倾听的时候，要专注于谈话的内容，切不可做出讥笑等违反礼仪的举动。

2. 把握倾听时的身体动作

在交流过程中，谈话者起身离开，或是左顾右盼，你是什么感觉？我们可能曾经遇到过这样的倾听者：歪着脑袋，两只眼睛瞟来瞟去，不管你说什么，他们好像都不感兴趣。这时我们心里也许会产生一个强烈的想法：永远都不想理会他们。对于说话者而言，这是一种莫大的侮辱和不尊重。很多孤独相伴的老年人，如果他们遇到这样的倾听者，势必会对他们的心理造成打击，在跟老人沟通的过程中也会遇到更多的问题。这样，最终受损失的还是听话者，因为太随意的倾听会让他们走很多弯路。要做到让老人觉得你是在认真倾听，就不能显得表情浮躁、坐立不安。一些不必要的表情动作，如眼睛乱瞄、抓耳挠腮、腿脚乱晃、摆弄东西等尽量不要出现，否则只会让对方觉得你心不在焉。即使你的这些身体动作是无意之中表现出来的，但是在对方看来，或许就是一种言外之意。因此，在倾听时要懂得把握住自己的身体动作，避开那些不必要的动作。倾听时的身体动作总结如图6-5所示。

图6-5 倾听时的身体动作总结

3. 保持友好的倾听心态

在会议进行的过程中常常会遇到与自己的意见和看法不一致的情况，只有通过倾听了解与会者的看法和意见，同时修正自己的观点，委婉地表达自己的不同意见，才能让谈话继续下去。其实在专心听发言人的话语时，如果发现发言者的想法和自己无法统一，可以一边倾听一边修正自己原来的建议，避开敏感的话题，不要把自己逼到死胡同里，保持友好的会议气氛，才能让谈话继续下去，才能建立和谐稳定的会场氛围。如图6-6所示。

图6-6 良好的倾听心态

4. 听话时不要打断别人

在交流获取信息的过程中，失败的倾听者犯得最多的错误就是打断别人。倾听是沟通的第一步，不轻易打断别人是倾听的最基本法则，唯有懂得安静倾听，才能提高你的交际能力。很多时候我们不能完整地把话一次听完，不是讲话的人不懂得讲话技巧，而是听话者显得太心急。听话听一半是常有的事，而因为听话听一半影响交流也是常有的事。在养老机构中，我们的交流对象是老人，面对长者，我们更应该表现出该有的谦恭，仔细认真地听完老人的讲话。

三、主持人沟通过程中的注意事项

1. 正确看待反对意见

当有人提出反对意见时，主持人应当首先感谢对方敢于提出反对意见，然后摆出事实来证明自己的观点，主持人一定要注意自己的态度和语气，态度要谦恭，语气要和气，营造一种每个人都可以畅所欲言的环境。

2. 巧妙控制跑题意见

有些人善言辞，对于老年人而言，他们的阅历都较丰富，对于一个问题往往都有自己的看法，主持人可能会碰到有人发表离题万里的意见，这时主持人可以通过这样的方法来解决：微笑着用真诚的语调对那个人说："你提的这个问题不错，等以后再谈吧，现在让我们回到刚才的问题上来。"或者说："如果你有兴趣的话，等会后我们独谈这个会议外的问题……"这样的话更容易让对方接受。

3. 善于引导别人

引导他人的能力是优秀主持人所应该具备的条件。老年人已经形成了自己的一套固定不变的生活习惯，在为人处世上也形成了定式，老年期的大部分人的思想相对保守，不愿意改变自己，所以在会议的过程当中面对固执己见的老人进行有效引导就显得异常重要。特别是对于会议过程中众说纷纭的意见，善于引导，有效实现意见的统一就显得十分重要。下面几条建议可以有效帮助会议主持人统一意见：

①阐明你的目的和任务；

②使与会者确信你的需要和兴趣同他们很相似；

③使他们认识到某个问题或计划的重要性；

④把好的心情传递给与会者，让他们有足够的理由参加自己主持的会议。

4. 不同意见要进行协调

当会议中出现不同的意见时，与会者中可能会出现极端的意见，并根据各自不同的意见而据理力争，争持不下时，主持人应该要求与会者都安静下来，建议大家用求同存异的态度来重新看一看争论之处。

5. 注意会议的总结

会议在达成决议后，主持人还要在散会前做出总结，这才算是圆满地主持了一个会议。无总结，便是虎头蛇尾。在总结时，主持人要提纲挈领地将会议中提及的重点进行强调，让撰写会议记录的人员核对一下资料，同时提醒与会者不要忘记这些重点。对于会议的决定、建议及结论清楚明确地再重申一遍。

任务解析

回顾案例：

戴尔·卡耐基的故事

有一天，戴尔·卡耐基去纽约参加一场重要的宴会，在这场宴会上，他碰到了一位世界知名的植物学家。戴尔·卡耐基从始至终都没有与植物学家说上几句话，只是全神贯注地听着。

然而等到宴会结束以后，这位植物学家向主人极力称赞戴尔·卡耐基，说他是这场晚宴中"能鼓舞人"的一个人，更是一个"有趣的谈话高手"。其实卡耐基没怎么说话，只是让自己细心聆听，却博得了这位植物学家的好感。

任务解析

我们如何像卡耐基一样成为一个"有趣的谈话高手"？

案例解析：

　　戴尔·卡耐基在整个沟通的过程中只用了倾听的技巧就获得了植物学家的赞赏，可见倾听的重要性。我们在倾听的过程中应该抱以积极专注的态度，并且掌握倾听的礼仪，听话时给予口头语言或者身体语言的反馈，结合本节的倾听技巧训练，相信你也会成为一个"有趣的谈话高手"。

听与倾听的差别如表6-3所示。

表6-3　听与倾听的差别

听	倾听
身体的本能反应	心智与情绪上的感觉
与生俱来的简单活动	需要分析理解的复杂活动
本能的自然能力	需学习才能掌握
同时可以听到很多声音	需要有选择目的地接受
有听力的人众多	有倾听技巧能力的人有限

巩固拓展

　　请你对照听与倾听的差别对照表谈一谈，在会议的进行中，与会者和主持人分别要怎么做才能符合倾听的标准？

项目七　会议中的服务工作

【知识目标】

◇ 掌握接站、报到、签到和引导工作的基本流程及要求，并熟悉相关礼仪。
◇ 了解会议过程中会议记录及信息收获工作的具体任务。
◇ 掌握安排会议后勤服务的工作要领。
◇ 了解收集会议信息的方法。

【能力目标】

◇ 运用会议接待工作的基本理论知识，能独立完成会议中的接待工作。
◇ 根据会议后勤工作的要领，完成一次会议的后勤工作服务。
◇ 在了解会议信息收集方法的前提下，完成会议信息的收集工作。

【素质目标】

◇ 运用小组协作的学习方法，巩固会议中相关服务工作的知识和技能。
◇ 在会议服务工作的训练中，培养学生基本的礼貌礼节，提升学生的职业素养。

【思维导图】

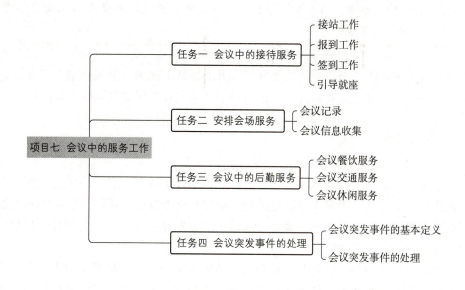

任务一
会议中的接待服务

【知识目标】

◇ 掌握会议接待中接站、报到工作的基本流程及要求，并熟悉相关礼仪。
◇ 掌握会议接待中的签到和引导工作的具体任务及要求，并熟悉相关礼仪。

【能力目标】

◇ 运用会议接待工作的基本理论知识，能独立完成会议中的接待工作。
◇ 在基础知识熟练掌握的基础上，能独立完成一份会议接待计划书。

【素质目标】

◇ 在会议接待工作的训练中，培养学生服务礼仪，提高学生自身的职业风貌。

　　江苏国际养老服务博览会暨高峰论坛（以下简称江苏老博会）创办已有8个年头，始终坚持专业化、市场化、国际化办展，积极为国内外养老企业搭建交流合作平台，助推我国养老服务高质量发展。

　　20××年9月20—22日，江苏老博会高峰论坛将在南京举行。承办单位为

> 江苏某大型养老机构。该论坛邀请了全国各地养老行业的知名专家、全国多家知名养老机构、养老产品开发设计企业，以及全国开设相关专业的院校，预计到会人数 500 人左右。

会议接待工作的第一个环节就是做好与会者的接站、报到、签到和引导工作。这一系列工作有助于保障会议活动顺利进行，也有助于会务主办方树立良好的外部形象。

一、接站工作

接站是指会议接待人员到机场、车站、码头等地方接待与会者。一般跨地区、全国和国际性的会议需要接站。同时需要注意的是，根据与会者身份的不同，接站的参与者及接站规格皆应有所区别。重要领导、来宾，需要主办方领导或授权人代表领导亲自接站。普通与会者由会议工作人员接站。

接站是会议接待的第一个环节。优质的接站服务能给与会人员提供极大的方便，并留下良好的第一印象，对初次到访的参加对象来说尤为重要。总之，接站时应让与会者有一种宾至如归的亲切感。

接站工作基本流程如下：

1. 确定接站工作人员的人数及职责

根据收集到的与会人员的基本信息，确定接站地点，接站地点一般为机场、火车站、汽车站等地，会议接待方应在以上地方设立接站点。每个接站点安排不少于两人的接站工作人员。接站工作人员的职责如下：迎候与会人员，与接送车辆司机保持联系，引导与会人员上车并合理安排座位，一般不需要随车。

2. 确定与会人员基本信息

会议主办方在接到接待任务后，要通过汇总回执、报名表以及电话联系等渠道，充分掌握与会者的基本信息。与会者基本信息包括人数、姓名、性别、职务等。掌握与会人员所乘交通工具的类别、班次、具体抵达时间等。根据与会人员的基本信息制定接站信息表，并留档保存。如表 7 - 1 所示。

表 7 - 1　参会人员信息登记表

序号	姓名	性别	工作单位	职务	联系方式	抵达时间	抵达地点	班次
1								
2								
3								
4								
5								
……								

3. 准备接站标志

当与会人员抵达时，在出口处以及交通工具上要竖立接待标志。接待标志应做到清晰、醒目、美观。接站标志上应注明会议名及主办方信息，如"×××会议接待处"，以便参加对象辨识。当个别接站又是初次见面时，接站人员可以手举接站标志，标志上可写"欢迎×××先生（或女士）"等字样。如图7-1所示。

图7-1 接站标志图

4. 掌握抵达情况

接站人员应随时掌握并统计抵达人员的名单和人数，尤其是要留意交通工具延误晚点到达的与会人员，避免发生漏接现象。接站人员应随时留意机场、火车站即时交通信息，了解与会人员所乘班次的准确抵达时间。如果需要集中完成几批与会人员的接站工作，每个接站点均需有两个以上的工作人员，便于一迎一守。为保证信息的准确性，可提前编制接站信息表。

5. 迎接与会人员

在接站当日，工作人员应提前出门，保留充足的时间量，防止因出现道路堵车、停车场排队等现象而延误接站。接站人员应在与会者到达前10~20分钟到达接站点，站在出口较醒目的位置，高举接站牌，确保与会者出站就能看到。

在与会者到达时，接待人员应主动迎上去进行自我介绍，并表示欢迎。如果领导人亲自前去迎接重要的与会者，且双方是初次见面，可由接待人员或翻译人员进行介绍。通常先向来宾介绍会议主办方欢迎人员中身份最高者，然后再介绍来宾。主客双方身份最高者相互介绍后，再按先主后宾的顺序介绍双方其他人员。这种介绍也可以由主方身份最高者出面。介绍时要注意以下几点：

一是被介绍人的姓名、职务、职称、头衔要准确、清楚。这要求接待人员事先掌握与会人员的基本情况。

二是介绍时要遵循一定的介绍顺序。应该本着"让尊者优先了解对方情况"的原则。

在一般社会交际活动中，把男性介绍给女性，把年轻人介绍给老年人，把社会地位低者介绍给社会地位高者，把主人介绍给客人，把未婚者介绍给已婚者，把和自己关系密切的一方介绍给另一方。在公务活动中，是以职位的高低来决定介绍顺序的，这里不考虑性别和年龄。一方与多方见面，要先把一人介绍给大家，但是如果来者身份地位较高，即使一人，也应该先把其他人介绍给他。

三是介绍后，主办方接待人员或领导要主动握手。握手是国际、国内常见的礼节。主人主动、热情地握手会增加亲切感。同与会人员进行简单的介绍及寒暄后，接站人员应主动帮助与会者提拿大件行李，引导与会者上车。

6. 引导人员上车

接到与会人员后，应及时安排客人上车。陪同客人乘车时要注意座位次序。接待人员可不随车，如需随车一起返回，原则上接待人员应坐司机旁边的座位。接待人员受领导委托单独陪车时，可坐在客人的左侧。上车时，接待人员应打开右侧车门，请客人从右侧门上车，自己则可从左侧门上车，避免从客人座前穿过。

7. 其他注意事项

接站工作中如遇其他突发情况，应根据具体情况灵活采取应对策略。

二、报到工作

会议报到一般是针对规模较大、会期时间较长，需要进行集中住宿的大中型会议而言的。

一般而言，会议报到是指与会人员在到达时，在大会报到处所办理的登记注册手续，方便会务工作人员统计参会人数，合理安排食宿。报到是会议秘书部门掌握与会人员准确到会情况并组织会议的重要一环。

报到的基本流程如下：

1. 设置报到处

报到处一般设置在与会人员入住酒店的大堂。报到处的设置要求表示清楚醒目，要注明"×××会议报到处"。

2. 查验证件

查验证件的目的是确认与会人员的与会资格。与会人员在报到时应出具身份证件、会议通知及单位证明。报到处工作人员需对其证件进行逐一核对。

3. 登记信息表

登记信息表应包括与会者的单位、姓名、性别、职务、联系方式等。会议报到表既可以方便在会议期间联络与会人员，也可以据此编制与会人员通讯录。如表7-2所示。

4. 收取费用

有些会议如需与会者自行承担一部分费用，比如会务费、食宿费、资料费等，则由会议主办方在报到现场安排相关财务工作人员，收取相应的费用，开具收据或发票，并对相关费用进行解释工作。

表7－2　报到信息登记表

序号	姓名	性别	工作单位	职务	联系方式	通信地址	房间号码	备注
1								
2								
3								
4								
5								
……								

5. 协助办理食宿手续

根据与会人员的个人需求，在条件允许的前提下，尽可能为与会者合理安排食宿。在安排完住宿后，接待人员需在登记表上及时记录下每个与会人员的房间号码，以便在会议期间保持联系。

6. 分发会议材料

会议材料包括会议日程表、会议文件、会议证件、会务组人员联系方式、文件袋等会议用品。会议材料应在准备工作时进行清点，以防遗漏。对于重要文件，在领取材料后，请与会人员在签收表格上签字确认。

7. 了解返程信息

根据与会人员的返程信息，会议主办方可协助办理接送站及票务的预订工作。

三、签到工作

签到是与会人员在进入正式会场时向会议组织者表示入场的一种手续。会议签到的目的在于及时准确掌握到会实际人数。

1. 常用的签到方法

（1）簿式签到

与会人员在会议签到簿上按要求签上自己的姓名，表示到会。这种签到方式适用于小型会议。

（2）表式签到

与会人员在签到表上签名，表示到会。签到表的制作要规范统一，签到完成后应装订成册。这种签到方式同样适用于小型会议。如表7－3、表7－4所示。

表7-3　会议签到表（用于会议名称、参会人员固定的例行会议）

时间	年　月　日		
地点			
出席	签名	出席	签名
张三		王五	
李四		赵六	

表7-4　会议签到表（用于需按单位签到的会议）

会议名称			
主办单位			
时间		会议地点	
单位名称		签名	

（3）会务工作人员代签到

会议工作人员在事先准备好的签到表上，根据与会人员的实际到场情况，在表格上为到会人员逐一打钩签到。这种签到方式要求工作人员必须认识绝大部分与会人员，因此这种方式适用于小型会议或内部会议。

（4）证卡签到

与会人员将会前分发到的印有自己基本信息的会议证卡交给会议工作人员，表示到会，这种签到方式适用于大中型会议。目前，国内大部分大中型会议都采用此种方法。

（5）电子签到

会议工作人员预先把存有与会人员基本信息的电子卡片发给与会者，在与会者进入会场时，用电子签到卡在刷卡机上刷卡，这种签到方式的优点在于快速、简便、高效，适用于大中型会议。如图7-2所示。

图7-2　电子签到形式图

2. 报到与签到的联系与区别

报到和签到都是指与会者到达会场时应办理的手续。会期较短、无须集中接待的会议，一般只需办理签到手续；但会期较长、会议活动较多、需要集中接待的会议，不仅需要与会者签到，而且要办理报到手续。

报到是指与会者到达会议举办地时所办理的登记注册手续，但不表明其将出席或参加每一次会议和活动；签到则是与会者参加或出席每一次会议或活动时的签名，表明他参加或出席了这次会议或活动。在一些法定性会议上，签到是一种法律行为。

恒达公司要举办一个新产品的推广发布会，邀请了各界人士参加。很多客户对这个新产品很感兴趣，所以来参加会议的人很多，公司特地租了一个大礼堂作为会场。总经理助理林丽对会议工作进行了最后检查，因为会务组负责签到的高秘书是第一次参加这样的会务工作，所以她特别叮嘱高秘书明天早晨8：00前一定要到达会场，做好与会人员的签到和发放证件、文件的工作。

高秘书是新来公司不久的前台秘书，刚工作不久就参加这样的大型会务工作，她有点紧张。晚上下班以后，她的大学同学张小燕又拉她去参加生日聚会，闹到很晚才回家。等她一觉醒来，发现已经8：00，她赶紧简单收拾一下，公交车也不敢坐了，打出租车赶到公司，到公司以后发现已经有一堆与会人员在签到台等着签到了。林助理正在一边招呼一边着急地等着她。看到她，马上要求她快给客人签到，把会议资料发给客人。

林助理走后，高秘书赶紧把签到表、会议资料拿到桌面上摆好。看到等候的人那么多，觉得自己边给与会人员签到边发资料太慢了，就让参会者自己在签到表上签字，签完后到她这边领资料。这个方法的确很快，不一会儿，客人们都签完了，领着资料进了会场。

当忙完所有事情后，高秘书开始清点人数和材料，她忽然发现签到单上还有26人没有签到，但是她手上的资料已经分发完毕。这时候她开始慌了，她不知道到底是哪26人没有来，还是其他人代领了这些资料。但是她又不认识与会人员，没有办法去一一核对。她非常担忧，不知道该怎么和领导汇报。

问题：1. 案例中，高秘书的做法正确吗？

2. 高秘书应该如何安排好与会人员的签到工作？

四、引导就座

日常的小型会议，与会者一般都有自己习惯的座位。但多数会议都需要与会者按照会前安排好的座位或区域就座。引导就座有利于会场内外正常秩序的建立。

一般情况下，大型会议需设置多位引导人员，这类引导人员也就是我们平时所说的礼仪人员，这些人员需着统一服装，熟悉会场的布局以及各种配套设施的使用情况，同时应对当地的交通、旅游、购物等情况有一定的了解，以备与会人员的随时咨询。引导人员应时刻注意自己的仪容仪表及礼貌礼节。

1. 人员配备

大型会议一般需要配备8~12人承担会议的引导就座工作。如果会场安排在与会人员

入住的酒店会议室，则引导员的岗位可以直接安排在会议签到处。如果会场安排在其他地方，引导员则应安排在大门口。

2. 人员职责分工

（1）大门岗

统一着装，在门口迎宾，使用礼貌用语，向与会人员表示欢迎。

（2）引导岗

与会人员到达会场后，负责引导与会人员到指定位置就座。

任务解析

回顾案例：

江苏国际养老服务博览会暨高峰论坛（以下简称江苏老博会）创办已有 8 个年头，始终坚持专业化、市场化、国际化办展，积极为国内外养老企业搭建交流合作平台，助推我国养老服务高质量发展。

20××年 9 月 20—22 日，江苏老博会高峰论坛将在南京举行。承办单位为江苏某大型养老机构。该论坛邀请了全国各地养老行业的知名专家、全国多家知名养老机构、养老产品开发设计企业，以及全国开设相关专业的院校，预计到会人数 500 人左右。

案例解析：

该大型养老机构接到任务后，负责人张院长召集员工迅速召开了论坛筹备会议，将接待工作进行了详尽的安排。

一、接站工作

1. 确定接站工作人员的人数及职责

结合本次会议人数及到站具体情况，张院长将会务组分成了 6 组，每组安排工作人员 3 名，共计 18 人。明确了大家在接站工作中的任务，并编制了一份详细的接站任务分工表。分工表如表 7-5 所示。

表 7-5　接站工作任务分工表

组别	接站地点	负责人	联系方式	组员名单	司机联系方式
第 1 组	机场				
第 2 组	机场				
第 3 组	火车站				
第 4 组	火车南站				
第 5 组	火车南站				
第 6 组	汽车站				

注：请各组别一定看清自己所在的接站地点，有任何疑问请与张院长联系，统筹调配。

2. 明确与会人员信息

在接站工作正式开始前，每个小组根据与会人员提供的基本信息，完成本组需接站人员的基本信息登记表，做到心中有数。也方便在接站过程中，进行及时登记，避免漏接情况的发生。参会人员信息登记表如表7-6所示。

表7-6　参会人员信息登记表

序号	姓名	性别	工作单位	职务	联系方式	抵达时间	抵达地点	班次
1								
2								
3								
4								
5								
……								

3. 准备接站标志

会议人员应提前准备好接站标志牌，手持扩音器、接站安排表、与会人员抵达信息表等。

4. 接站工作

(1) 提前到达接站地点。一般会议报到时间都比较集中，比如开会前一天，这样可以避免与会人员到达时间分散，不方便接站工作的展开。根据本次会议的安排，要求全体接站人员在9月19日早晨8点赶到各接站地点。

(2) 将接站标志放在出口醒目位置，保证与会人员出站就能看到。

(3) 接站人员应注意仪容仪表，体现本单位良好的形象风貌。

(4) 要热情迎客，亲切介绍。在出口看到客人后，要主动热情相迎，并介绍自己，确认与会人员身份，在征得客人同意后，可帮助客人拿行李。如有领导相随，应主动将本单位领导介绍给与会人员。之后将与会人员送至安排好的车上。

(5) 安排客人上车后，接站人员可安排一人随车返回下榻酒店，在行车途中，应主动向与会人员介绍南京的风土人情、本单位的具体情况等。

二、报到工作

在接站工作展开的同时，报到工作也同时进行，由本单位第二会务小组承担报到工作安排，根据本次会议规格，人员配备为8人。其中4人负责登记工作，2人负责分发资料，2人负责分配房间等任务。

1. 报到准备

在酒店大堂后设置报到处，标志要醒目，并提前准备好横幅："热烈欢迎参加江苏老博会的各界朋友！"并设置指示牌："江苏老博会报到处"。

2. 查验证件、登记信息表

与会人员陆续到达后，会务组检查各与会人员的会议通知书、单位介绍信、身份证等有效证件核验与会人员身份，并登记与会人员信息。如表7-7所示。

表7-7　报到信息登记表

序号	姓名	性别	工作单位	职务	联系方式	通信地址	房间号码	备注
1								
2								
3								
4								
5								
……								

3. 办理入住手续、收取费用

根据与会人员的意愿，协助办理入住手续，如需单人间，应尽量保证。如需双人间，可帮助与会人员进行协调安排。因此次会议没有会费，因此只收取参会人员的食宿费，根据会议安排，收取每人500元/天。

4. 分发资料袋

2名工作人员负责分发资料袋，资料袋包含本机构宣传手册、会议日程表、参展机构宣传册、代表证、电子签到卡、餐券、笔记本和文具等。分发时，应做到来一个发一份，并做好签字工作，保证不漏发。

5. 做好返程信息登记

主动询问与会人员返程信息，如需帮助，可协助购买返程车票，并做好送站车辆安排。

三、签到工作

此次会议餐会人员较多，经过协商，采用电子签到的方式。在会议开始前，请会务组安排专人做好电子签到机的租赁工作。同时，会议秘书处应根据参会人员信息，在会前制作好电子签到卡，并在报到时一并分发。

四、引导工作

引导工作应贯穿在整个会议过程中，每一个会务工作人员都应当履行为与会人员引导的义务。在本次会议中，由本机构办公室接待办人员承担礼仪工作，主要负责酒店门口、电梯口、会场门口及会场内的引导服务。礼仪人员着装统一，在会前做好礼仪服装的租赁工作。提前去会场熟悉布局及各种设施的使用情况。

巩固拓展

阳光养老院预备在下周五举办一次公益讲座,邀请养老院入住老人的家属来院参加,每组家庭可安排两人参与此次活动,请养老院行政处做好会议接待工作。

如果由你担任本次会议接待工作的负责人,你应该从哪些方面安排好此次讲座的接站、报到、签到和引导工作?

安排会场服务

【知识目标】

◇ 初步了解会议记录的基本格式。
◇ 掌握几种常见的会议信息收集方法。

【能力目标】

◇ 能独立完成会议进行过程中的信息收集工作,并撰写报告。
◇ 与小组成员交换收集到的信息,对信息进行分类汇总。

【素质目标】

◇ 通过小组合作的方式,培养学生自主学习的能力。

某学校建校 50 周年庆典活动中,上级部门领导发表了重要讲话,学校领导对学校 50 年取得的成就进行了总结回顾,并对未来做出了美好的展望,老校友们对母校取得的成绩感到欣慰,并对学校今后的办学思路提出了自己的宝贵意见。如果你是会场服务工作人员,将如何写好会议记录?并请你就庆典过程中大家提出的意见与建议做好信息收集、反馈工作。

一、会议记录

会议记录是在会议进行过程中,由记录人员对会议基本情况、大会报告、代表发言、会议决议等内容所做的记载,是会议客观进程的原始而真实的记录。做好会议记录,不仅可以为会后问题的进一步研究、工作的总结提供重要的原始依据和材料,而且可以为日后查考提供重要依据和凭证。

1. 会议记录的基本格式

会议记录一般包括会议标题、首部、主体及尾部四个部分。

（1）标题

标题一种是由会议名称＋文种组成，如"某某公司项目会议记录"，另一种是由文种组成，如"会议记录"。会议名称一般写在首部的表格中。

（2）首部

会议记录的首部一般记录会议的基本情况，采用表格的形式。

具体内容包括以下几个方面：

①会议名称。会议名称一般要写全称，以便日后查考。

②会议时间。会议时间包括会议开始时间、结束时间和中间休会时间。时间要写明年、月、日、时、分。

③会议地点。不同性质的会议应写明会议的具体开会地点。

④会议主持。要写明会议主持人的姓名和职务。

⑤出席人员。出席人员包括正式成员、列席成员、旁听成员、特邀成员。不同性质的参加成员要分类记录，并写明姓名、单位、职务。如参与人数较多，只要记录参加对象和总人数，以及出席会议的重要领导即可。

⑥记录人。记录人本人签名，以示对所做的记录内容负责。

（3）主体

会议主体一般是记录会议的进程和内容，具体包括以下几个方面：

①会议议题。如有多个议题，可在议题前加上记号。

②发言情况。发言情况是会议记录的重点，分为发言人姓名和发言内容两个部分。发言人的姓名要记录全名，发言内容可根据记录的要求确定详略程度。详细记录要求有言必录，并记录插话、辩论、表态等情况。摘要记录则只需要记录发言要点。以口头方式提出的临时动议，一定要详细记录。

对于会议期间会场内发生的与会议进程相关且具有记载价值的情况，也应及时记录在册，如与会者的掌声、笑声、迟到、中场退场等情况，以便更加真实、全面地反映出会议的实际情况。

③会议结果。会议结果包括议题的通过、缓议、撤销、否决等情况。如果以表决方式形成决定、决议，要记录表决事项的名称、表决的方式、表决的结果。如实行多轮投票，每轮投票的情况都要记录在案。

（4）尾部

会议记录的尾部主要包括署名和署名日期。由记录人、审核人、发言人、法定的签字人员在尾部签字，以示对会议记录真实性郑重负责。

2. 会议记录方法

（1）摘要记录

摘要记录适用于一般会议，只需要记录会议要点和中心内容，即只需记录议题、议程、发言人姓名、发言要点与主要事实、决议情况等会议概要。除特别重要的情况下，一般的会场情况可不做记录。首先，摘要记录要求记录者善于抓住发言人的要点，善于捕捉发言人的真实意图，真正做到"取其精华"。其次，要求记录者既能够迅速将发言者的即兴讲话整合为规范的语法结构，又能保持其发言风格。最后，要求记录者直接用规范的文字符号而不是速记符号进行记录，使会议记录一次性成文，经领导人审核和发言者确认后直接归档，省去了会后整理的工作程序。

（2）详细记录

详细记录多用于重要的会议。除了要记录会议概况和会议过程等内容，对每一位与会人员的发言都要求做到有言必录。因记录内容较多，必要时可以由多人同时记录，会后共同核对整理。必要时由主持人或发言人审阅签字。

（3）简易记录

简易记录只要求记载会议的概况、会议的议题和结果，不必记录发言的内容。简易记录由于不能全面反映会议的过程，查考研究利用的价值较小，故仅限于较为简单的事务性会议。

3. 会议记录的注意事项

（1）会议各要素齐全

会议要素包括会议基本情况及会议内容两个方面。会议基本情况包括会议名称、届数或次数、时间、地点、出席人、列席人、缺席人、主持人和记录人等；会议内容包括会议议题、议程、讨论过程、发言内容和决定事项等。

（2）内容客观、准确、真实、完整

记录人员要以严肃认真的态度忠实记录发言人的原意，重要的语句要按原意记载。尤其是重要会议的重要发言，更应忠实原意，不能任意取舍增删，断章取义，不得添加记录者的观点、主张。

（3）清楚规范

会议记录属于需要永久性保存的重要材料，一定要用钢笔或水笔记录，并尽可能使用统一的表格形式，使其规范、清楚、一目了然。整理后的记录稿，要做到文字规范，语法正确。需要注意的是，会议记录一般不宜公开发表，如需发表，应征得发言人的审阅同意。

二、会议信息收集

会议信息是指通过各种形式，包括数据、代码、图纸、报表、报告等书面材料，以及图片、音频、影像等可闻和可视化手段表现的，与会议活动举行密切相关的内容与知识。

会议信息收集工作贯穿在会议的整个过程之中，真正的会议信息收集从会议准备前开始，一直持续到整个会议的结束。在会议过程中，充分把握和合理利用会议信息，有利于完善会议的各项工作，会议信息的主要作用在于其能为会议活动提供一些决策依据，或作为辅助决策的重要手段，保证会议活动过程的顺利沟通，并作为会议相关工作开展的督促手段，保障会议的顺利进行，提高会议效率。

1. 会议信息的特征

（1）客观性

会议信息是会议客观事实和情况的最新反映。它立足于客观的会议状况本身，而不是主观臆造的。这也就要求会议的信息是真实、准确而全面的。因此，负责会议信息收集、整理和发布等信息处理的工作人员，要有严肃、认真、负责的态度。

（2）实效性

会议信息的实效性是指会议信息发展、传递、加工、利用的时间间隔及其效果。一个有价值的会议信息，如果传递速度过慢，就失去了实效，成了滞后信息，从而失去了价值。从某种意义上来说，会议信息的价值取决于信息的实效性。

（3）可加工性

会议信息应具有可以归纳、综合和精炼、浓缩的特征，从而便于人们更好地利用它。会议信息的可加工性表现为：能将繁杂的信息总结成简明扼要的材料，呈送领导作为决策时的参考。将篇幅较长的公文材料，用内容提要的形式进行浓缩，提炼事情的梗概、要点和主要精神，以便信息接收人参阅。

（4）可传递性

会议信息应该可以通过各种渠道和手段进行传播和传递，甚至还可以将一些信息转化为符号、标语、图片等，通过人员传递、媒体传递、电子技术传递等方式进行空间传递。通过文字、录音带、照相胶片等多种手段进行储存，实现时间上的传递。

（5）可共享性

会议信息一经传播、扩散，大家便可以共享，共同利用会议信息所提供的有价值的内容，利用会议信息的可共享性，可增加信息的扩散面，提高会议效率。

2. 会议信息收集的程序

（1）确定会议信息的收集范围

任何在会议活动中产生和使用的有参考价值的文字、图像、声音、视频以及其他各种形式的信息记录都属于信息收集的范围，包括会前、会中和会后产生的所有文件材料。

而在会议进行过程中，则主要是指收集与会人员到会情况信息和与会人员在会中交流的信息。本任务中所涉及的会议信息收集工作，主要是指对会中产生的信息进行收集。

具体来讲，在会议过程中，要收集的会议信息主要包括：有关会议内容的文件，如会议议程、讨论提纲、各种报告和发言材料、会议记录、议案、决定、决议；有关会议宣传报道的文件，如会议宣传提纲、新闻发布会上的介绍材料、新闻发布会稿件，包括报刊上刊登新闻版面、会议简报；有关会议管理与服务方面的文件，如各种名单、票证、报告、簿册、会议总结；各种形式的文件材料，如会议文件的定稿、会议通过的正式文件及其附件、会议所有正式语言书写或翻译的文本、重要文件的草稿、讨论稿、送审稿、草案、修正草案等。

（2）会议信息的收集渠道

会议信息的来源广泛、内容丰富，涉及会议的各个环节，因此需要通过各种渠道去获取准确全面的会议信息。

会议信息收集的渠道主要包括：向全体与会人员收集文件；向会议的领导人、召集人和发言人收集文件；向有关的工作人员收集文件，如会议的记录人员、文书起草人员；收集各种会议记录，如主席团会议记录、主持人会议记录、分组会议记录等。

（3）会议信息收集的方法

收集会议信息是一项烦琐复杂的工作，需要采用科学合理的方法去收集，常用的收集方法有以下几种：

①座谈会。召集能提供信息的人开会，以座谈会的形式收集与会人员的意见和建议，是收集信息的一种有效的方法。

②提供书面材料。信息提供者以书面形式提交信息。

③个别约谈。通过个别约谈相关人员，当面向他们收集信息。

④会务人员直接负责收集。一般小型的内部会议，参会人员较少，可以请会议主持人在会议结束前统一要求，会务人员在会议室门口直接收集需要提交的文件。

华夏企业协会举办了"华夏公司融资操作研讨会"，此次会议邀请了国内一批顶尖的经济学家、管理学家到场发表演说，各大媒体闻风而动，齐聚会场。秘书小李负责会议的信息管理工作。她因事先对情况估计不足，当许多记者向她索要新闻稿、宣传资料、专家讲座大纲时，无法满足对方的要求，协会领导向她询问各大媒体对会议的报道情况时，她也没有做好简报收集、留齐各种资料，无法为领导提供适用的信息。

问题：1. 案例中秘书小李的工作有何疏忽之处？
　　　2. 请你简要说一说会议信息收集主要有哪些工作任务？

3. 会议信息收集的反馈处理

（1）向领导反馈与会者对会议议题的意见与建议

这直接关系到会议决策是否能达成，关系到会后工作是否能及时、完整地贯彻执行。特别是出现一些带有重要动向性、倾向性、苗头性、政策性的意见，应及时向领导予以反馈，以便领导了解与会者的思想动态，开展调解工作。

（2）向相关领导反馈与会者对会务工作提出的问题

会务人员对能解决的问题应及时予以解决，对不能在短时间内解决的问题，应和与会者沟通后协商解决。

任务解析

回顾案例：

某某学校建校50周年庆典活动中，上级部门领导发表了重要讲话，学校领导对学校50年取得的成就进行了总结回顾，并对未来做出了美好的展望，老校友们对母校取得的成绩感到欣慰，并对学校今后的办学思路提出了自己的宝贵意见。如果你是会场服务工作人员小杨，将如何写好会议记录？并请你就庆典过程中大家提出的意见与建议做好信息收集、反馈工作。

案例分析：

会议过程中，会议记录工作是会场服务必不可少的任务之一。有关于会议记录的撰写工作，在本书项目八中将进行详细阐述，此处不再赘述。

而在会场服务过程中，另一个比较重要的任务则是对会议信息的收集工作。及时有效地向领导反馈与会者对会议议题的意见和建议，关系到会后工作是否能够及时完整地贯彻执行，对于会议效果的达成有着非常重要的作用。

此次建校 50 周年庆典中，小杨作为会场服务工作人员，对信息收集工作进行了如下安排：

一、明确信息收集范围

此次活动各方主要就学校未来发展问题提出了意见和建议，信息收集的范围主要包括三个方面：一是会议的讨论提纲、领导及与会人员的报告和发言材料、会议记录、议案、决定等；二是庆典活动宣传报道相关文件，如会议宣传提纲、新闻发布会上的介绍材料、会议简报等；三是会议文件的草稿、讨论稿、草案等。

二、确定信息收集方法

1. 座谈会。可以召集会议主要参与人员举行小型座谈会，以座谈会的形式获取与会人员的意见和建议。

2. 填写问卷。由于参会人数较多，如需知道大部分与会人员的意见，可以事先设计好一份调查问卷，在会议结束前请全部或选取一部分参会人员填写，这样有利于更全面地了解与会人员的意见和建议。

3. 个别约谈。对会议重要领导可进行单独交流，收集其对会议的意见和建议。

4. 会务人员直接负责收集。在会议结束前，会务人员可在会议室门口直接收集需要提交的文件。

5. 与会议记录人员保持良好的联系与沟通，及时收集会议记录、简报等内容。

信息收集完毕后，及时与学校主要领导进行反馈，以便于后续工作的展开。

巩固拓展

某某老年协会将于近期召开发展论坛，届时将邀请相关政府部门、当地养老机构、养老相关企业的领导参会。会议期间，由于前期筹备工作做得不够细致，与会人员有很大的意见。请你谈谈如何做好信息收集工作，以便找到解决问题的办法。

任务三
会议中的后勤服务

【知识目标】

◇ 掌握会议后勤服务中餐饮服务的基本工作流程及注意事项。
◇ 掌握会议交通服务安排的工作流程及细节安排。
◇ 了解会议娱乐休闲活动安排的要点及注意事项。

【能力目标】

◇ 小组合作，能独立完成餐饮服务、交通服务、娱乐休闲服务的安排工作。
◇ 能够独立完成一份完整的会议后勤安排计划书。

【素质目标】

◇ 通过小组合作的方式，培养学生自主学习的能力，提升学生职业素养。

　　中国国际老年产业博览会，是全国首批创展的老年行业贸易交流大会，历经多年的砥砺发展，现在已经是我国效益最好的老年行业盛会。多次联合相关单位、行业组织、协会及企业开展，同期植入多场发展交流论坛。20××年9月23—27日，在中国国际展览中心再次盛大开展，50余国家及地区的800余家单位及企业携产品出展。近200个相关民政单位，全国5000余家养老机构报名参与。某高校作为分会场，将承接博览会为期3天的发展交流论坛。该论坛邀请了全国知名养老专家20余人（包括民政部门、养老协会、各大高校行业专家），根据报名人数，已知参会人员200人。

一、会议餐饮服务

　　时间在一天或一天以上的会议，一般都需要安排会议用餐，如果会议时间在两天以上，还需要安排早餐，早餐一般采用自助餐的形式。会议餐厅的选择，原则上安排在与会人员下榻的酒店。如会议场馆选择在酒店，也可安排在会议场馆所在的酒店餐厅。

　　餐饮服务是会议进行阶段不可缺少的部分，合理安排会议餐饮有利于促进整个会议的顺利进行。会议期间的用餐还能增进会议人员之间的认识和了解，为大家提供一个社交平台。

1. 会议中常见的几种餐饮形式

（1）宴会

宴会为正餐。宴会有国宴、正式宴会、便宴之分。按举行的时间不同，又有早宴、午宴、晚宴之分。其隆重程度、规格以及菜肴的品种与质量等均有区别。一般来说，晚上举行的宴会更为隆重。

（2）招待会

招待会是指各种不备正餐的较为灵活的会议宴请形式，备有食品、酒水饮料，通常不安排席位，可以自由活动。常见的有冷餐会、鸡尾酒会等。

（3）茶歇

茶歇是一种简便的招待形式，如图7-3所示。举行的时间是：在上午会议的10点，下午会议的4点左右。

（4）会议进餐

按会议进餐时间可以分为会议早餐、会议午餐、会议晚餐。

2. 会议餐饮的要求

（1）饮食卫生

餐饮服务工作的重中之重就是饮食安全问题，饮食安全的第一位则是饮食卫生问题。会议接待部门应按照有关食品卫生的要求和规定，采取有力措施，实施严格管理，确保与会人员的饮食安全，这样才能保证会议活动的顺利进行。

（2）规格适中

会议主办方应根据预算确定会议合理的饮食

图7-3　茶歇

规格，饮食标准应由会议的领导机构确定，贯彻勤俭节约的原则，反对大吃大喝和铺张浪费。

（3）照顾特殊

会前，会议组织者应及早了解与会人员的基本信息，如果与会人员中有外宾或少数民族代表或其他有特殊饮食要求的人员，应尊重他们的饮食习惯和宗教信仰，尽可能地满足他们的特殊饮食要求。

3. 会议餐饮服务的基本工作流程

（1）设计方案

会议餐饮服务要根据会期长短及会议的整体要求，事先设计出一套详细的餐饮工作方案。方案内容应包含以下几个部分：

①就餐时间。根据会议活动的作息时间综合考虑用餐时间。

②就餐地点。根据就餐形式的不同，可以安排不同的就餐场所。

③就餐标准。就餐标准应具体到早、中、晚三餐的具体安排。

④就餐形式。根据会议实际情况，确定就餐方式，可以是自助餐、个人分餐或同桌共食等方式。

⑤就餐组合方式。就餐人员一般有两种组合方式：一种是自由组合形式，这种方式可以方便与会者利用就餐时间得到更广泛的交流；另一种是按会议的固定编组就餐，这种方式更便于管理。

⑥就餐凭证。就餐凭证可分为三种方式：一是提前印发就餐券；二是可以凭会议证件就餐；三是在与会者下榻酒店就餐，可凭房卡就餐。如图7-4所示。

图7-4　就餐凭证

⑦安全措施。保证饮食安全的具体措施。

（2）预订餐厅

在确定会议用餐地点时，应综合考虑以下因素：

①餐厅大小。餐厅规模是否能够容纳会议所有就餐人员，包括会议工作人员。

②卫生条件。餐厅的卫生条件是否达到规定的标准。

③菜品质量。饭菜品种和质量能否达到要求。

④距离。餐厅与会场以及与会人员驻地的距离是否适当。

⑤价格。餐饮价格是否符合预算，是否合理。

（3）印发就餐凭证

为加强就餐管理，大中型会议可以通过发放餐券或要求凭会议证件进入餐厅的方式来统计就餐人数。餐券一般在报到时随会议用品一起发放。

（4）统计就餐人数

就餐人数的统计是为了有针对性地准备食物，避免出现备餐不足或过多等情况。就餐统计人数一般以会议签到的人数为依据。会议主办方必须正确统计就餐人数，并提前与酒店做好协调工作。

（5）商定菜谱

根据每餐用餐形式的不同，商议不同的菜谱。同时菜谱的确定还需严格依照经费预算。提前与餐厅商定一份科学合理的菜谱，并尽可能满足外宾、少数民族等人员的特殊饮食需求。

（6）餐前检查

在用餐前，要对饭菜数量、质量、卫生状况等进行必要的检查，如发现问题，应及时

解决。

（7）餐后反馈

用餐后，应积极主动听取与会人员对餐食质量及餐厅服务态度的意见，重视反馈环节，以便在后面的服务中及时改进。

二、会议交通服务

会议交通主要是指与会者到达会议地点的地面交通以及会议期间所涉及的交通，其范围较广。对于会议组织者来说，主要是指与会者抵达会议举办地之后的交通安排。会议交通服务是一项非常重要的工作，只有有了良好的交通服务做保障，会议才能有序进行。

1. 会议交通服务的基本内容

（1）准备会议用车

一般情况下，可使用本单位车辆，当遇大中型会议，本单位车辆无法满足接送任务时，可调用其他单位车辆或者租用车辆。会议车辆的租借工作，应严格遵守必要与合理的原则，既要保证会议用车，又要符合节俭的原则。

（2）拟定会议用车纪律

建立规范严格的用车纪律，在规定用车的范围和任务内，履行报批手续。大会用车或大会工作机构用车要提前预订，并履行必要的审批手续。参会人员办理与会议无关的公务和私事，原则上不提供车辆。

（3）合理调度会议用车

会议组织者应根据与会人员的身份、规模等确定交通用车。可将人员事先进行编组，尽可能做到车辆固定，比如某一小组乘坐一号车，则在整个会议期间，这些人都固定乘坐一号车，这样有利于乘车工作的有序开展和人员的安全。

2. 会议驾驶员管理

①应将会议用车安排表提前发给每一位司机，并提前一天告知司机第二天的用车计划，尤其是当会议安排出现变化的时候，一定要立即和司机进行沟通告知。

②在每辆车上都应配备一名会议工作人员，一般情况下，司机应听从工作人员安排，双方做到互相尊重、互相配合。

③对司机进行行车安全教育，行驶过程中注意慢行礼让，不为一时争先而造成交通事故。

④尽可能保证司机的休息时间，避免疲劳驾驶而引发交通事故。

3. 会议用车安全管理

安全工作是会议工作的重中之重，会议交通安全的管理工作，任务繁重，责任重大。特别是大中型会议，停驶集中，交通管理复杂，为了保证交通安全，必须做好车辆管理、交通指挥、道路管理和相关人员的安全教育工作。

①会场和下榻酒店附近，都必须有足够规格的停车场，所有会议用车按照规定停放在指定位置，不得随意停放。

②进出车辆线路应提前规划，由专门人员负责指挥，行车线路必须明确划分，要做到人车分离，不能混行。

③对车辆做好日常检查和维护工作，在出车前、出车途中和回场后对车辆例行检查，保持车况良好，车容整洁。

4. 会议车辆停放管理

会议车辆的停放管理，主要任务是指挥到会车辆的集结与疏散，维护停车秩序，保证行车安全与畅通。

车辆停放管理工作应从以下几个方面入手：

（1）准备好停车场地

会议工作人员应根据会议的性质和规模，充分估计车辆情况，如车类、车型及数量等，在此基础上考虑所需停车场地的大小，按照分类停放、保证重点、照顾一般的原则，划分停车区域，确定停车方法，确定来去的行驶路线。

（2）确定指挥停车方法

与会人员驾车到达会场后，交通调度人员指挥现场停车，根据实际情况，可采用三种不同的形式。一是当会场门前停车场地宽阔时，可以指挥车辆进入停车场地停车，客人下车；二是停车场地狭窄，乘车人又需要在会场门前下车的，就要指挥车辆在会场门前停车下客，待客人下车后，立即指挥车辆到指定的地点停放；三是首长、外宾活动，场所门前不便停车的，应事先在附近选择临时停车场，待首长、外宾下车后，指挥车辆到指定地方停放。

（3）停车原则

车辆停放，应坚持五先五后原则：先外宾，后内宾；先小车，后大车；先重点，后一般；先车队，后单车；先来停近，后来停远。

三、会议休闲服务

会议期间，会议组织者可适当为与会人员安排一些娱乐休闲活动，这样一来可以为与会人员相互之间提供沟通的平台，有利于会议取得更多的成果；二来可以帮助与会人员摆脱会议环境造成的精神和心理压力，消除开会的疲劳，提高会议效率。

1. 确定休闲安排的原则

①配合会议主题。会议休闲活动内容的安排应紧密配合会议的主题，寓教于乐。

②照顾与会者的兴趣。会议安排娱乐休闲活动，很大程度上是为了使与会者放松心情，因此在项目的选择上，应充分尊重大多数与会者的兴趣爱好。

③尊重与会者的宗教信仰和风俗习惯。休闲娱乐活动的安排，应充分考虑与会者的宗教信仰和风俗习惯，避免因政治内容或宗教信仰、风俗习惯等问题引发不必要的冲突。

④体现民族特色与传统文化。活动安排应在上述原则基础上，尽可能体现会议主办地的特色文化。如是国际会议，则应选择能体现会议主办国的民族特色和传统文化的节目，

一方面，可以对与会者表示尊重和友好；另一方面，也弘扬了当地的文化传统。

⑤考虑接待能力。要考虑休闲娱乐活动场所的接待方是否有足够的接待能力。有些项目虽然形式较好，但是如果当地的接待能力有限，就不能选择这一参观项目，应及时做出调整。

2. 休闲活动安排的基本步骤

①做好计划工作。主要包括休闲娱乐活动的具体时间、场所、交通、行程安排等，并将计划提前告知参与人员，让他们做好思想准备和物质准备。

②联系接待单位。活动形式确定后，应及时与接待单位取得联系，以便做好接待、介绍的准备。如对方无法接待，要及时更换项目；如是旅游参观项目，也可委托信誉良好的旅行社实施。

③落实交通工作。活动开始前，应详细统计参与人数，安排好来回接送的车辆。可将参观对象进行分组，固定车辆，并注意上车后清点人数，避免漏接漏送。

④安排食宿。如休闲娱乐活动时间在一天以上的，还必须提前安排好食宿。

⑤安排陪同人员。安排重要嘉宾外出，应派身份相当的领导进行陪同。如果是游览，应配备导游进行全程讲解。

任务解析

回顾案例：

中国国际老年产业博览会，是全国首批创展的老年行业贸易交流大会，历经多年的砥砺发展，现在已经是我国效益最好的老年行业盛会。多次联合相关单位、行业组织、协会及企业开展，同期植入多场发展交流论坛。20××年9月23—27日，在中国国际展览中心再次盛大开展，50余国家及地区的800余家单位及企业携产品出展。近200个相关民政单位，全国5000余家养老机构报名参与。某高校作为分会场，将承接博览会为期3天的发展交流论坛。该论坛邀请了全国知名养老专家20余人（包括民政部门、养老协会、各大高校行业专家），根据报名人数，已知参会人员200人。

案例解析：

该高校接到任务后，与博览会主办方进行了详细的沟通，确认了此次作为发展交流论坛的分会场，所要承接的任务是安排到会专家在会议期间的所有行程，同时保证3天论坛的顺利进行。明确任务后，该高校负责人陈某立刻成立了会务组，并对人员进行了明确的分工，指派老年产业学院院长王某担任会议后勤保障组的组长。王某接到任务后，立即投入了工作。王院长对会议后勤服务工作进行了详细的策划，具体安排如下：

一、会议餐饮服务

1. 确定餐饮服务工作方案

发展交流论坛于9月23—27日召开，会期5天。因为参会的20位专家经确认入住在学校附近的北京国贸大酒店，据此确定会议期间的早餐、晚餐由北京国贸大酒店餐饮部提供，午餐由学校食堂提供自助餐。因发展论坛的特殊性，在论坛期间，除了20位专家的饮食安排外，还涉及100位参会人员的午餐问题，经讨论，每天早晨会议开始前，由后勤服务组统计中午参会人员就餐人数，为参会人员提供盒饭，盒饭由学校食堂准备。会前，后勤服务工作组确定了餐饮服务工作方案，具体如下：

①就餐时间。早餐：7：30—8：30，午餐12：00—13：00，晚餐18：00—19：00。

②就餐地点。早餐及晚餐在北京国贸大酒店自助餐厅，午餐在学校二号食堂。

③就餐标准。早餐包含在房价中，根据酒店统一标准提供。午餐标准是50元/人，晚餐标准是180元/人。就餐标准根据会议经费预算中的餐饮部分内容确定。参会人员中午如需盒饭，需提前预订，费用自理，费用为20元/人。

④就餐形式及组合方式。全部采用自助餐的形式，对20位专家不进行分组，就餐可自行组合，也方便相关专家之间的交流沟通。

⑤就餐凭证。早餐凭服务员发放的酒店早餐券就餐，午餐和晚餐凭代表证就餐。会议工作人员应提前告知专家组佩戴代表证。餐会人员预定午餐后，凭发放的纸质就餐凭证前往学校二号食堂就餐。

2. 宴会安排

为了对专家组表示欢迎，某高校定于29日晚以学校的名义在北京国贸大酒店宴会厅和韵厅宴请20位专家。有学校正副校长、学院正副院长共4人进行陪同。宴会安排主要涉及菜单的确定、座次的安排。具体安排如下：

（1）宴会菜单

20位专家来自全国各地，在设计菜单时，应尽可能照顾大多数人的饮食习惯，同时兼顾个别人的特殊饮食习惯，在此基本上，突出北京菜的特点。在设计菜单的时候，还应考虑菜肴的品种搭配、季节特征等因素，在经费预算的范围内，设计能够体现当地特色的菜单。

（2）座次安排

此次宴会参加人员为20位专家，学校正副校长、学院正副院长4人，共计24人，根据实际情况，每桌8人，共分成3桌。主桌放中间，3桌呈三角形。学校正副校长作为宴会主人坐在主桌上，根据专家身份确定主位，学校领导坐主位右侧，具体按照"以近为上，以远为下；以右为尊，以左为卑"的原则安排主桌就餐人员的座次。具体座次安排可根据现场实际情况进行调整。其他两桌由正副院长作为主陪人员，座次安排参照主桌。

二、会议交通安排

因此次分会场仅负责5天的发展论坛，考虑到实际情况，本次的会议交通安排主要涉及酒店往返学校的接送工作以及休闲娱乐环节的用车安排两个方面。

由于人数较少，故会议后勤工作组提前安排了一辆30座的大巴车，该大巴车由学校提供，工作组事先与学校车队进行了沟通，确定了具体车辆及司机。同时配备一辆7座商务车及司机一名，以备会议不时之需。会议用车合计大巴车一辆、商务车一辆、司机两名。对于前来参会的100名参会人员，交通自行解决。

工作组提前记录两位司机的联系方式和车牌号码，并提前将出车时间、集合地点等安排告知司机。对司机做好安排教育，提醒他们在每次出车时检查好车辆情况，注意行车安全。同时做好应急方案，如在用车过程中发生突发事件，工作人员应及时启用备用车辆，负责会议用车工作。

对于驾车来参加会议的与会人员，可将车有序停于学校停车场，由学校保安负责统一指挥。

三、会议休闲娱乐活动安排

为了增进专家之间的了解，也为了让专家们劳逸结合，在征得大部分专家的意见后，后勤服务工作组特在9月25日上午安排专家参观故宫博物院。工作组提前一天为专家们进行了网上购票，并安排好了具体参观路线，参观活动由老年产业学院院长陪同，并为专家们提供专业景点讲解。具体安排如下：

①出发时间。9月25日上午8∶00。

②出发地点。北京国贸大酒店正门。

③车辆信息。会议用车，车牌号：京D×××××。

④午餐安排。品尝北京特色菜肴——北京烤鸭。

⑤午餐后返回，将专家们送往酒店，自行休整。请工作人员在整个参观过程中务必随队参观，在每次发车前务必认真清点人数，避免漏接情况的发生。

巩固拓展

某学院举行校庆活动期间，需要安排到会嘉宾共计200人的会议后勤服务，许多老校友对熟悉又陌生的校园感慨万千，还提出了要参观校园的要求，如果你是会议工作人员，你会怎么安排此次校庆活动的后勤服务？

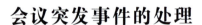

任务四

会议突发事件的处理

【知识目标】

◇ 了解会议突发事件的特点。

◇ 熟悉几种常见会议突发事件的处理方法。

【能力目标】

◇ 在小组合作的基础上，能独立完成一份会议突发事件处理方案。

【素质目标】

◇　通过情境演练的方式，培养学生小组协作能力，提升学生职业素养。

　　某养老院准备举行一次中秋节团圆联欢会，邀请入住老人家属到院参加中秋节联欢活动，养老院的工作人员及老人们事先排练了很多精彩纷呈的节目。到了中秋节当天，会场气氛热烈，老人们的节目获得了阵阵掌声。突然之间，一位老人在表演舞蹈时脚扭了一下，当场摔了下来，会场上一片骚动，为了能使活动顺利进行下去，张院长安排会务组小陈立即去处理这件事情。

　　如果你是小陈，你应该怎么处理这件事情？

一、会议突发事件的基本定义

　　会议突发事件是指在会议过程中发生的、无法预料的、难以应对的，必须采取非常方法来处理的事件。

　　虽然在会议举行前期，我们已经做了大量的准备工作，但是在会议进行过程中，仍然会有一些突发情况发生，在这个时候，预先做好突发事件处理预案就显得尤为重要。

二、会议突发事件的处理

1. 会议突发事件的特点

（1）突发性

事件是否发生，什么时间、地点，以什么样的方式发生，以及发生的程度等情况，人们难以准确地把握。

（2）危害的严重性

突发事件造成的损害有直接损害和间接损害。这种损害性不仅体现在人员的伤亡、财产的损失和环境的破坏上，而且体现在突发事件对社会心理和个人心理所造成的破坏性冲击，进而渗透到社会生活的各个层面上。

（3）变化发展的不确定性

突发事件发生后，事态的变化、发展趋势以及事件影响的深度和广度不能事先描述和确定，难以预测。

（4）处置的紧迫性

突发事件的合理处置十分重要，关系到社会、组织或个人的安危。对突发事件的反应越快，反应决策越准确，突发事件所造成的损失就会越小。

2. 会议常见突发事件预防及应对措施

具体见表7-8。

表7-8 会议常见突发事件预防及应对措施

突发事件类型	突发情况	预防与应对措施
人员问题	发言人、参加者或关键代表缺席或无法按时到会，致使会议无法按时开始，或者造成参会人数不足，从而影响会议的规模、财务收支和公共关系	发言人不能按时到会，可以考虑找人替代，甚至临时修改会议议程；可以临时额外给每位发言人10分钟自由提问时间，以弥补发言人的缺席
健康与安全问题	突发火灾、地震等危险事件，安全通道和消防通道不畅通；参会人员患有严重的疾病；由于天气等原因，参会人员出现休克、突发心脏病、脑出血等危重病情；参会人员出现食物中毒等	加强会前的检查，必要时要组织应对突发性的火灾、地震等各种灾害的演习，要派专门人员负责把守安全通道，有条件的单位应充分利用会场的监控摄像系统，以便随时掌握会场的方方面面和各种突发情况。此外，各种大中型会议事先要安排好医护人员在会场应急，同时还要加强会议的值班工作
行为问题	发言人行为不当或某些参会人员行为不当等	审核发言人以往的情况，并在发言前加强与其沟通、交流，必要时请某些行为不当者暂时离开会场
设备问题	会场的扩音设备、灯光、投影机或录音录像设备等缺少或出现故障	加强会前检查与调试，准备好维修师的姓名、电话和地址，还应详细了解本地可以租到或购买相应设备的公司名称、电话和具体地址
场地问题	制冷、取暖设备或通风系统出现故障，有时会议场所会因某种原因不可使用，这就需要临时找能替代的场所	会前准备好维修师的姓名、电话和地址，并及时与之联系。如果会议场所因某种原因不可使用，可临时找附近的大礼堂、电影院、剧院和报告厅等应急
资料问题	参会人员超出既定人数，或是由于会议资料印刷质量欠佳，出现会议资料不足的情况；或是由于各自原因，会议资料无法按时送到会议地点	秘书要随身带一份会议活动安排及会议需要使用文件的原稿，以便在会场附近随时复印；若会议资料无法按时送到会场，秘书应及时通知并催促相关工作人员
应急人员	对可能出现的问题缺乏预见，未能安排相应的人员和物资，造成问题扩大	会前和会中提醒应急组织和人员随时做好工作准备，并备有其联系方式
车辆短缺	在接站、送站以及会场转场时，车辆短缺造成参会人员长时间等待，影响会议进程	加强会前检查，准备足够的应急车辆，提醒司机随时做好准备，并备有其联系方式
指挥混乱	会议的组织协调工作出现问题，会议流程衔接不当，会议信息无法及时进行传递	会前进行适当的突发事件演练和模拟，检验会议指挥沟通系统的灵敏性

　　某公司举办大型服装新品展销会，与会者是来自各大公司的老总或经理。本次活动得到了媒体的广泛关注。当地政府也对此产生了浓厚的兴趣。该公司也向当地政府发出了邀请，由副市长代表参加并致辞。展销会开始当天早晨，副市长秘书打来电话，因副市长有一紧急会议需要参加，没有办法前来参加展销会。会议主办方顿时慌了神，不知该如何救场。

　　问题：1. 如果你是会议主办方，遇到这种情况你会怎么做？
　　　　　2. 你认为应如何正确处理会议中的类似情况？

3. 处置突发事件的基本要求

（1）及时报告

突发性事件发生之后，会场相关的工作人员要马上将事件发生的时间、地点、经过、危害程度等情况及时向单位领导汇报，涉及某些部门的事件先向其部门领导汇报，然后再向单位的主管领导汇报。

（2）提前采取应急处置措施

必要时应拨打救护、消防等单位的电话，迅速组织人员急救，组织保护现场，积极抢险救灾，做好赴现场所需物品的保管和日常维护工作。

（3）做好善后工作

事件处理工作结束后，写出事件处理经过，报领导审阅后归档。

（4）大胆果断，细致稳妥

处理突发事件，既要大胆、果断，又要注意细致、稳妥。

任务解析

回顾案例：

　　某养老院准备举行一次中秋节团圆联欢会，邀请入住老人家属到院参加中秋节联欢活动，养老院的工作人员及老人们事先排练了很多精彩纷呈的节目。到了中秋节当天，会场气氛热烈，老人们的节目获得了阵阵掌声。突然之间，一位老人在表演舞蹈时脚扭了一下，当场摔了下来，会场上一片骚动，为了能使活动顺利进行下去，张院长安排会务组小陈立即去处理这件事情。

　　如果你是小陈，你应该怎么处理这件事情？

案例分析：

　　举行会议之前，尤其是在养老院，会议期间的健康与安全问题尤为重要，应做好详细的突发事件处理方案。小陈根据以往养老院的活动情况，在会前设计了会议突发事件处理方案。

　　某养老院中秋联欢活动突发事件处理方案：

　　为确保中秋联欢活动顺利进行，严防各类事故，尤其是健康与安全事故的发生，根据联欢活动的相关情况，特设此次会议突发事件处理方案，方案内容如下：

一、发生火灾事故

1. 当火源不大时，当事人或目击证人应采取及时有效的灭火措施，并向后勤和保安处汇报。

2. 发生重大火警时，则应先拨打 119 报警，向院领导汇报，通知会议中心工作人员立即拉闸，切断楼层总电源。

3. 协助保安及会议工作人员及时疏散客人，保证有序快速，确保所有人员撤离至安全地带。

4. 事后，相关人员应积极配合有关部门，调查事故原因。

二、发生重大疾病

会议组织人员或目击者应立即组织医疗部门医生对病人进行急救，无医学常识者，切勿轻易施行救助，以免发生二次伤害。同时立即将病人的情况向院长汇报。如遇特殊情况，要及时将客人送至医院抢救，拨打 120，并通知病人家属。

三、突然停电

如果在联欢活动中突遇停电，应先稳住现场秩序，请大家在原位保持不动，不要惊慌，切不可在黑暗中慌忙撤离。指派工作组人员做好现场物品的保管和维护工作，立即上报情况，并与电力部门取得联系，争取在最短时间内排除故障。

针对此次中秋联欢会的突发事件，小陈做出了如下应急处理：

1. 立即通知会议医疗保障小组到现场进行急救。

2. 安排会议工作小组专人负责维护会场秩序，同时协助会议医疗保障小组医生进行抢救。

3. 经检查，发现老人无明显骨折情况，将老人送回房间休息。会场联欢活动继续进行。

4. 关注老人的情况，由专人在房间陪同。随时向院领导汇报老人的情况，请求领导指示。

5. 为保万无一失，也可安排老人去医院进行全面的身体检查，排除潜在危险。

巩固拓展

临近年末，某大型养老机构将举行一次员工年会，年会选在希尔顿宴会厅举行，该大型养老机构共有职工 300 人，在年会过程中，突然停电了。根据该情境，请你拟定一份会议突发事件应急处理方案，并以小组为单位演练处理该突发事件的详细过程。

项目八　养老机构会议文书工作

【知识目标】

◇　了解各类养老机构会议文书定义。
◇　理解各类养老机构会议文书的特点和应用场合。
◇　掌握各类养老机构会议文书的写作格式方法。

【能力目标】

◇　能够理解各类养老机构会议文书，提炼主要内容。
◇　能够根据会议的需要，完成相关会议文书的写作。

【素质目标】

◇　运用小组协作的学习方法，巩固会议文书工作相关的知识和技能。
◇　在会议文书工作的训练中，培养学生阅读、理解、写作会议文书的能力。

【思维导图】

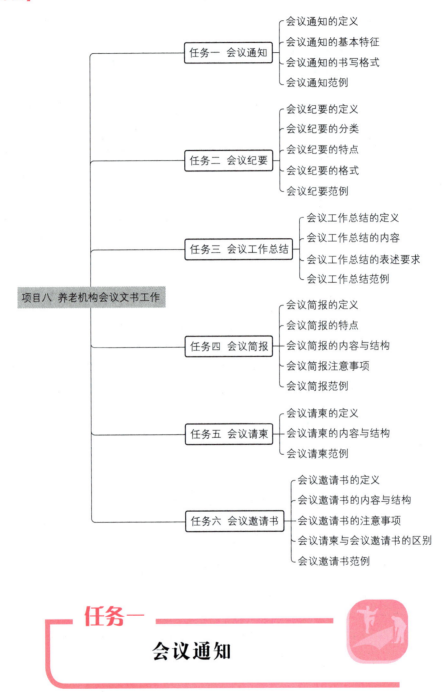

任务一 会议通知

【知识目标】

◇ 掌握会议通知的定义和基本特征。

【能力目标】

◇ 能够使用正确的格式编写会议通知，培养学生根据会议要求撰写会议通知的能力。

【素质目标】

◇ 培养学生会议通知写作功底，提高学生的职业素养。

　　20××年全国老年健康服务业年会即将于20××年×月17—19日在北京××饭店召开，会议由全国卫生产业企业管理协会老年健康服务业分会、中国医疗产学研创新联盟、北大医院等机构主办，由××文化传播有限公司承办。现在主办单位需要发布一则会议通知，告知有关专家和业界人员出席这次会议。

一、会议通知的定义

　　会议通知是指在基本完成会议准备工作后，上级对下级、组织对成员或者平级单位之间召开会议，部署工作，传达事情等所使用的通知文件。

　　根据会议通知的性质与内容不同，可以分为经济性会议通知、学术性会议通知和行政性会议通知等。

二、会议通知的基本特征

1. 形式多样

　　根据通知对象的不同，其表现形式也多种多样。对于不同性质的会议通知，如经济性会议通知、学术性会议通知和行政性会议通知，它们的形式也各有不同。会议通知可以是布告的形式，也可以是书信的形式。布告式会议通知一般针对的是单位内部人员，如学生、员工等。书信式的通知一般只发给参加会议的相关人员，格式像书信一样。不论哪种形式的会议通知，都只需言简意赅地写明通知的具体内容即可。

2. 内容简明扼要

　　会议通知往往篇幅很短，只包含必要的内容，如召开会议的时间、地点、与会人员和注意事项等，语言简明扼要，尽量避免繁杂冗长。

3. 时效性强

　　会议通知一般具有一定的时效性、临时性。同时会议通知的发布也应该有一定的提前量，这样有利于参会的单位或者个人做好准备。

4. 运用广泛

　　会议通知的主体具有广泛性。不论是国家机关、社会团体、企事业单位，几乎各行各

业都会用到会议通知。同时会议通知的具体内容也具有广泛性，大到世界性学术会议，小到基层单位研讨会，都可以发布会议通知。

三、会议通知的书写格式

会议通知一般包含标题、称呼、正文、落款四个部分。

1. 标题

会议通知的标题有完全式和省略式两种。一般情况下，会议通知的标题可以包含会议事由等信息，如《关于××××的会议通知》；也可以写会议名称，如《江苏国际养老服务博览会暨高峰论坛会议通知》；如果通知内容非常简单，也可以只写《通知》。根据会议的重要性和紧急程度，"通知"也可写作"重要通知""紧急通知"等。

2. 称呼

称呼位于标题下的第二行左边顶格写，用于告知本会议通知的对象范围，可以写参会者个人的姓名、职称，也可以是单位的名称，如果通知简短，根据具体情况也可以省略称呼。

3. 正文

会议通知的正文一般需要包括会议召开的时间、地点、会议的类型、目的、意义、参加会议的对象、对与会者的具体要求和注意事项等。

4. 落款

会议通知的落款一般分两行，写在正文的右下角，第一行署名，第二行注明日期。

四、会议通知范例

经济性会议通知

第×届中国老年健康与养老产业会议通知

中国老年医学学会定于20××年5月2—4日在四川省成都市举办"第×届中国老年健康与养老产业会议"。大会以"医养结合与科技养老"为主题，坚持以全面建设健康中国为目标、建立健全具有中国特色的医养结合专业服务体系；积极开展老年医学学术研究，搭建老年医学创新与转化平台；广泛开展医养、康养相融合的健康服务活动；深入推进老年医学学科建设；研发推广老年医疗健康信息服务平台、智慧健康养老产品和服务。

要求各分支机构积极参与，共同打造学术影响力和会员凝聚力越来越大的学术平台。各分支机构请紧扣大会主题设计主题论坛。

现将大会相关事宜通知如下：

一、会议名称：第×届中国老年健康与养老产业会议。

二、会议代表：国内外服务于老年医学、老年照护与健康养老事业的专家、学者、专业技术人员和健康产业从业人员。

三、会议时间：20××年5月2—4日。

四、会议议程：

1. 总体时间3天，安排5个时间单元进行学术交流（每个时间单元为半天）。

2. 5月2日9：00—23：00报到注册。

3. 5月2日上下午举办专题会、会前会、卫星会、主题论坛等。

4. 5月3日上午8：30—12：00为大会开幕式与特邀报告。

5. 5月3日下午，5月4日上午分会场举行30余个主题论坛。

中国老年医学学会
20××年1月9日

任务解析

回顾案例：

20××年全国老年健康服务业年会即将于20××年×月17—19日在北京××饭店召开，会议由全国卫生产业企业管理协会老年健康服务业分会、中国医疗产学研创新联盟、北大医院等机构主办，由××文化传播有限公司承办。现在主办单位需要发布一则会议通知，通知有关专家和业界人员出席这次会议。

案例解析：

案例中的会议是一个经济性的会议，会议的被邀请人是与会议相关的业界人士。会议通知的形式可以是布告式，也可以是书信式，由于受众广泛，没有特别限定参会人员，因此主办方应该采取布告的方式发布会议通知，让有意愿参会的人员看到通知后自愿报名参加。

因为此次会议通知中包含较多的内容，故不能简单地使用《通知》作为标题，应该在"通知"前加上会议名称等内容。

称呼位于标题下的第二行左边顶格写，用于告知本会议通知的对象范围。案例会议的参会者可以来自政府管理部门、老年服务部门，或者是社会机构，因此可以使用"各有关单位"作为称呼。

案例中的会议需要参会者自主选择参加与否，所以在会议通知主体部分的开头，首先应该对会议的主题和内容做一定的介绍，让参会者对会议有一个大致的了解，根据此决定是否参加会议。此外，正文中还应该包括会议时间、地点、主办机构、参会人员、报名方式、费用说明、联系方式等内容。

根据案例的会议通知如下：

20××全国老年健康服务业年会会议通知

各有关单位：

随着我国人口老龄化程度不断加深，老年医疗康复服务需求日益增长。目前我国老年医疗与康复人才缺乏，严重影响了老年健康服务的质量，制约了老年健康服务业的发展。

为推进老年医疗康复的发展，积极应对我国人口老龄化，借助全国卫生与健康大会的东风，全面落实《"健康中国2030"规划纲要》，促进健康老龄化，创建医养融合服务新模式，加快老年健康和养老服务体系建立和老年医疗康复人才的培养，经全国卫生产业企业管理协会老年健康服务业分会等单位研究，定于20××年×月在北京召开"20××全国老年健康服务业年会"，积极组织实施国家继续医学教育康复药学项目培训，利用协会雄厚的师资，让大家更快更好地掌握老年医疗和康复药学的最新技术，提高老年医学领域人才的医疗与康复水平。

　　现将会议有关事宜通知如下：

　　一、会议时间：20××年×月17—19日

　　二、会议地点：北京××饭店

　　三、组织机构

　　主办单位：全国卫生产业企业管理协会老年健康服务业分会、中国医疗产学研创新联盟、北大医院

　　承办单位：××文化传播有限公司

　　四、参会人员

　　全国卫生计生、民政、人社等相关部门领导；全国各级医疗机构、养老机构院长、主管院长；各级老年医院、康复护理院、综合医院老年科、护理部；社区康复中心、社会福利院（医院）、养老院、社区卫生服务中心负责人和业务骨干；老年保健疗养机构及养老产业投融资机构负责人。

　　五、学分授予

　　授予国家级继续医学教育I类学分6分，颁发国家级继续医学教育学分证书。

　　六、会议报名

　　参加学员请接到通知后将回执表传真会务组（或发邮件），会务组将在会前发布具体日程安排等。

　　七、相关说明

　　1. 会议统一安排食宿，交通费、住宿费自理。

　　2. 会务费：会员1000元/人，非会员1800元/人。

　　3. 发票开具：会议费用统一开具正式发票，内容为会议费。

　　4. 汇款信息：

　　户名：××文化传播有限公司

　　开户行：××银行

　　账号：×××××××

　　（汇款后，请将汇款凭证发送至邮箱××××@××.com）

　　八、联系方式

　　联系人：×××

　　电话：010 － ×××××

　　邮箱：××××@××.com

巩固拓展

某区老龄委员会办公室即将召开一次全区老龄工作会议，会议的目的是传达全市老龄工作会议的精神，研究如何做好今年的工作。会议时间定在本月 15 日下午 3 点，会议地点在区会议中心，会议主要内容有：传达市老龄工作会议精神；弘扬孝道文化，促进乡风文明；推进老年人综合保障工作等。

请你写一则会议通知，通知下属乡镇老龄办负责人按时前来参加会议。

任务二　会议纪要

【知识目标】

◇ 掌握会议纪要的定义、特点和分类。
◇ 了解会议纪要和会议记录的区别。

【能力目标】

◇ 掌握会议纪要的正确格式，培养学生根据会议内容撰写会议纪要的能力。

【素质目标】

◇ 培养学生会议纪要写作功底，提高学生的职业素养。

　　第×届老年流行病学学术会议日于 20××年×月 1—4 日在××城市召开，会议邀请到全国各地的专家学者共同交流老年流行病学术问题。专家学者在会议上充分交流，分别对"老年流行病学展望""临床流行病学在老年医学研究中的应用""老年人生活质量的研究""老年人社区医疗服务需求的现状及对策""社区养老模式的探讨""高龄人群及百岁老人长寿因素的探索"等六个主题展开深入的讨论，并取得了丰富的会议成果。

　　为了向社会各界展示此次会议的成果，需要通过会议纪要的形式，对本次会议的主要精神和基本情况进行传达。

一、会议纪要的定义

会议纪要是一种记录和传达会议的基本情况、议定事项和主要精神等内容的规定性公

文，是贯彻落实会议精神、指导工作、解决问题、形成共识、交流经验等的重要工具，是传达会议信息的重要媒介。

二、会议纪要的分类

会议纪要主要分为决议性会议纪要、协议性会议纪要和研讨性会议纪要。

1. 决议性会议纪要

决议性会议纪要主要用于记载和反映在会议中做出的重要决策，这种会议纪要用于传达和部署工作，对于之后的工作具有直接的指导作用，是具有执行效力的，常用于机关办公会议等，如市长办公会会议纪要、学校办公会会议纪要等。

2. 协议性会议纪要

协议性会议纪要主要用于记载会议有关的内容以及达成的协议情况，作为后续执行和履行职责的依据，起到了约束协议各方今后工作的作用。这种会议纪要常用于领导机关召开多部门协调会议或者不同的机关单位召开联席会议等。

3. 研讨性会议纪要

研讨性会议纪要主要用于记载经验交流会议、专业会议或者学术性会议等的研讨情况，与会者发表意见和见解，没有最终的表决或者决议。这种会议纪要旨在记录各方的主要观点，常用于专门的职能部门和学术机构所召开的专业会议或者学术性会议。

三、会议纪要的特点

1. 内容的纪实性

会议纪要是对会议内容的真实反映，不能脱离实际的会议内容进行再创作，不可以人为做拔高、深化和填平补齐等处理，否则就会违背会议纪要内容真实、纪实的要求。

2. 表达的要点性

会议纪要是根据会议情况总结形成的，撰写过程中应该着重体现会议的主旨和主要成果，而不是描述会议的过程。

3. 称谓的特殊性

由于会议纪要所反映的是与会全体人员的意志，因此通常采用第三人称的方式描述。主语一般是"会议"，例如"会议认为""会议决定""会议指出""会议要求"等。

四、会议纪要的格式

1. 标题

会议纪要的标题一般为"会议名称＋纪要"的形式。

2. 成文日期

成文日期可以用圆括号置于标题下，也可以放在文末。学术会议的会议纪要多发表于期刊中，故成文日期可以省略。

3. 主体

会议纪要的主体分为会议概况和会议主要精神两个主要部分。

（1）会议概况

会议概况位于会议纪要的开头，包含会议名称、时间、地点、与会人员、基本日程等。会议概况可以使用分条列项或者概述两种方式。分条列项的方式就是将会议的各个要素依次列出，使人一目了然。概述的方式则是将会议的要素用一整段文字表达概括出来，使人对会议情况有一个基本的了解。

（2）会议主要精神

会议主要精神是会议纪要的核心部分，集中反映了会议的基本精神和议定事项，这也是要求与会单位和有关各方面在会后能够全面贯彻落实会议精神的法定依据。对会议主要精神的介绍，是要转述会议中取得的共识，形成的决议。这一部分内容必须严格按照会议实际内容记录，尊重会议的精神实质，不能将记录者的个人见解掺杂其中，随意增减内容，甚至借题发挥。内容的纪实性是会议纪要的基本原则。但是在保证纪实性的同时，还需要注意会议主要精神是对会议内容的提炼和概括，它需要反映会议的讨论情况，但又必须综合会议内容，提炼概括，而不是会议的全面重复。

会议主要精神的记录方式可以分为条款式、概述式、归纳分类式和发言记录式。

条款式将会议的决定事项用条款的方式依次列出，冠以标号，一个事项写一条。这样的好处是简明扼要，有条理性，适用于部署工作会议、办公会议和工作协调会议。以条款的方式列明便于落实责任，督促检查。

概述式多用于研究问题较为集中单一的会议，把讨论的结果概括为几个方面。

归纳分类式用于涉及内容广、讨论问题多的一些工作会议。这种记录方式会按照讨论的问题、一定的事项进行分类整理，分序号、标题进行叙述。每个序号、标题下，再根据内容多少分段或者分条记录。

发言记录式多用于学术会议、讨论会等讨论问题单一的会议，可以按照与会人员的发言进行整理；有些日常例会研究问题较多、较具体，也可以按照议题的顺序，以发言式记录。

五、会议纪要范例

决议性会议纪要

××区老年体育工作会议纪要

（20××年××月××日）

20××年××月××日，××区政府副区长张××主持召开研究加强全区老年体育工作会议。区政府副秘书长×××、区体育局和区老年体育协会负责同志参加会议。会议听取了区体育局和区老年体育协会关于老年人体育工作情况的汇报。会议认为，近年来，在有关机关的不懈努力下，全区老年体育工作取得了不错的成果，在下一阶段，全区老年体育工作要按照党的精神和区委关于建设文明旅游区的决定，坚持与发展旅游、发展文化、拓展健康养生事业相结合，科学应对人口老龄化问题，不断改善发展老龄事业，建设养老体系，全面提升老年人生活质量。会议议定以下事项：

一、积极建设新的老年体育健康格局。乡镇政府和相关部门尤其是体育部门要认真按照国家体育总局、发改委等部门联合印发的《关于进一步加强新形势下老年人体育工作的意见》的要求，对老年体育工作予以足够的重视和支持，大力协调服务，积极构建"政府主导，各尽其职，协会组织，民间支持，关注基层，面向全体"的老年人体育工作格局。

二、切实做到对老年体育事业发展的保障工作。八届区政府至少召开一次全区老年体育工作会议，至少每三年举办一次面向全区老年人的运动会。半年召开一次老年体育工作座谈会，由区体育局牵头，发现并解决突出问题。各级政府要将老年体育工作纳入体育活动规划，将老年体育工作和活动经费纳入财政预算，要为老年人的体育锻炼建设一定数量的场地和设施，在学校寒暑假期间，逐步开放学校场地供老年人进行体育锻炼，可以从体彩公益金中抽调出部分作为老年体育锻炼场地和活动的支持经费。将老年体育工作纳入对各县区、区级有关部门体育工作目标考核内容，实行正向积分办法。各级体育部门要按照规定对参加国家和省以上的老年相关比赛活动中获得优胜成绩的单位给予奖励。

三、做好全区老年健身体育锻炼的引导和服务工作。全区各级老年人体育协会要壮大活动队伍，拓展体育项目。区老年体育协会要督促指导乡镇下级部门争创"八好"组织，学习先进区打造老年体育之乡成功经验，打造更多的老年体育健身精品项目；要督促指导各乡镇各单位老年体育协会大力推广老年广播体操等项目；要组织各乡镇机关老年体育协会组建队伍，加强训练，积极参加20××年××市第八届老年体育运动会有关比赛项目，力争取得优异成绩。（××区老年体育协会）

任务解析

回顾案例：

第×届老年流行病学学术会议在20××年××月1—4日在××城市召开，会议邀请到全国各地的专家学者共同交流老年流行病学术问题。专家学者在会议上充分交流，分别对"老年流行病学展望""临床流行病学在老年医学研究中的应用""老年人生活质量的研究""老年人社区医疗服务需求的现状及对策""社区养老模式的探讨""高龄人群及百岁老人长寿因素的探索"等六个主题展开深入的讨论，并取得了丰富的会议成果。

为了向社会各界展示此次会议的成果，需要通过会议纪要的形式，对本次会议的主要精神和基本情况进行传达。

案例解析：

会议结束后，要尽快整理会议材料，形成会议纪要。

会议纪要的标题为"会议名称+会议纪要"的形式即可。本篇会议纪要将会发表于期刊，故可略去成文日期。会议纪要的主体部分，首先需要介绍会议的基本情况，包含会议的时间、地点、名称、主持人、与会人员、基本日程等。由于会议概况不是会议的读者重点关注的内容，因此可以使用概述式的结构，将基本情况在一段话中整体写出，重点突出会议的规模和会议的主要议题，给读者一个整体的印象。在会议纪要主体中的会议精神部分，需要根据会议内容，分几个主题展开表述。最后对会议进行简单的总结，给出一个总体评价。

最终形成的会议纪要如下：

第×届老年流行病学学术会议纪要

由中华医学会老年医学分会举办的第×届老年流行病学学术会议于20××年××月1—4日在××召开。会议收到论文345篇，其中168篇进行大会及分组交流。来自全国28个省、市、自治区的170名代表参加了会议，本次会议还特邀有关专家做了题为"临床流行病学在老年医学中的应用""如何评估老年人的生存质量""广泛深入地开展老年流行病学研究""老年单纯收缩期高血压流行病学特征及防治原则""高龄人群中若干影响寿命与健康问题"的报告。会议表明：第一届老年流行病学学术会议有力地推动了老年流行病学学科的发展，近两年来，越来越多的老年医学工作者将老年流行病学方法应用于：老年人主要疾病的病因研究与探讨、老年人生活质量调查、老年人常见病、多发病的临床研究、药物对老年人疾病的疗效观察、社区养老模式的探讨、城乡老年人社区医疗服务需求的现状和对策的研究、老年人心理与健康关系的探讨、老年人健康普查等。现总结如下：

一、老年流行病学展望

老年流行病学是以老年人群为研究对象，几乎涉及老年医学各个学科领域，其重点是研究老年人常见病、多发病的发生、发展与分布；老年人的健康状况和影响人群健康长寿的因素；拟订老年人常见病、多发病的防治措施；开展老年性疾病的预测、预报；探讨老年人的增龄变化及变化规律；为制定老年保健对策提供科学依据。我国在开展长寿调查、老年人健康调查、老年人生理正常参考值的研究、老年医学综合考察以及老年常见病、多发病的早期发现及早期诊断、疾病预测、康复、老年人死因分析等方面做了大量工作，取得了很大成绩。然而老年人群疾病与人口老龄化呈正相关，目前，进入人口老龄化的国家和地区已有57个，到2025年60岁以上老年人将达世界总人口的14%。届时，全球将由老年人口型向超老年人口型迈进。因此，研究老年人群患病情况、预测老年人疾病发展规律、减少老年人病残危害、实现健康长寿的宏伟目标仍是老年流行病学研究的重要课题。开展老年健康教育，加强老年保健和社区服务，增进老年人生活质量，都是在新的历史条件下老年流行病学的重要任务。

二、临床流行病学在老年医学研究中的应用

临床流行病学是在临床医学领域内，引入现代流行病学及卫生统计学的方法学，从患者个体的诊治扩大至患者群体的研究，以探讨疾病的病因、诊断、预防、治疗以及预后等临床规律，并进行严格的设计、衡量和评价临床基础学科。具体应用于老年医学研究，首先要求在老年医学研究课题设计时，考虑课题是否有开拓性、回答问题是否具体、研究措施是否有创新、研究方法是否科学、设计方案是否科学可行。在确定研究重点的有关指标（如发病率、患病率、病残率、病死率、潜在寿命损失率等）时，应用的某些科学指标要确定、公认，既要有敏感性又要有特异性，且便于测量；在做评价时，一要考虑统计学意义，二要考虑实际意义；在抉择老年医学研究课题重点时，应选择危害老年人健康的重要疾病，看是否能找出其发病危险因素，能否准确地早期诊断、有效地防治及改善、提高生活质量等。

三、老年人生活质量的研究

影响老年人生活质量的因素很多，通常有身体健康、心理状态、生活自理能力、社会关系、生活环境、精神状态等。在评估老年人生活质量时既要对影响老年人生活质量的多种因素进行综合评价，又要根据老年人的特点结合其具体情况进行评估：如在评价老年人精神健康时应注意老年人的"认知功能"及精神健康的主观评价；在评价老年人躯体健康时应结合症状、慢性病患病情况、医疗服务满意度及健康自我评价进行；在评价老年人社会健康时应着重老年人的社会参与能力；在评价老年人经济状况时，一要注意各国经济现状，二要注意收入是否能满足个人的需要。解放军总医院老年医学研究所陶国枢等通过对北京海淀区一个大学社区及军队干休所60岁以上离退休人员调查表明：影响老年人生活质量的主要因素有经济收入、心理健康、身体健康并有独立的生活能力三大类。卫生部北京老年医学研究所于普林等通过对影响60岁以上离退休职工生活质量的单因素分析表明：慢性症状、近3个月经常用药或遵医嘱、患有脑血栓、偏头痛、糖尿病、风湿性关节炎、骨关节病等，近1年因病休息天数、近1年医疗费开支、躯体健康的自评和客观评价均影响离退休老年人生活质量，考虑到单因素分析不能控制混杂因子相互干扰的局限性，在单因素分析基础上，对于影响生活质量的有关因素进行多元逐步回归分析，结果表明：躯体健康的客观评价、1年内因病休息天数、尿失禁、近1年医疗费用开支、乏力、其他症状等是影响老年人生活质量的主要因素。

四、老年人社区医疗服务需求的现状及对策

老年人是社会的特殊人群，他们由于体质差、疾病多，故在医疗、预防保健、康复服务方面与其他年龄组人群相比，有其特殊要求。上海市闸北区卫生局金立诚通过对上海市闸北区2个街道3个居委会60岁以上的1388名老年人的调查表明：老年人群患病率高达96.25%，其中循环系统疾病占首位，其次为消化系统、呼吸系统疾病及糖尿病。老年人要求就近医疗者占 80.76%，保健咨询者占 10.8%，巡回出诊者占 9.37%，建立家庭病床者占 3.03%，心理咨询者占 2.02%，要求住院者占 0.96%，0.36% 要求生活方面给予护理。针对老年人以慢性疾病为主的特点，他们在社区中大力发展家庭病床，走出医院大门，在社区内设点为老年人服务，并推出医疗、预防、保健、康复 4 大类社区医疗服务项目。

五、社区养老模式的探讨

随着我国老龄化进程的加快，探索一条适合中国国情的养老模式是老年流行病学的一项紧迫任务，华西医科大学陈慧美等在成都市武侯区 2 个社区研究的基础上得出以家庭为基础、社区为依托的重要经验，即给老年人提供休闲活动场所，开展多种形式的文娱活动，帮助老年人实现"老有所乐"；不定期给老年人开展保健知识讲座，教唱歌、跳舞、气功、武术、太极拳等，使老年人"老有所学"；组织老年人参加宿舍环境卫生大扫除、群众护院保平安、调解家庭纠纷、开展邻里互助等，使老年人"老有所为"；开展卫生知识宣传教育，成立社区医疗服务站，使老年人"老有所医"；开办、代办服务，组织上门服务，开展邻里互助，使老年人"老有所养"；这些经验使老年人的"五个老有"最大限度在家庭和社区内实现，是对我国现阶段社区养老模式的初步探索。

六、高龄人群及百岁老人长寿因素的探索

衰老是人类生命过程中各组织器官退行性改变的综合表现，是不可抗拒的自然规律，但是要做到健康长寿、延缓机体的衰老是可以办到的。长沙市老年医学研究所朱志明在对人类影响寿命与健康问题的长期研究中，发现不同体型是不同疾病易患因素，体型矮小有利于长寿；高血压与低动物蛋白的饮食有关，高龄期后由于血压的自然下降趋势，高血压不再是生命的威胁；胆固醇值以偏正常参考值上限者存活时间最长；长期坚持适量体力活动或体育锻炼能保持高龄阶段仍有独立生活能力，坚持合理的生活方式是提高全民身体素质的重要手段。华东医院郑志学在对上海百岁老人的研究中发现，百岁老人与家属中长寿史及第 1 胎关系密切，百岁老人单独居住、丧偶能减损认知功能，经济收入偏低者生活质量也呈偏低现象，良好的医疗保健能延缓百岁老人生存期。百岁老人绝非无疾而终，在对 9 例百岁老人尸检中，发现肿瘤 2 例，腹主动脉瘤、心肌局限性梗死各 1 例，干酪性肺炎 1 例，慢性支气管炎、肺气肿 3 例，肝肾脏器明显萎缩，而心脑组织萎缩不明显，每例老年人平均有 5.3 种慢性病，支气管肺炎是其主要死因。对 60 例百岁老人血脂检测结果表明：血脂基本正常者较多，且高密度脂蛋白胆固醇偏高，血糖大部分正常，血尿素氮偏高。30 例百岁老人脂质过氧化物（LPO）检测表明，LPO 均值显著低于一般老年人、高龄老年人及对照组，百岁老人头发含硒值仍在正常范围，未呈缺硒状态。

会议期间，中华医学会老年医学分会流行病学学组召开了第三次学组会议。大家一致认为，这次大会总结了过去老年流行病学工作，为今后指出了方向。会议对学组今后的工作及学术活动进行了研究。

巩固拓展

上周三，市老年协会、市老年人体育协会在市会议厅召开新春座谈会。会上，市老年协会副会长介绍了两个协会去年的工作情况，出席会议的领导嘉宾对两个协会今年的工作给予了高度的评价。会议又商定了两协会今年的工作计划。

请以此为背景，写一篇简短的会议纪要，传达此次会议的精神。

任务三
会议工作总结

【知识目标】

◇ 掌握会议工作总结的定义和主要内容。

【能力目标】

◇ 能够正确说出会议工作总结的表述要求，培养学生撰写会议工作总结的能力。

【素质目标】

◇ 培养学生会议工作总结写作功底，提高学生的职业素养。

第×届老年流行病学学术会议日于20××年××月4日在××城市圆满结束。几天以来，来自全国的代表不顾舟车劳顿，认真地对会议议题进行讨论，发表了很多富有建设性的见解，推动了中国老年流行病学的发展，是一次极其富有成效、收获颇丰的会议。作为会议的主办方，××学校也为此付出了巨大的努力，从收到会议召开的消息，到会前的筹备，再到会议的召开中专业细致的安排和服务，无不体现出××学校对此次会议的投入和重视。

会议取得了参会专家和学者的一致好评，在组织会议的过程中，也收获了不少会议管理的经验，同时有一些地方，也暴露出一些不足之处。在会议结束后，需要对组织会议的经验和教训进行总结，改正缺点，发扬优点，以便在下次的会议管理中能够做得更好。

一、会议工作总结的定义

会议工作总结是在会议结束以后，对本次会议工作进行一次全面系统的总检查、总评价、总分析、总研究的过程。会议总结可以找出不足之处，得到引以为戒的经验，同时也可以更好地发现本次会议工作的亮点，以便在今后的工作中更好地将其发扬光大。

当会议结束时，需要回过头来对所做的工作进行认真的审视，发扬优点，找出不足，归纳出经验教训，提高对会议工作的认识，明确未来的努力方向，这样才能进一步做好工作。会议工作总结写作的过程，既是对整个会议过程的回顾，也是加强对其思想认知的过程。会议总结可以把零散的、浅显的经验，变为对会议工作的更高层次的理解，得到科学的认知，使之后的会议工作更加顺畅，少走弯路。会议工作总结还可以和他人共享，从而互相交流经验，共同进步。

二、会议工作总结的内容

会议工作总结主要包含四个方面的内容：会议工作基本情况、会议工作中的不足、会议工作所取得的成绩和对将来会议工作的展望。

1. 会议工作基本情况

会议工作基本情况主要是要对本次会议做出一个总体的概述。基本情况包括会议名称、时间、地点、与会人员、会议规模、总体反映等基本信息。

2. 会议工作中的不足

在会议工作总结中，需要寻找发现工作中的不足，这样在以后的会议工作中才能避免问题的再度发生，提高会议管理能力。

3. 会议工作所取得的成绩

除了寻找会议工作中的不足，总结中也应该包括会议所取得的成绩、所做出的贡献，以及在会议工作中使用了什么样的方法，达到了什么样的效果，这些都可以作为重要的经验，应用到以后的会议工作中去。

4. 对将来会议工作的展望

在会议工作总结的最后，需要对将来的工作做出展望，弥补不足，发扬优点，树立目标，思考在以后的类似会议活动中，如何做得更好。

三、会议工作总结的表述要求

1. 突出重点

总结表述了会议工作的方方面面，但是不能事无巨细地全部详细写出，不分主次，而是要抓住重点问题。如本次会议所取得的重要经验、发现的主要问题等。对于次要的经验、问题则可以一笔带过，不做详细说明。

2. 表现特色

会议工作总结中应该表现出本次会议工作的特色，也就是区别于其他会议工作或者以往会议工作的地方。总结是提高自己的重要途径，在每次开展会议工作的过程中，经过认真的分析判断，找出不同以往的经验教训，可以让会议工作总结更具有意义。

3. 立足实际

会议工作总结的经验教训来源于实际的会议工作中，是从实践中提炼出来的。工作总结中的经验，暴露的问题，必须要以会议实际的情况为依托，会议实际工作是总结经验教训的基石。不能把经验教训和会议工作实际割裂开，更不能自相矛盾，无中生有。

4. 简明扼要

会议工作总结要做到简明扼要，不能繁复笼统、含糊不清，令阅读者抓不住重点。

四、会议工作总结的范例

全国老年健康服务业年会会议工作总结

在本次会议工作中，本单位团结协作，周密组织，协调有序地完成了整个接待服务工作，现总结如下：

为了做好会议接待工作，本单位领导十分重视，在前期做了充分的准备，会议召开前两周就开始抽调有经验的同志准备会务工作。会务工作组又组建了报道组、会场组、用餐组、交通组四个小组，设计了详细的工作方案，明确了每个小组的责任和工作任务。会务工作组在会议开始一周前基本完成对会议的食宿、会场、会议用品、礼品、交通等的准备和落实。由于提前谋划，准备得当，会议期间接待服务得以顺利进行。

本次会议组织坚持大处着眼，小处着手，整体上周全考虑，系统安排，责任到人，确保了会议工作的顺利开展。报道组安排礼仪人员配合交通组到机场迎宾，及时收集参会人员信息，安排入住。交通组安排参会人员乘车，同时保证每辆车都有随行人员陪同。会场组提前编排席次，印发名单，布置会场，为提高会议效果发挥了积极的作用。

在本次会议的服务工作中也存在一些不足。比如考察情况变动后，考察路线负责人没有及时将变动后的考察名单传给考察接待单位，给对方造成了不便；少数环节还是有慌乱的现象；与相关部门、单位的对接还需要加强等。

本次的接待工作使我们受到了一次全面的检验和检查，也使我们的队伍得到了充分的锻炼。整个接待工作的顺利完成证明了我们是一支能冲锋、能战斗的队伍。在今后的工作中，我们也将继续保持这份工作热情，团结协作，扎实苦干，做出更大的贡献！

问题：本篇会议工作总结包含哪几个方面的内容？

任务解析

回顾案例：

第×届老年流行病学学术会议日于20××年××月××日在××城市圆满结束。几天以来，来自全国的代表不顾舟车劳顿，认真地对会议议题进行讨论，发表了很多富有建设性的见解，推动了中国老年流行病学的发展，是一次极其富有成效、收获颇丰的会议。作为会议的主办方，××学校也为此付出了巨大的努力，从收到会议召开的消息，到会前的筹备，再到会议的召开中专业细致的安排和服务，无不体现出××学校对此次会议的投入和重视。

会议取得了参会专家和学者的一致好评，在组织会议的过程中，也收获了不少会议管理的经验，同时有一些地方，也暴露出一些不足之处。在会议结束后，需要对会议工作的经验和教训进行总结，改正缺点，发扬优点，以便在下次的会议管理中能够做得更好。

案例解析：

在会议结束后，需要对会议工作进行总结，寻找积极的经验和优点，将来可以运用于其他会议管理组织的场合；也要敢于发现自身存在的问题，归纳原因，避免以后犯同样的错误。

会议工作总结首先应该对会议的总体情况做介绍，如会议的时间、地点、规模、参会者的总体评价等。其次，可以对本次会议的总体组织情况进行一定的介绍，阐明本次会议工作中组织者采取了什么方法，做了什么样的工作，使得会议能够顺利召开。这其中也包含了对本次会议工作的成功经验的总结。对于一些细节上的经验，也可以分条列出。最后，还应该列出会议工作中遇到的问题、有待改善的不足之处，以及将来改进的措施等。

针对本案例的会议总结如下：

20××年××月××日至××日，第×届老年流行病学学术会议于××市召开，本次会议由××市老年健康协会主办。本次会议，无论是在人数上还是在规模上，都是一次大规模、高规格的会议。会议期间，我单位圆满完成了主办方安排的各项工作，展示了我单位的接待能力和服务水平，总结如下：

一、节俭高效，各司其职

本次会议以"节俭，高效"为办会原则，为了切实做好××老年健康研讨会的会议服务工作，我单位成立了临时的会议筹备工作领导小组，统筹相关会议工作。筹备工作领导小组成立后，根据本次会议的特点，筹备小组下设了协调、秘书、会务、宣传、安保五个工作组，将任务进行明确的划分，确定工作完成时限，要求每个小组明确各自的职能，做到相互配合，各司其职。每个小组又将工作继续细分，将会议名单录入，接送车辆调度、就餐住宿安排、陪同安排、领导协调、招待会、注册签到、卫生安全等各项任务都落实到人，每个人负责自己的一部分，同时又相互衔接，互相帮助。在相关工作人员的配合下，会议工作井然有序，会议得以顺利召开。

为了提高效率，各自分工，会议的五个工作组职责如下：

协调组自接到会议通知以后，马上召集相关工作人员召开会议，为了切实地落实好会议的接待工作，对各个组的工作方案做了大量的检查和修改，为会议顺利开展提供了有力保障。

秘书组在得到协调组下达的工作要求后，马上对会议所需要的材料进行汇总收集工作，经过加班加点的工作落实，确保会议所需的材料翔实无误。在准备汇报材料的同时，秘书组还负责筹备工作方案、编制会议服务指南、会议现场多媒体设备的布置等工作，为会议的顺利召开保驾护航。

会务组在会议工作中扮演了重要的角色，第一，在收到会议通知以后，立马开始对与会来宾名单和行程进行汇总和收集工作，经过两天加班加点的努力，确保了来宾团名单和行程的翔实无误；第二，在汇总名单的同时，在会前提前对来宾住宿房间的类型和数量进行了落实，并随时根据来宾名单的变化做出了调整；第三，在来宾注册签到时，会务组派专人在会场门口进行接待，引导参会来宾进场签到注册，发放房间号牌；第四，会议组负责了参会纪念品的选购和送出；第五，对会议支出和收入进行了统计和结算。会务组经过这些努力，才能够为各位来宾提供周到的服务。

宣传组负责做好会议的宣传报道工作，主动联系电视台记者，纪实报道新闻，同时负责对会场的仪器设备进行安装和调试，确保了会议顺利进行。

安保组负责包括会议车辆调度的安全保卫工作，车辆调度工作根据会务情况由会务组统一安排，安保组执行。安保组负责领导专家住地和会场的秩序保障工作，确保了本次会议没有险情发生。

二、群策群力，大胆创新

本次会议接待工作由×××同志领导，精心组织，全面指挥。会务组的全体工作人员团结一致，齐心协力，心往一处想，劲往一处使，分工不分家，各司其职的同时，相互配合，互相帮助。在每一处接待地点，都有筹备工作组成员忙碌的身影。可以说，会务组任务的圆满完成，离不开会务组全体成员的共同努力。

本次会议期间，会务组针对具体任务进行了大胆的革新，积极尝试使用新的工作方法、工作思路，取得了很好的效果。比如本次会议有来自外省的领导和专家，会议组组织了迎接小组，到高速公路出口专门接待等。

三、本次会议工作的经验

1. 及时沟通，不论是会议工作人员内部，还是与参会来宾沟通都要保证及时，这样才能更好地协调工作；

2. 提前落实会议场地，调试音响和投影设备；

3. 根据参会人员的职位高低对姓名牌进行合理摆设；

4. 确定来宾到来的时间，提前打开车内空调，来宾下车时，必须提前将车停靠在离大楼入口较近的地方；

5. 规范个人行为举止，包括利益标准下的电梯内站位、让道、站姿、坐姿等；

6. 认真做好会议记录，还需要及时进行总结。

四、存在的问题

1. 在接待的过程中，接待人员着装要正式，不能穿便装；

2. 临时应变能力不足，需要从根本上加强与对方的联系，第一时间知道变动。

巩固拓展

1. 会议工作总结的要求有哪些?
2. 会议工作总结需要包含哪些方面的内容?

任务四 会议简报

【知识目标】

◇ 掌握会议简报的定义和特点。
◇ 掌握会议简报的内容与结构要求。

【能力目标】

◇ 能够注意会议简报的写作方法,培养会议简报的写作能力。

【素质目标】

◇ 培养学生会议简报写作功底,提高学生的职业素养。

　　20××年××月××日,××省养老工作座谈会在×老年公寓召开。各地级市老龄办主任、社会养老机构负责人参加了会议,共同讨论了××省养老服务的发展工作。在会议中,各方对未来养老服务工作的布局、发展方向等问题做了深入的交流。会后,××省民政厅要求根据会议讨论内容,出一份会议简报供各级民政局、养老办的相关人员了解会议情况,领会会议精神。

一、会议简报的定义

　　会议简报是在会议之后,为了反映会议进展情况、会议产生的意见和建议、会议所做出的决定等内容而编写的,用于单位内部反映情况、汇报工作、交流经验、沟通信息的简短的、有一定新闻意义的文字材料。会议简报是各个机关、团体、企事业单位广泛使用的一种比较特殊的文种。

　　会议简报的内容一般包括会议的概况、进程、议题、决议、发言要点等,重点是要体现会议的精神主旨。根据会议的长短、规模,会议简报可以只发一期,也可以编发多期。如果是编发多期,则需要有明显的连续性,一般第一期报道预备会或者开幕式的情况,概述会议的时间、地点、人数、背景、主席团成员组成、主要议题等方面的内容；最后一期报道闭幕式的情况，以及会议所通过的决议、文件、与会者对会议的评价、提出的希望与要求等；中间数期根据会议进程对会议做出反映，如各项议程、发言摘要、会议出现的新情况和新问题等。

二、会议简报的特点

会议简报是单位内部传阅的文字材料，一般不对外公开，但是又有一定的新闻性质，这是由于其反映的是工作中或者现实生活中出现的新情况、新经验、新问题，是最新的事实报道。有相当一部分报刊上发表的消息和通信，都来源于简报，不过需要征得简报发布部门的同意，而且在文字上多有一定的调整，修改一些不宜公开发表的内容。

会议简报的基本特点有"简、准、快、新、活"五个方面。

1. "简"

会议简报要精简。文字精练、内容精简是会议简报的一个重要特点。每篇会议简报一般只有几百字，最长不超过两千字，一事一报，但是在精简的同时还要保证一定的信息量，将信息准确传达出去。

2. "准"

会议简报要做到准确。这包含三个方面：一是材料准确，都是会议的真实情况，不能歪曲事实，随意编造；二是问题抓得准，会议反映了什么本质问题，对当前的工作有什么样的指导作用，都需要在会议简报中准确地表现出来；三是表达准确，遣词造句切合实际情况，意思表达明确，不模棱两可，似是而非，如果不是亲自获得的第一手资料，就要写明资料来源，比如"据××反映"等。

3. "快"

会议简报要反映迅速及时。简报类似于新闻报道，讲究时效性。会议简报包含了"写"与"编"两个方面的内容。写会议简报，要迅速收集材料，动笔成文；编会议简报是将多篇同类的内容编在一起，这种简报可能是他人写的，也可能是自己写的，也需要尽快撰写汇总，编排发布。

4. "新"

会议简报要内容新鲜。及时反映会议的新情况，抓住新动向，发现新问题，尤其是对于还处于萌芽状态的新动向，要及时抓住。这就要求会议简报的编写者对客观具体情况敏锐，善于发现会议中表现出的苗头，使简报具有更强的实际效应。

5. "活"

会议简报要形式灵活。表达的方式可以不拘一格，不需要讲究新闻要素的组合，更没有行政公文一样的固定格式，而是活泼多样的。会议简报的形式可以是单篇，也可以是多篇；表达方式可以是叙述、说明、议论的结合；语言可以概括，也可以具体，或者借用他人的话等方式，还可以使用修辞手法。

三、会议简报的内容与结构

会议简报由报头、按语、标题、正文、报尾几个部分组成。

1. 报头

报头包含了简报的名称、期号、编发单位、印发日期、编号等内容。报头在会议简报第一页的上方，约占1/3的版面。报头与正文标题之间用一条横线隔开。期号在简报名称正下方，写"第×期"，编发单位写在简报名称左下方，如"××××大会秘书处"。印发日期写在右下方，需要年、月、日齐全。编号写在右上方，用阿拉伯数字。编号表示简报是本期的第几号。简报报头的左上方还可以表明保密情况，如"机密"，或者"内部资料"等。如果一期简报由多篇组成，则在报头横线下表明各期题目序列，以目录表示。

2. 按语

按语代表编发机关的意见，转达有关领导的指示或者精神。另外，会议简报的报头还可以包含材料来源、转发目的、转发范围，以及对简报中的情况或问题进行探究讨论的期望等。在简报中按语可以选择有或者没有。按语的作者不是简报文本的撰写者，而是由编发机关指定人员撰写的。

按语位于报头下，正文标题之前，并标明"按语"。

3. 标题

会议简报的标题一般有两种形式。一种是以揭示中心的方式，概括简报的主要内容或主题思想，类似于新闻标题，如《××大会在南京召开》《××××是搞好老年健康工作的关键》等；另一种方式是提问式，以一个问题作为标题，如《如何做好××××工作》等。

4. 正文

正文是简报的核心，分为开头、主体、结尾几个部分。

（1）开头

开头类似消息的导语，对主要内容做出总括式的说明，如时间、地点、人物、事件、基本情况、结果、意义等。如一则《消防安全工作隐患不少》的简报开头："最近，市消防局抽查了辖区部分企业、公共场所的消防安全情况，共检查了31个单位，发现大部分单位对消防安全比较重视，一般都正确布置了消防栓、灭火器，并且消防通道也保持通畅。但也发现有些单位的消防安全存在不少隐患，应引起有关方面的高度重视。"对主要工作内容与情况做了简要的概括。

（2）主体

主体部分集中反映简报的质量，要精心撰写。主体写作要特别注意：

围绕中心，归纳情况或问题，层次清晰，条理清楚。

材料说明观点，观点统率材料，力求内容具体实在，突出中心，材料有典型性、新颖性。例如上述关于消防安全工作隐患的简报，主体就围绕"隐患"之表现，写了"火灾隐患""灭火器过期""消防通道阻塞""消防设施无人定期检查"等几方面，每个方面又举了一两个典型实例来说明问题的严重性。指出"隐患不少"，目的在于引起各方的重视，

并尽快采取有效措施予以解决。

（3）结尾

结尾部分是对主体部分的补充或者深化，可以总括主体，加以强调，加深读者的印象，发人深省；也可以提出希望或者要求。会议简报也可以不单独写一段结尾，主体意尽即止。

5. 报尾

报尾包含两个部分，左边写发送对象范围，右边写印制的份数。在正文与报尾之间画一条横线。

四、会议简报注意事项

1. 求真务实

会议简报要有实际内容，材料典型，情况属实，作者必须深入实际，掌握实情。否则，会浮于空话，说一些没有实际内容的套话或者只是照抄照搬一些文件、指示，缺乏报道对象的具体情况，或者只是空发议论，这些都不能起到交流情况、指导工作的作用。例如，有一单位一篇反映学习人大会议精神的学习情况简报，几乎都是大段摘抄会议发言的原文，只不过在前面加上"大家通过学习深深认识到"之类的敷衍套话，完全浮于表面，没有结合实际。至于结合自身实际，到底有什么样的学习体会，具体的经验感受是什么样的，用了什么样的学习方法，则只字未提。这类简报似乎放之四海而皆准，但空洞无物，没有自身的个性特点。此类思想作风与写作套路应尽力摒弃。

2. 求简务精

简报要简短精粹。工作内容涉及面广，实际情况真伪并存、主次兼有，且不断变化，方方面面的材料又丰富而庞杂，简报反映的内容不能兼收并蓄，而必须善于选择、综合，突出要点，力避事无巨细。比如一篇会议简报，把3天的会议活动一天天地叙述下去，走马看花，不得要领；再比如把所有发言代表的讲话都原原本本记述，缺少归纳，内容散而杂，文字也难免冗长，完全成了一篇会议记录。简报应简短而又有精要的内容，不要简而空，这是简报写作中应该注意之点。

3. 体式要得当

简报体式虽不像公文那样程式化，但有大体的格式。各结构部分的排列位置要得当，正文内容的组合要有一定的序列，合乎逻辑；语气要合体，以叙为主，结合议论、说明，不可搞花架子，华而不实。

五、会议简报范例

大会秘书处××市政协六届×次会议简报（第××期）

20××年××月××日

今年政府应办几件实事：

××委员说：建议市长要有相应的任期目标，要像×××那样一年办几件实事，年终总结有哪些事情已经完成，有哪些事情没有完成以及原因。

×××委员说：报告在谈到廉政建设时，提出实行"两公开一监督"，认为应改为"三公开一监督"，即再增加公开市、县两级主要领导的经济收入，以便接受人民群众的监督，不能再走大投入低效益之路。

×××委员认为：××年我市社会总产值为237亿元，国民收入为85亿元，而全市的财政收入只有10.2亿元，很明显，经济效益是很低的。而××年的计划数字，基本按比例同步增长，经济效益无明显提高。这是我市多年来生产发展的一个关键性的问题，即高投入，低效益，致使财政拮据，入不敷出。市领导应着眼长远，从当前入手，大力提高经济效益和增强生产后劲（包括政策、体制、发展规划、产业结构、环境整顿、提高管理水平、提高劳动力的素质、提高劳动生产率、大力发展科技和教育等）。只有这样，才能使我市的经济进入高一层次的发展，形成良性循环，这才是高经济效益的真正出路。

问题：本篇会议简报的中心是什么？会议简报的主体部分应注意什么？

任务解析

回顾案例：

20××年××月××日，××省养老工作座谈会在××老年公寓召开。各地级市老龄办主任、社会养老机构负责人参加了会议，公共讨论××省养老服务的发展工作。在会议中，各方对未来养老服务工作的布局、发展方向等问题做了深入的交流。会后，××省民政厅要求根据会议讨论内容，出一份会议简报供各级民政局、老龄办的相关人员了解会议情况，领会会议精神。

案例解析：

会议简报是会议之后将会议所产生的结果总结概括出来供单位内部观看的文书。会议简报除了包含会议概况以外，关键是要体现出会议的精神主旨。编撰会议简报要做到精简、准确、及时、内容新鲜、形式灵活。

会议简报全文如下：

××省养老工作座谈会会议简报

20××年××月××日，××省养老工作座谈会在××老年公寓召开。全省10个地市的老龄办主任、近30家社会办养老机构负责人参加了会议。省民政厅党组成员、副厅长出席会议并讲话。本次座谈会紧紧围绕××省养老服务工作大局畅所欲言，谈经验、找问题、谋思路、求发展。××市××老年公寓院长、××市养老中心主任、××市阳光家园爱心托养服务中心院长、××市康复托老院院长等社会办养老机构负责人纷纷发言。他们结合现代养老发展理念，从国家养老发展布局、政策支持环境、医养结合发展的重要性和现实性等不同角度，阐述了积极发展养老前景、居家养老市场化推进措施和发展目标等，令人信心倍增，印象深刻。

××省是人口大省，也是老龄大省，截至2016年年底，共有60岁以上老年人口1200万人，占总人口的13%。面对严峻的老龄化趋势，省委省政府高度重视养老服务和养老产业发展，不断创新、深化养老政策措施，推进体制机制创新，通过试点为养老服务业发展积累经验。全省养老服务发展环境不断优化、社会养老服务体系不断完善、养老服务综合改革不断深化，养老服务业呈现快速发展的良好态势。但供给总量不足、民办养老发展不充分、供给质量不高、供给效益不佳等问题依然是全省养老服务要面临的问题。省民政厅厅长×××说，每1000名老人占有养老床位23张，和全国平均水平还有差距。××市委常委、副市长庞××说，人口老龄化是客观存在，既是挑战，更是机遇，需要全社会树立积极老龄观，以融合的思想将"养老+"产业打造成应对人口老龄化、培育新的增长点的主攻方向。座谈会上，民政部养老专家库专家甄××、吴××，中国社科院研究员唐××，××民政职业技术学院党委书记蒋××4位专家认为，湖南养老服务业快速发展的经验，可供全国借鉴，他们分别就"养老服务业发展的现状、趋势与路径""养老服务业发展的政府角色和部门协同""养老+，养老服务业与其他产业融合发展""巩固城乡社区居家养老服务基础地位的实践与建议""养老和医疗融合发展的实践与建议"等进行探讨，并为××省养老服务业发展献计献策。吴××提出，不能为了发展社会养老而遗忘中国传统的家庭养老，要制定家庭养老的社会政策，强化家庭养老的基础性地位。"不是说老年人上了60岁就必须要政府的特殊关怀。养老服务所做的工作是去弥补老年人逐渐丧失的功能，让他们仍然能够过上跟平常人一样的生活。"唐××表示，建立长期照护服务保障体系，能有效解决全民养老问题的核心困惑与后顾之忧。蔡××指出，××省下一步要重点突破居家养老。强化顶层设计，吸引民间资本投向养老业，加快融合发展，强化居家养老，实施"养老+"发展战略，推进养老产业与生态、农业、旅游、金融等产业融合发展，吸引异地老年群体来湘"候鸟养老"。同时，推进"互联网+"、智能化养老，发展老年电子商务，支持企业开发信息化养老服务公共平台和管理系统。

　　省民政厅党组成员、副厅长在听取了各社会办养老机构经验交流后指出，省养老服务事业有今天的快速发展，社会办养老机构功不可没。他强调，在全省全面贯彻落实习近平总书记关于加强老龄工作的重要指示的关键时期，全省各级老龄办要紧紧抓住有利时机，积极发挥老龄办职能，不断探索社会养老工作发展新思路，提升新境界。围绕××省养老服务业发展整体布局，在推进医养结合、融合发展、社区服务市场化推进、居家养老创新理念、政策环境完善等几个方面提出了具体要求。××市民政局党组书记、局长吴××，党组成员、副局长李××，××市市长刘××、副市长冯××参加座谈会。

巩固拓展

1. 编写会议简报有哪些注意事项？
2. 会议简报有什么特点？

任务五
会议请柬

【知识目标】

◇ 掌握会议请柬的定义。

【能力目标】

◇ 能够正确说出会议请柬的内容与结构要求，培养学生撰写会议请柬的能力。

【素质目标】

◇ 培养学生会议请柬写作功底，提高学生的职业素养。

　　为了促进社会养老事业的发展，鼓励更多企业和人员投入这里，市民政局决定对为本市养老工作做出突出贡献的单位和个人进行颁奖。在颁奖大会召开之前，需要准备一批会议请柬发送给各位领导专家和获奖来宾，邀请他们共同参加这次大会。

一、会议请柬的定义

　　会议请柬是会议组织方为了邀请客人参加会议活动而发的礼仪性书信。使用会议请柬，可以表示对被邀请者的尊重，同时也意味着主办会议的郑重态度。

二、会议请柬的内容与结构

　　请柬一般由标题、称谓、正文、祝颂语、署名落款等部分组成。
　　标题一般为"请柬"或者"会议请柬"。
　　称谓必须要使用确指，如×××先生/女士、×××教授等。
　　正文中有三个基本要素不可缺少：事由，时间，地点。邀请对方参加自己所举办的活动的缘由，这部分必须书写清楚，给被邀者决定是否参加提供依据。举办活动的准确时间，不但要书写年、月、日、时，甚至要注明上下午。如果活动地点比较偏僻，或者对于部分人来讲不熟悉，就要在请柬上注明行走路线、乘车班次等。

祝颂语用于表达对被邀请人的敬意，如"敬请光临""恭候莅临"等。

署名落款包含会议主办机构的落款以及邀请日期，位于请柬右下角。

三、会议请柬范例

请　　柬

尊敬的×××先生/女士：

兹定于20××年××月××日上午10点在××大酒店举办"××市老年健康论坛"。敬待您的光临！

××市老龄工作委员会
20××年××月××日

任务解析

回顾案例：

为了促进社会养老事业的发展，鼓励更多企业和人员投入这里，市民政局决定对为本市养老工作做出突出贡献的单位和个人进行颁奖。在颁奖大会召开之前，需要准备一批会议请柬发送给各位领导专家和获奖来宾，邀请他们共同参加这次大会。

案例解析：

案例要求邀请领导和专家来参加一个表彰庆祝活动，因此可以使用会议请柬的方式发出邀请。会议请柬文字容量有限，要做到言简意赅，但同时措辞要庄重、文雅。称谓可以用"尊敬的×××教授"等形式，正文简单说明会议的时间、地点、事由。在文末加上祝颂语和落款即可。

案例会议请柬如下：

请　　柬

尊敬的×××教授：

为了促进社会养老事业的发展，兹定于20××年××月××日上午×时，在××大酒店召开××市养老事业颁奖大会。

恭候莅临。

××颁奖大会组织委员会
20××年××月××日

巩固拓展

1. 什么是会议请柬？
2. 会议请柬包含哪几个部分？

任务六 会议邀请书

【知识目标】

◇ 掌握会议邀请书的定义。
◇ 能够正确说出会议邀请书与会议请柬的区别。

【能力目标】

◇ 能够正确说出会议邀请书的内容与结构要求，培养学生撰写会议邀请书的能力。

【素质目标】

◇ 培养学生会议邀请书写作功底，提高学生的职业素养。

 案例导入

　　为了共同讨论交流如何提高老年人生活质量，保障老年健康等议题，四川营养协会计划于20××年××月11—13日，在上海举办中国老龄化与健康高峰论坛。在得到会议召开的消息后，首先需要拟一份会议邀请书，邀请老龄委、民政部门、国内外卫生系统专家学者前来共同交流。

一、会议邀请书的定义

　　会议邀请书是会议主办单位邀请来宾、专家等参加会议时所发出的请约性书信。相比于会议请柬，邀请书要更加正规，多在研讨会、行政会议等的正式邀请时使用。一般来说，相比于会议请柬，邀请书的篇幅较多，内容也较丰富。

二、会议邀请书的内容与结构

　　会议邀请书一般分为标题、称谓、正文、落款、回执五个部分。

1. 标题

邀请书的标题为"会议名称+邀请书"，可以包含一些个性化的标语，彰显主办单位的文化特色。

2. 称谓

会议邀请书的称谓可以使用统称，如"各位专家学者"等。如果邀请范围较小，也可以使用确指的形式，并在称谓前加敬语，如"尊敬的××老师"等。

3. 正文

正文部分首先要对会议做出一个大体的介绍，让被邀请者对会议有足够的了解。然后对被邀请者发出邀请，邀请词也可以放在会议介绍之前。另外，正文部分还应该包括会议主办方告知被邀请者关于此次会议的主题、时间、地点、日程安排、注意事项和要求等。结尾一般都要大写"欢迎光临"等邀请惯用语。

4. 落款

会议邀请书的落款为会议主办方的全称以及邀请书写作的日期，有时落款处还需要加盖公章，表示该邀请书具有法律上的意义。

5. 回执

会议邀请书若需要有回执，则需要将回执置于文末。

三、会议邀请书的注意事项

会议邀请书需要写明活动举办的具体时间、地点，被邀请者的姓名不能写成绰号或者别名，必须使用全称以表示尊重。如果被邀请人为两人，姓名之间写上"暨"或者"和"，不能使用逗号或者顿号隔开。

四、会议请柬与会议邀请书的区别

会议请柬和邀请书都是会议主办方对会议被邀请人所发出的礼仪性信函，二者都有着广泛的应用，同时也有着很多重要的差异，写作时要注意它们之间的区别和适用范围，避免混淆、错用。

1. 内涵性质的差异

会议请柬一般用于礼仪性、例行性的会议或者活动通知，多用于颁奖会议、庆祝大会等场合，是各级行政机关、企事业单位、社会团体或个人在活动、节日和各种喜事中邀请宾客使用的一种简便邀请书件，一般用于社会组织友好交往活动、座谈会、联欢会、派对、联谊会、纪念仪式、婚宴、诞辰和重大庆典等，发送请柬是为了表示庄重、热烈和隆重。

会议邀请书多是为了实质性的工作任务发出，用于研讨会、行政会议等场合，是各级行政机关、企事业单位、社会团体或个人邀请有关人士前往某地参加某项会议、工作或活动的一种专用书信形式，发出邀请书是为了表示正规和重视。

2. 邀请对象的差异

会议请柬一般由召开会议的组织发出，一般范围较为确定，邀请对象的称谓要使用确指的方式，如"尊敬的××老师""尊敬的××先生"等。

会议邀请书也是由会议组织机构发出的，由于邀请对象的范围较为广泛，被邀请人员较多，往往不能确指，所以会议邀请书中大多使用的是泛指的方式，如"各位专家学者""各有关单位"等。如果被邀请人较少，也可以使用与会议请柬相同的确指的方式。

3. 身份礼仪的差异

会议请柬要表达出对被邀请者的尊重和邀请者对此事的重视态度，因此称呼一定要使用敬语，如"尊敬的××女士/先生"等。在会议请柬的结尾处，也必须使用特殊典雅的敬语，如"恭候莅临""敬请出席"等。

在会议邀请书中，如果被邀请人范围较小，能够确定，则可以使用敬语称呼。如果被邀请人不确定，如面向某个行业范围或者某个单位发出邀请，则可以不使用敬语和称谓，在邀请书结尾处使用敬语或者问候语，如"此致""敬请光临"等。

4. 结构要素的差异

会议请柬多由"里瓤"和"封面"构成，属于折叠并有封面的形式，要求设计美观、装帧精良，可用美术体的文字和烫金，图案色彩装饰以丰富活泼居多，可使用统一购买制作的成品，有时也可自行制作随意化、人性化的精美作品。会议请柬内容结构简单、篇幅短小，一般只简要写清活动的内容要素，不要求被邀请者回复是否接受邀请，邀请者不必加盖印章。

会议邀请书可用信封通过邮局寄出，或通过电子邮件发送。会议邀请书往往对事宜的内容、项目、程序、要求、作用、意义做出介绍和说明，结构复杂，篇幅较长。文尾还要附着邀请者的联络方式，且以回执的形式要求被邀请者回复是否接受邀请，文尾处邀请者需要加盖公章表示承担法律意义上的责任。

5. 语言特征差异

会议请柬的文字容量有限，要十分讲究对文字的推敲。语言务必简洁、庄重、文雅，但切忌堆砌辞藻和俚俗的口语；请语以文言词语为佳，但切忌晦涩难懂。最终做到话语简练、达雅兼备、谦敬得体。

会议邀请书的文字容量大于会议请柬。从整体而言，对会议的内容、程序、要求、作用、意义做出详细的介绍和说明，务必使被邀请者明确其中的意思，达到正常交流交际的效果，最终做到表意周全、敬语有度、语气得体。

会议邀请书与会议请柬的区别如表 8-1 所示。

表 8-1 会议邀请书与会议请柬的区别

项目	会议请柬	会议邀请书
内涵性质	礼仪性、例行性的会议或者活动	实质性工作的会议
邀请对象	需要使用确指	既可以使用泛指，也可以确指

续表

项目	会议请柬	会议邀请书
身份礼仪	必须使用敬语	可以不使用敬语和称谓
结构要素	结构简单，篇幅短小	内容详细，篇幅较长
语言特征	语言简明扼要	语言详细周全

五、会议邀请书范例

中国老年产业博览会邀请函

时间：20××年××月8—10日　　　地点：××国际会展中心

一、组织机构

主办单位：××市民政局

××市商务委员会

协办单位：××市残障人联合会

××市老年事业发展基金会

承办单位：××市福利指导中心

××市养老服务协会

二、展会主题

山水之城，美丽之地，享老之都。

三、博览会概况

我国已经进入老龄社会，政府高度重视养老服务工作，按照关于"构建居家为基础、社区为依托、机构为补充、医养相结合养老服务体系"的重要指示和对我市提出的要求，围绕党委书记的指示要求，为了满足老年人多样化的需求，全面加强新时代老龄工作，推动养老服务供给侧结构性改革，由××市民政局、××市商务委员会共同主办中国老年产业博览会。

我们热诚欢迎国内外涉老相关单位前来参展参会，共同参加这次养老行业盛会！

四、日程安排

20××年××月6—7日　　　参展商报到、布展

20××年××月8—10日　　展示、参观、洽谈

20××年××月10日15：00　撤展

五、展会亮点

1. 大数据平台优化养老健康服务；

2. 优秀养老服务中心展示，推广新的养老服务模式；

3. 根据国家政策引导，创新养老服务模式，推动养老服务市场多元化发展；

4. 深入解析养老行业的主要问题；

5. 为新时代养老服务工作培养更多优秀人才。

六、参展要求

参展单位必须持有合法的营业执照、税务登记证及产品合法审批文件等相关有效证件；食品保健品企业还需有生产许可证、卫生许可证、质检合格报告，并向组委会提供以上证照的复印件。

七、参展程序

1. 参展单位按要求填写"参展申请表"，邮寄或传真至组委会办公室；

2. 5个工作日内将相关费用汇入组委会指定账户或到组委会办公室交纳；

3. 组委会收到参展费后方能确定参展，展位按报名顺序安排，售完为止。

中国老年产业博览会组织委员会

20××年××月××日

问题：1. 此次会议的邀请能否用会议请柬代替邀请书？为什么？

2. 本篇会议邀请书的结构包含哪几个部分？

任务解析

回顾案例：

为了共同讨论、交流如何提高老年人生活质量，保障老年健康等议题，四川营养协会计划于20××年××月11—13日，在上海举办中国老龄化与健康高峰论坛。在得到会议召开的消息后，首先需要拟一份会议邀请书，邀请老龄委、民政部门、国内外卫生系统专家学者前来共同交流。

案例解析：

中国老龄化与健康高峰论坛邀请书
20××年××月11—13日　中国上海

尊敬的××先生/女士：

2013年我国老年人口数量已经增长到2亿，老龄化水平达到14.8%，社会老龄化正在加剧。2011年国务院发布了《中国老龄事业发展"十二五"规划》；2013年再次发布了《关于加快发展养老服务业的若干意见》等文件，确定了深化改革、加快发展养老服务业的战略任务。提高老年人生活质量的前提是保证健康。中国老年协会拟定于20××年××月11—13日在上海举办"中国老龄化与健康高峰论坛"，探讨预防和减少老年性疾病，创建健康的晚年生活模式，让老龄进入健康与经济的双轨时代。会议将邀请老龄委、民政部门、国内外卫生系统的营养、临床等相关领域的专家，做精彩学术报告。

我们真诚邀请您出席本次老年健康的盛会，相信本次会议将汇总国内外有关养老模式、老年人营养与健康促进思想的精华，与您充分交流思想，分享研究成果，使各位参会代表有所收获和应用，共同为老年人的营养与健康尽一份力量！

【组织结构】

主办单位：四川营养协会

协办单位：中国疾控中心营养与食品安全所

指导单位：全国老龄工作委员会

战略合作媒体：《生命时报》《中国食品报》《健康时报》《北京青年报》

【大会概况】

大会特设五个分论题：

1. 营养新经济；

2. 解读老年营养保障政策和膳食标准；

3. 关注骨质和少肌症；

4. 癌症、糖尿病和其他慢性疾病的预防和膳食管理；

5. 老年营养保健和健康老龄化。

【参会价值】

营养学界、老年学界专家齐聚首：

——国内外专家的精彩循证论题，将给营养学界带来前沿的学术信息。

营养、保健、养老多产业整合的发展论坛：

——具有中国特色的营养、保健、养老等多产业联合，将带来前所未有的体验。

从科学到实践的交流平台：

——5 个分论坛和科技成果展会，从学术报告、专题讨论、产品展示等不同层面，共享老年健康研究的最新成果。

【邀请的部分演讲和参会嘉宾】

阎×× 全国××工作委员会副主任

葛×× 中国××学会名誉管理事长

刘×× 中国××学会主任委员

杨×× 中国××学会理事长

孙×× ××大学附属医院教授

黄×× ××大学华西公卫学院教授

【注册费用及接待】

1. 注册费 1000 元。

2. 会议期间餐费由主办方承担，住宿费及往返交通费由参会代表自理。

【会务组联系方式】

联系人：丁××，姚××，常××

E – mail：××@ ×××××.org

电话：××× – ×××××××

传真：××× – ×××××××

中国老年协会
20××年××月××日

巩固拓展

1. 会议邀请书结构上分为哪几个部分？

2. 会议邀请书与会议请柬有什么区别？

项目九　会后跟进与
服务工作

【知识目标】

◇ 掌握会后跟进与服务工作内容及要点。

◇ 熟悉送别与会人员的工作要点，掌握送别与会人员的相关礼仪。

◇ 熟悉会议经费结算工作程序，掌握会议经费结算方法。

◇ 了解会议评估的意义，熟悉会议评估的内容和方法，掌握会议工作总结的写法。

【能力目标】

◇ 能妥善清理会场、归还租借设备物品和结清会议开支费用。

◇ 能妥善、有序地安排和组织与会人员离场，做好外地与会人员送站工作。

◇ 能妥善完成会议经费结算。

◇ 能设计会议评估表进行会议效果评估，并能拟写会议工作总结。

【素质目标】

◇ 运用小组协作的学习方法，巩固会后跟进与服务工作的知识和技能。

◇ 在会议服务工作的训练中，培养学生相关服务礼仪，提升学生的职业素养。

【思维导图】

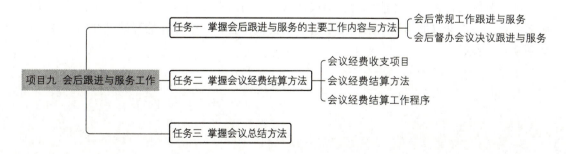

任务一

掌握会后跟进与服务的主要工作内容与方法

【知识目标】

◇ 掌握会后跟进与服务工作内容及要点。

◇ 熟悉送别与会人员的工作要点，掌握送别与会人员的相关礼仪。

【能力目标】

◇ 能妥善清理会场、归还租借设备物品和结清会议开支费用。

◇ 能妥善、有序地安排和组织与会人员离场，做好外地与会人员送站工作。

【素质目标】

◇ 运用小组协作的学习方法，巩固会后跟进与服务工作的知识和技能。

◇ 在会议服务工作的训练中，培养学生相关服务礼仪，提升学生的职业素养。

　　某大型养老机构行业标准大会结束后，为了使与会人员安全、有序地离开会场，主办方会议工作人员需马上对接各项会后工作，假如你是组织者，你将如何安排会后跟进与服务？

　　思考：1. 会后跟进与服务的主要工作内容有哪些？

　　　　　2. 送别与会人员的工作要点是什么？送行服务又需要注意哪些礼仪？

　　会议结束后，除了会议接待工作中提到的会议送站等跟进服务工作之外，还有一些零碎的后续工作要做，这些工作虽不像会前、会中工作那样重要，但也是不容忽视的，正是在这些细节的操作方面，才能体现出会议运营管理的高水平。会后工作做好了，会议才算圆满结束。一次会议的圆满结束，预示着下次会议将会有一个良好的开端。会后工作流程如图9-1所示。

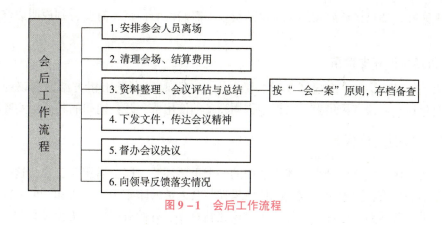

图 9 – 1　会后工作流程

一、会后常规工作跟进与服务

（一）会场善后

会场善后工作是把会中的讨论决定布置下去并贯彻执行的先决条件。如果是内部会议，会场的善后工作就简单得多。如果是外借会场，则需与租借方结算会议开支费用，归还会议所借物品，清理会场，将会场中公司自带的东西拿走，包括会标、通知牌、方向标志等物品。

1. 清理会场

（1）拿走通知牌和方向标志

在会议结束后，通知牌和方向标志失去了其必要性，应及时拿走它们，恢复场地的原有模样，以便归还租借的场地。一次性说明标志或通知牌应予以销毁，对于可重复利用的应统计、归类、入库，以便下次使用，这样做有利于节约材料和资源，节省人力和物力。

（2）清理会场内其他物品

如果在会议结束后有宴会，秘书或服务人员要为客人做好向导，随后要注意清理会场，要撤去会场上布置的会标等宣传品，要把会议上使用的幻灯片、手提电脑、席卡等东西收拾好。如果发现会场有遗失物品，要妥善保管，并同失主联系。要认真打扫收拾，使会场恢复原状。

在会议结束后，会产生大量的废弃纸张。这些纸张或是草拟的文件，或是会议的资料，或是财务的报表，会议结束后，秘书人员首先要收回所有应该收回的会议资料，要将所有纸张进行整理、清点、归类，找出有用的资料，不能再利用的纸张要销毁。会议都有其保密性，会议结束后的剩余文件也要注意，避免在无形中泄露机密。在清理文件时，要对文件进行分类并及时销毁，切不可麻痹大意。

（3）通知配电人员和服务人员

会场清理完毕后要通知配电人员切断会场不需使用的电源，关闭会场。

2. 归还所借物品

会议结束后，要及时归还从公司内部其他部门或其他单位借用的相关物品，归还前要检查是否完好，如果损坏要按约定予以赔偿。不需赔偿的，归还时要特别说明或修好后再归还。

3. 结算会议开支费用

如果是外借的会场，会议结束后，秘书人员应及时与会场出租方结清会议的各项费用，主要包括：会议室租借费、会议中借用设备的使用费、开会期间的其他相关费用。

（二）送别会议代表

送别会议代表是会议结束阶段工作中的一个重要环节，即会后服务工作，这一环节如果处理得不好，就会使整个会议的总体效果在与会人员的印象中大打折扣，使先前的工作努力和成果前功尽弃。因此，要使整个会议完整有序、有始有终、完美无憾，就一定要认真、周到地做好送别会议代表的各项工作，切不可掉以轻心或疏忽大意。秘书人员应该根据与会人员的要求，提前发放为其预订的回程票，结清会议费用，安排足够的车辆送站。

送别会议代表的主要工作有：结清包括餐费、住宿费、交通费等会务费用；分发回程票（如火车票、机票、船票等）；安排车辆送站（如小面包车、普通中巴、大巴、旅游客车等）；安排领导、专人送客；握手告别，送至大门外、电梯口或车门口。送别与会人员的具体跟进工作要点如下：

1. 结清会议费用

会议通知上一般均会提示与会人员参加会议时准备好会务费等，会议结束后，会议主办方应及时安排与会者结算费用，同时向交费者提供相关发票，以供与会者回单位后报销。

根据会议的性质，与会者需要交纳全部或部分或不交会议费用。会议费用包括培训费、资料费、住宿费、餐饮费和交通费等。有的会议需要与会者向会议主办方交纳培训费、资料费和食宿费等，有的会议食宿免费，甚至可以报销交通费。

2. 发放回程票、安排人员送站

会议结束时，应提前安排车辆和人员根据与会人员离去时间组织送站。会议组织者应根据车辆的承载量安排合适的车辆为与会人员送行。如果在炎热潮湿的地区使用车辆，可考虑安排空调车。在送离时，应提醒携带好个人物品，不要有遗漏。这样既可以减少与会者匆忙回头寻找遗落物品的可能，又可为自己省去保管遗落物品，甚至送递或邮寄的麻烦。如有必要，还可以安排有关领导或专人为与会者送行，在送行时一定要充分注意礼仪，向对方表达出诚挚的惜别之情。

对于需购买返程车、船、机票的与会人员，秘书人员应根据他们离会的时间和交通工具，在会议期间帮助他们代为购买，在会中或离会时将回程票及时地分发给与会人员。回程票必须发放至与会人员本人手里，不能由其他人代领，以免出现差错。

3. 引导与会人员离场

会议一结束，秘书人员就要与会务人员一道引导与会者有秩序地离开会场。在通常情况下，都是主席台上的领导退场后，与会人员再离场。如果会场有多条离场通道，领导者和与会者可以各行其道。大型会议还要注意散会后引导车辆迅速、有序地离场，必要时可派专人指挥。

4. 安排车辆送站

在送客前，会议主办方要根据与会人员返程的需要，安排好车辆送站。首先，要根据需送站人员的职务、人数及所预订车、船、机票的时间，确定交通工具的类型，如小汽车、商务车、普通中巴、大巴等，并合理分配运力；其次，要安排好车辆送站的负责人、路线和时间，确保与会人员安全、及时、舒适地到达车站、码头或机场，以免延误行程。此外，在送站时，要同接站一样注意乘车礼仪等。

5. 安排人员送客

本地客人或一般客人，在会议结束后，会议主办方可安排礼仪小姐或专门的工作人员，将与会人员欢送至会场门口、酒店门口、单位大门外或停车场车门口。

对于职务高的或身份特殊的与会人员（如上级领导、政府官员、专家等），会议主办方则应安排领导送行。

对需送站的与会人员，一般客人由专门的工作人员送行即可。如果是身份特殊的客人，则应根据其身份、职务等安排合适的领导送至车站、码头或机场。如有需要，还应提前到其下榻处进行话别并赠送礼物。

6. 安顿暂留人员

由于公务或旅游、会见亲朋等私人原因，部分与会人员在会议结束后可能还要做短暂停留。这时会议主办方仍应继续做好服务工作，尽好地主之谊。除了妥善安排他们的住宿、饮食外，对于在旅游购物或车辆需求方面，会议主办方都应适当地给予协助，从而给与会人员留下热情好客的印象。

知识链接

送别客人礼仪

在确定来宾离开的时间后，如果来宾身份比较特殊，那么就应该到来宾的住处去话别。如果来宾离开的时间是上午，那么在前一天下午或晚上，送别人员要到客人下榻的宾馆去话别，时间应控制在半个小时之内。有礼物要送的话，就在这时送给客人。如果到了车站再送，客人就只能把它提在手里了，很不方便。如果客人离开的时间是在下午或晚上，也可以在当天上午到宾馆话别。此时应该告诉客人送行的人员、车辆及时间方面的安排，让客人心里有数。在目送来宾乘坐的交通工具启动后，送行人员才可离开。

（三）完成会后文件整理和发放工作

有许多会议，结束后需要贯彻会议精神，因此，会议材料对与会者非常重要。会议资料应尽量在会议召开期间整理好并发给与会者，工作人员应及时整理领导讲话、会议决定之类的材料，争取在会议结束时分发给与会者，不然只能尽快分送或邮寄给与会者。会议资料常见的是领导讲话、会议决定、交流学习材料等，对于与会者相互不熟悉，且今后可能联系的会议，应印制会议代表的通讯录，通讯录在整理会议报到登记表时即可完成，初稿完成后可利用会议间隙由与会者检查是否有误，确认无误后及时发给与会者，以便他们之间进行沟通，加深了解。会期较短的，也应在会议结束前发给与会者，这样做既可提高效率，又可避免会后寄送。同时对于会议重要的文件、资料、音响视频等，应立卷归档，长期保存下来，以备使用。如果会议安排与会者合影留念，合影照片应及时洗出送给与会者，这也是体现会议效率的一个缩影。

(四) 印发会议简报、会议纪要和会议决定事项通知

会议简报是用简练的文字及时向上级领导同志反映情况、向与会同志通报情况的一种文件形式。会议纪要是在会议记录的基础上加工整理而成的一种公文形式，是传达贯彻党和国家的方针政策、指导工作、解决问题、交流经验等的重要工具。会议决定事项通知是将会议内容、决议等传达给有关单位的一种公文形式。

(五) 感谢各方对会议的帮助和支持

1. 感谢与会者的参会

与会者能来参加会议是对会议的最大支持，没有与会者，我们组织会议就毫无意义，我们所做的一切工作都成了无用功。所以，首先应该对他们表示感谢。绝不能在邀请他们参加会议时热情有加，而在他们交了注册费、参加完会议之后就视同陌路。在会议闭幕时，要集中对与会者表示感谢；在与会者离去后，还应通过一定的方式再次对他们表示感谢，欢迎他们参加以后的会议（如果是系列会议的话）。

2. 感谢会议嘉宾、主持人、发言人、演讲者的参会

会议嘉宾、会议主持人、会议发言人、会议演讲者是会议的卖点，他们的到来为会议带来了一定数量的会议参加者，他们的发言、演讲、讲话是会议产品的重要组成部分。所以，应该对他们表示深深的谢意。

3. 感谢政府有关部门的支持

一次成功的会议离不开政府有关部门的支持，包括精神上的支持（如公开表态对会议的申办、举办的支持）和物质（如对会议进行财政补助）、政策（如对会议的境外与会者给予签证绿色通道待遇）和行动上（如为会议提供安全保障）的支持。所以，在会议结束时应对政府有关部门和有关人员表示感谢。

4. 感谢协办单位、赞助单位的支持

协办单位为会议举办提供某些方面的帮助和支持，赞助单位为会议的举办提供财力或物力上的支持，它们的帮助和支持使会议能够顺利地进行。所以，也应对它们表示衷心的感谢。

5. 感谢其他单位或其他个人的支持

所有对会议的举办提供支持和帮助的单位都不能被忘记，都应表示感谢。

6. 感谢的方式

①打电话。

②发邮件。

③寄信。

④赠送礼品、纪念品。

（六）感谢会议工作人员的辛勤工作

举办一个会议，从申办、筹备到会议开始举行、举行过程中、会议结束以及会议的评估和会后工作，会议工作人员经历了会议运作的酸甜苦辣，特别是在会议快要开始到会议举行期间，会议工作人员更是异常忙碌，其中的辛苦只有亲身经历过才能体会到。所以，在会议结束的时候，应该对会议工作人员进行慰劳和感谢。感谢的方式有以下几种：

1. 召开庆功宴会

会议结束后，召开一个庆祝会议圆满结束的宴会，请所有的筹备人员、主办单位人员、协办单位人员、承办单位人员、现场接待人员（包括临时接待人员）、技术人员等参加。在宴会开始的时候，会议组织的领导者讲话，对大家表示感谢，对大家的辛劳表示慰问，使大家的辛劳能够得到精神上的安慰。

2. 发放会议补贴

会议预算应该有会议补贴这一项，在会议结束时，根据工作量的大小和工作质量的高低以及责任的轻重，给每位工作人员发放一定的现金作为对大家为会议辛劳工作的补贴，使大家的辛劳能够得到物质上的安慰。

3. 赠送会议礼品

发放给与会者的会议礼品、纪念品也可以发给会议工作人员，特别是那些第一次参加会议工作的临时工作人员，使他们对参加这次会议工作留下永久的印象。

（七）进行会议工作总结

会议结束后，要对会议的方方面面进行总结，写出一份会议总结报告，总结会议的成败得失。会议评估结果既是会议总结报告的基础，也是会议总结报告的重要内容。除此之外，要对会议筹备期间的组织、营销宣传、论文征集录取、预先注册、资金筹措、资金管理等各项工作进行总结；要对会议现场注册、现场接待、现场协调、会议专业活动情况、会议附设展览活动、会议社会活动情况、会议餐饮活动情况等工作进行总结；还要对会议结束后的收尾工作、会议评估工作、财务结算工作等进行总结，具体方法详见本项目任务三。

二、会后督办会议决议跟进与服务

　　秘书孙×近期一直负责组织公司的装修工程进度会。这周会议中，施工单位就设计图纸上存在的一些问题提出建议，经过三方讨论协商，决定采纳施工队建议，设计单位更改图纸。但在尚未确定新图纸的提交时间之前，设计单位相关人员就因为有重要事情提前离场了。最后，在场的两方一致认为，为了保证施工进度，新图纸必须在会后的第三天上午送达，孙秘书负责会后与设计公司取得联络。到了第三天上午，施工单位打来电话表示，图纸未按要求送到施工场地。孙秘书这才想起，自己忘记了联系。

　　思考：1. 孙秘书应在会后督办的会议决议是什么？
　　　　　　2. 会议决议事项督办的主要工作有哪些？

　　会议的关键并不是会议本身，而是经过讨论之后所确认的行动。因此，立刻开始对会议的决策、决议进行实施，就是会后跟进工作最重要的环节。会议决议事项有没有落实到位直接决定着会议质量的高低。会议管理工作中一定要避免发生"决而无果"的问题。抓好会议决议事项督办，切实提高会议质量，主要工作如下：

　　一是要及时发布会议纪要。会议结束后行政人员要尽快将会议情况整理成会议纪要，经相关领导审核后发布。会议纪要是会议内容的高度提炼和概况，是会议议题内容开展进一步工作的依据。因此及时地发布会议纪要对指导相关工作进一步开展具有重要意义。

　　二是精心策划督办工作。根据会议纪要，对决议事项的督办进行精心策划，及时发布督办清单，明确责任人、完成时间。督办过程中行政人员要密切跟踪，及时掌握决议事项完成情况，及时对完成滞后项进行提醒。督办完成后及时汇总完成情况并报相关领导审阅。

　　三是充分发挥企业中考核的"指挥棒"作用。将会议决议事项的完成情况作为相关单位和部门绩效考核的一个重要指标，对不按时完成会议决议事项、完成质量差的单位或部门进行严肃问责，通过考核倒逼会议决议的执行，切实达到"事事有回音、件件有着落"的效果。

（一）督办会议决议的意义

　　开会的目的就是解决问题。因此，会议组织者要用心安排议程，确定合适的与会人员和时间，选择匹配的会议地点，确保会议讨论顺利进行。一次成功的会议也要求与会人员在会场上倾力投入，会议主持人有效控制进程，共同促使会议完成预定目标，寻找到最佳的解决方案，并且尽量在现场就确定所有的工作任务以及相关的负责人和监督人。

　　一切都有条不紊，让人振奋。到此为止，这还是一个高效的会议。但是大家走出会议室后，开会这件事情就结束了。与会者又回到了自己的工作节奏中，大家无人再提起这次会议，甚至也没有人有时间想起来这个决策和那些工作分配。所有人的工作重心依然沿着之前的轨道在进行，这次会议就像是没有发生过。

以上情景常常发生。这种情况，我们称之为一次"会议室里的成功会议"。因为，它没有对事实发生任何影响。要想让会议对现实问题发生作用，就必须抓住会后的督办工作。这是唯一并且关键的工作，只有这样才能让会议取得真正意义上的成功。

（二）督办会议决议的方式

对会议决议进行督办有多种方式和工作环节需要注意。

1. 指定监督人

每一项会议决议所落实到的具体工作任务，在当初确定的时候，就应该同时确定工作的负责人和监督人。这是对这项工作得以完成的双重保证。

需要特别提醒的是，在确认负责人和监督人的时候，应该在会议上征得他们本人的同意和认可，并做到他们已经完全理解自己要承担的工作任务的内容，这是工作能够完成的前提。并且，为了提高监督质量，应该在分配工作时说明这项工作的具体细节和完成期限。

2. 文件督办

这里所谓的"文件"在不同的组织里可能所指的具体文种不同，包括会议记录、会议纪要、会议总结等。但是无论是哪一种，它都一定包括以下内容：①会议产生的具体决策；②会后应该完成的具体任务；③每项任务由谁来负责，由谁来监督；④每项任务的具体完成期限。

这些文件因为牵扯到上述的重要问题，所以，它应该在会后的 24 小时之内就分发到与会者或者是没有参会的相关人员手中，以便提醒他们自己在会后要及时开展的工作。并且，为了保证大家能够在接到这些文件的时候认真阅读，文件本身最好不要太长，保持在 1 页纸的篇幅就比较好，列出重要的会议信息即可，尽量少讲空话、废话。

3. 会议督办

会后决议的施行有时候是头绪众多的复杂的事情。各部门之间的配合、所需资源的配备等都是需要协调和沟通的问题。仅靠监督人和文件不能起到良好的推动作用。这时候，就需要及时召开会后会，为会议决策推行进一步扫清障碍，寻求解决方案和办法。

召开会议来解决上次会议的后续问题，这是常见的办法。但是开会本身是花费精力、物力、时间的事情，因此是否需要开会来解决，就要求秘书提前做好相关的信息采集工作，确定一对一、面对面的沟通也不能达到效果，也没有别的方式可以替代，这样才可以采用会议的方式。

采用开会的方式来督办会后决议落实，最终可能形成的是会议体系，一个环环紧扣的体系。每个组织中之所以出现没完没了的会议，并且很多后来看来无聊的会议仍然无法去除，就是因为这些会议是为了解决以前的会议所遗留下的问题，开会本身就是为了完成会议。会议的问题从这里开始变得复杂，但是从这个角度来思考和认识，也会增加对会议的进一步理解和把握，更明确会议的目的。

养老机构会议管理

实训项目

做好外地与会人员送站工作

实训目标：通过实训，要求学生掌握送站服务的相关礼仪，能准确收集外地与会人员离会的相关信息，设计和制定相关表格，并合理安排和组织好外地与会人员的送站工作。

实训背景：2019年9月6—8日，××学校承接省医学会年会养老产业分论坛。除了校内师生代表外，参加会议的代表还有政府领导（教育厅、教育局、民政部门及行业协会相关部门领导）、兄弟院校的院长或书记、行业企业代表、校企合作企业代表、校友代表、媒体记者等，人员较多。为了保证会议各项工作的顺利进行，学校负责人谭××作为此次会务工作的总协调人，在会前准确收集了与会人员的相关信息。根据与会代表的离会情况，谭××制定了与会代表送站安排表，合理安排车辆和人员送站工作。根据与会代表的信息反馈，大家对此次论坛的各项会务工作非常满意，尤其是工作人员和领导在送站时的热情、细心给他们留下了深刻的印象。

实训内容：假如你是××学校负责人谭××，①请你根据与会人员离会情况，设计并制作送站人员安排表；②请指出送站时应注意的礼仪礼节。

巩固拓展

为期5天的会议终于闭幕，××公司的经理秘书刘××总算可以松一口气了，因为这是公司领导第一次让她全面负责的一个会议，没有任何差错，而且与会人员均安全离会，想想开会时那根紧绷的弦也该放松了。会后结清了相关费用，她立马回公司办公室，准备拟写会议总结。这时，电话突然响了起来，电话是刚离会不久的一位参会代表打来的，他在电话里焦急地询问刘×以及她的同事有没有在会场拾到他的背包（里面有重要的文件资料和证件等）。刘×一听，懵了，她一边控制住自己的紧张情绪安慰着他，一边答应代为查找。她放下电话，赶快给租用会场的酒店打电话，询问公文包的下落。对方回答说，酒店工作人员没有看到遗失的背包，而且现在酒店里人来人往，来宾的贵重物品都是自己随身保管的。刘×不放心，亲自去了一趟会场，询问了就近的工作人员，依然没有下落。刘×一下子茫然无助，不知回去该怎样向失主回话和向领导交代。

如果你是刘秘书，请你思考会后跟进工作有什么遗漏？你会在会后补做哪些工作？

任务二
掌握会议经费结算方法

【知识目标】

◇ 熟悉会议经费结算工作程序。

◇ 掌握会议经费结算方法。

【能力目标】

◇ 能合理制定会议经费预算表。

◇ 能妥善完成会议经费结算工作。

【素质目标】

◇ 运用小组协作的学习方法，巩固会议经费结算的知识和技能。

◇ 在会议经费结算工作的训练中，培养学生审慎的态度，提升学生的职业素养。

　　×× 福利院主办的 2019 年 ×× 省 ×× 市养老服务产业年会暨长三角一体化养老产业联盟大会于 2019 年 11 月 15—17 日顺利举行，院长办公室主任杨 × 负责会议经费结算工作。假如你就是杨主任，请你结合本次会议的经费开支具体情况，做好会议经费的结算工作。

　　● **任务分析**：会议经费结算是办会者在会议结束后对会议整个经费使用情况即收支费用的结算。会议经费结算应根据会前经费预算进行。首先，要了解会议经费收支项目；其次，要熟悉会议经费结算方法；最后，要掌握会议经费结算的工作程序。

　　思考：1. 会议经费收支项目主要包括哪些方面？

　　　　　2. 分析会议经费的结算方法。

　　会议经费结算的依据是会前经费预算。会议筹备期间，办会者应进行会议收支预算，并经领导审核批准。在会议过程中，负责经费结算的秘书人员应准备专门的账册，及时对会议的各项开支进行详细的记录。会议结束后，秘书人员应根据领导审定的会议经费预算表进行结算。要遵循勤俭节约的原则，尽量减少不必要的开支。对于超过预算的项目和费用，无正当理由的不予报销。经费结算完毕后，及时向领导汇报，并向财务部门报销。

一、会议经费收支项目

　　会议经费分为收入和支出两个类别。会议的收入主要来源于上级拨款或向与会人员收取相关费用。会议经费收支项目主要包括以下内容：会场租用费、会议设备租用费、会场布置物品费、邮电通讯费、培训费、交通参观费、住宿费和餐饮费、会议资料费、纪念品购置费、会议宣传交际费、劳务费以及其他费用等。

二、会议经费结算方法

（一）会议的收费与付费方法

　　会议经费使用情况一种是由会议主办方承担全部会议费用，与会人员无须支付任何费

用，另一种是与会人员要向会议主办方支付一些必要的费用，如资料费、培训费、住宿费和餐饮费等。对于要向与会人员收取相关费用的会议应注意以下事项：

1. 收款的方法与时机

会议需要由与会人员向主办方支付费用，应注意如下事项：

①应在会议通知或预订表格中，详细注明收费的标准和方法。

②应注明与会人员可采用的支付方式（如现金、支票、信用卡等）。

③如用信用卡收费，应问清姓名、卡号、有效期等。

④开具发票的工作人员先要与财务部门确定正确的收费开票程序，不能出任何差错；另外，如果有些项目无法开具正式发票，应与会议代表协商，开具收据或证明。

2. 付款的方法和时间

会议结束后，应对会议期间发生的费用进行统计，将应由公司支付的费用根据公司相关规定，及时支付给对方。各类支出项目的付款方式和付款时间也不同。某些支出项目要和对方事先商定费用，必要时要交付一定数额的订金，如场地租赁、设备租用、住宿餐饮等，而有些较小的支出项目则直接用零用现金支付即可。至于付款的时间，可根据和对方的约定及时付费。

（二）会议付费的要求

第一，会议各类支出经费的名称要规范。

第二，在付费时，要遵守公司零用现金、消费价格及用品报销等各种相关财务制度和规定。

案例分析

某颐养园总经理秘书叶××忙完会务工作后，开始进行会议经费结算。叶秘书统计此次会议支出项目如场地租用费、餐饮费、宣传费、公司会务劳务补贴、大巴租赁费、纪念品等共计 186530 元，会议收入均为会议代表注册费，又根据公司的财务管理规定和服务商结算的要求，对公司会议经费结算的付款方法和时间进行了罗列，以便有针对性地进行结算。其中，该公司财务管理规定费用发生 15 日内必须完成费用报销。

问题： 1. 此次会议经费结算的截止时间是什么？

　　　　2. 想一想会议经费结算的工作程序依次是什么？

三、会议经费结算工作程序

会议结束后，会议经费结算负责人应及时进行会议经费结算，具体工作程序如图 9-2 所示。

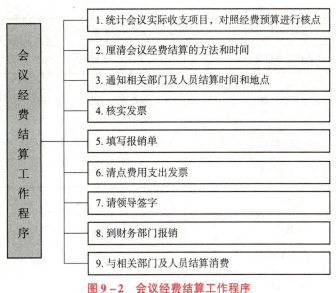

图9-2 会议经费结算工作程序

实训项目

做好会议经费结算工作

实训目标：通过实训，学生应掌握会议经费结算的工作程序和方法，能制定会议经费决算表，能妥善做好会议经费结算工作。

实训背景：2018年年底×公司召开年度优秀员工表彰大会，以表彰先进并规划2019年工作。总经理秘书刘××为此次大会制作了经费预算表（表9-1），同时对经费使用过程中的具体情况进行了记录，未备注的则与预算一致。具体如下：

会议名称：2018年×公司年度优秀员工表彰大会

会议地点：南京

会议时间：2018年12月28日

表9-1 经费预算表

序号	支出项目	预算支出	备注
1	会场、仪器租用费	0.5万元	
2	会议筹办费（宣传、通讯、资料等）	0.8万元	实际费用1万元
3	与会代表资料费（资料、文具、纪念品等）	150元/人×200人=3万元	实际费用2.6万元
4	会议交通费	1万元	实际费用0.9万元
5	会务用房费	300元/间/天×50间×天=1.5万元	

续表

序号	支出项目	预算支出	备注
6	特邀代表住宿费	500 元/间/天 × 5 间 × 1 天 = 0.25 万元	
7	特邀代表旅费	2000 元/人 × 10 人 = 2 万元	实际费用 1.5 万元
8	会议用餐费	100 元/人 × 150 人 × 2 天 = 3 万元	
9	宴会费（含酒水）	100 元/人 × 150 人 = 1.5 万元	
10	茶点费	20 元/人/次 × 150 人 × 2 次 = 0.6 万元	
11	参观费	50 元/人 × 150 人 = 0.75 万元	
12	其他费用	1 万元	
	会议支出	15.9 万元	

会议结束后，刘××将对此次会议的经费开支进行结算。

实训内容：如果你是总经理秘书刘××，请根据背景材料：①模拟会议经费结算工作过程；②制定会议经费结算表。

任务三
掌握会议总结方法

【知识目标】

◇ 掌握会议工作总结的写法。

【能力目标】

◇ 能妥善拟写会议工作总结。

【素质目标】

◇ 运用小组协作的学习方法，巩固会议评估工作的知识和技能。
◇ 在会议自我评定工作的训练中，培养学生反思精神，提升学生的职业素养。

　　××公司 2019 年居家养老产品博览会按照方案顺利举行。会议中产品得到了经销商的广泛认同，同时经销商也对公司未来在产品和经营方面提出了很多中肯的意见和建议，极大地促进了双方信息的沟通，同时也增进了相互之间的感情。但是，会议过程中也出现了一些小的问题。比如有客人神经衰弱，给他安排的房间却临街，噪声较大，很难入睡；在餐饮安排方面没有照顾到来自全国各地客人的口味；还有些客人想会后去旅游，工作人员也没能及时提供相关的帮助等。

　　总经理要求秘书李×在收集相关反馈信息后，及时对会务工作进行评估和总结。假如你就是秘书李×，请你结合以上具体情况，做好本次会议的自我评估与总结。

　　思考：1. 做好会议评估，需对哪些方面进行评价？采用什么评估方法？

　　　　　2. 如何撰写会议总结？

　　在会议结束后，需及时对会务工作进行评估和总结。首先，要向与会人员、会务工作人员、公司各部门等收集关于会议举办情况的反馈信息，以此对会议目标的实现情况、客人对会议的满意程度等进行评估。其次，要在会议评估的基础上，对此次会务工作的成绩、经验进行肯定，同时对出现的不足进行分析，总结教训，以便为今后的会务工作提供借鉴。

　　一些重要会议或大型会议结束后，负责会务工作的秘书要协助领导及时召集全体会务工作人员，对整个会议的组织与服务工作进行全面总结，积累经验，找出不足，以利于今后把会务工作办得更好。会议评估的资料可以作为会议总结的重要依据，形成初稿后要呈送给领导过目审阅后再定稿，然后按要求印发给相关部门或相关人员，总结报告并归档。

　　中型以上的会议，会务工作任务重、事情多，会务人员很辛苦。所以会议结束后，大会秘书处还要组织全体工作人员进行总结，肯定成绩，找出经验教训，并要妥善解决会议的遗留问题，使会务工作圆满结束。

　　××学院于 2019 年 4 月 16—17 日在学校召开了短期的校企合作会议，邀请了华东地区的涉老机构参加本次会议。会议集中讨论了养老服务人才岗位胜任力核心要素等。

　　会议结束后，专业负责人指导会议秘书长回顾两天的会务工作，总结出一些经验，比如，领导高度重视，亲自参与会务工作协调；会议期间，各工作组之间配合密切，使会议顺利召开等。同时也发现了一些小问题，比如，会议期间没有安排新闻媒体参与并进行报道；后勤部门在生活服务安排方面还欠考虑等。假如你是会议秘书长，请你召开一个座谈会，了解会议相关工作情况，然后再拟写会议工作总结。

　　问题：1. 做好会议总结工作，需对哪些方面进行评价？

　　　　　2. 会议工作总结的写作要求是什么？

（一） 会议工作总结的含义

会议工作总结属于总结的一种，它是有关单位或部门在开完一次会议之后，对会议召开情况的方方面面进行回顾、分析与评价，总结经验、指出不足，为下次会议的筹办提供借鉴。下面介绍会议总结的写法。

（二） 会议工作总结的结构

会议工作总结的结构一般包括标题、正文和落款三个部分。

1. 标题

会议总结的标题一般由会议名称和文种总结组成。

（1） 单行标题

会议总结的标题有几种写法。文件式标题一般采用"单位名称＋总结时限＋内容＋文种"，如"××福利院 2009 年度工作总结"。这四个要素中，有时可以省略单位名称或时限。

另外，文章式标题用简练的语言概括总结的主要内容或基本观点，标题中不出现文种，即"总结"的字样，如"股份制使企业走上快速发展之路"。

（2） 双行标题

一般由正标题与副标题组成。正标题概括主要内容或揭示主题，副标题补充说明单位、时限和工作内容，如"实行信息化管理规范养老服务行为—— ××养老院 20 ××年工作总结"。

2. 正文

总结的正文一般包括三个部分：前言、主体和结尾。

（1） 前言

前言用最精练的文字，概括地交代基本概况。这部分或交代背景形势；或简述工作过程，说明完成工作的有关条件；或总结主要精神或中心内容，涉及基本观点；或简要概述成绩（收获）或问题，揭示要点，为主体内容的展开做必要的铺垫。

会议总结的前言部分可以介绍会议的基本情况，如会议名称、时间、地点、参加人员、会议情况等；或介绍会议的目的、背景；或总结会议的成绩（或收获）等。

（2） 主体

主体部分是总结的重点。这部分主要包括过程与做法、成绩（或收获）与经验（或体会）、问题（或缺点、差距）和教训。

过程与做法是指开展了哪些工作，采取了哪些步骤、方法和措施。

成绩是指工作实践过程中所得到的物质成果和精神成果。

经验是指在工作中取得的优良成绩和成功的原因。

成绩和经验是总结的目的，是正文的关键部分。这部分材料如何安排很重要，一般写法有两种：一是写出做法、成绩之后，再写经验，即表述成绩、做法之后从分析成功的原因、主客观条件中得出经验教训。二是写做法、成绩的同时写经验，"寓经验于做法之中"。这一部分的写作可以采用并列式或递进式的结构形式。并列式是把总结的成绩、经验按若干个方面来介绍。递进式则是将工作成绩和经验按时间的先后顺序来安排。

问题（或缺点、差距）和教训是指存在的不足或有待改进的地方。提出问题要中肯、恰当、实事求是。

会议工作总结的主体部分可以从会议目标的实现、会议的组织管理等方方面面介绍会议好的做法或成功的经验，同时指出会议在召开过程中还有待改进的地方。

（3）结尾

结尾要简明扼要、短小精悍。有两种写法：一是总结式，对总结正文的内容用几句概括性的话来做结束。二是展望式，用简短的语言对未来的工作做一个展望，针对工作中存在的问题，提出切实有效的改进措施，以表明决心，鼓舞斗志。有的总结没有结语。

会议总结的结尾可以针对正文内容用简洁的语句作为结语，也可以借鉴经验、吸取教训，对今后会议的成功召开进行展望。

3. 落款

总结的落款要写明总结的单位名称以及成文的年、月、日。如果在标题中已标明了总结的单位名称，落款中这一部分便可以省略。

（三）会议工作总结的写作要求

拟写会议总结容易出现的问题，一是不予概括，记流水账；二是只谈成绩不找问题；三是前后矛盾，不予协调。解决上述问题，必须注意从以下几个方面做起，详见项目八任务三。

1. 实事求是，一分为二

这是写好会议总结的基础。做任何工作都不可能是十全十美的，总会既有成绩，又有不足，甚至是某些失误。写会议总结必须从客观实际出发，如实反映情况，不能只报喜不报忧，更不允许片面。要一分为二，既要反映成绩、总结经验，又要适当批评错误，弄清存在的问题。

2. 全面评价，突出重点

这是写好会议总结的基本前提。写总结时，必须全面看问题，全面评价工作，但内容要有所侧重，不能主次不分，详略不当。要在把握整体的前提下，抓住主要问题、主要情况，加以深刻分析，力求从现象中得出规律性的结论。

3. 条理清楚，层次分明

这是写好会议总结的基本要求。写总结的目的不同，有的总结要向上级汇报，有的总结要向同级单位介绍，有的总结则要向下级报告工作。因此，一定要注意结构清晰、层次分明，让人一目了然。

4. 分析研究，找出规律

这是写好会议总结的关键。写总结时，对大量、丰富的材料，要进行认真的分析研究，揭示事物的本质特点，探求事物的发展规律，归纳出对现实有指导意义的新鲜经验，

这是总结的价值所在，也是衡量总结质量高低的主要标志。

5. 叙议结合，详略得当

这是写好会议总结的基本方法。从表述方式上讲，既要用叙述的方式谈情况，讲做法，摆成绩，又要用议论的方式分析原因，谈出体会，揭露问题，要求叙议有机结合。语言要求准确、简明，不可拖泥带水，过分笼统和修饰。

巩固拓展

2018 年 10 月 20—24 日，中国老年医学学会 2018 年秋季学术会议在 ×× 大学隆重举行，有来自全国各地学会的 56 位专家学者参加了此次会议，其中部分专家报告了自己的学术论文，发表了各自在老年照护等方面的独特见解。

如果由你担任本次会议评估工作的负责人，请你就此次会议设计一份针对与会代表的会议评估表。

参 考 文 献

[1] 许虹，李冬梅. 养老机构管理 ［M］. 杭州：浙江大学出版社，2015.

[2] 贾素平. 养老机构管理与运营实务（第2版）［M］. 天津：南开大学出版社，2016.

[3] 李健，石晓燕. 养老机构经营与管理 ［M］. 南京：南京大学出版社，2016.

[4] 陈卓颐. 实用养老机构管理 ［M］. 天津：天津大学出版社，2009.

[5] 余苠，王国英. 文秘写作 ［M］. 杭州：浙江大学出版社，2013.

[6] 苏豫. 办公室公文写作大全 ［M］. 北京：中国华侨出版社，2012.

[7] 子志. 办公室公文写作技巧及范例大全 ［M］. 北京：外文出版社，2011.

[8] 赵志强，凌云志. 会议管理实务 ［M］. 北京：对外贸易经济大学出版社，2013.

[9] 加布里埃尔·布兰格. 沟通必读经典书系：高难度沟通＋10秒沟通＋1分钟沟通＋牛津高效沟通 ［M］. 北京：中国友谊出版社，2019.

[10] 王瑞成，成海涛. 会议组织与活动策划 ［M］. 武汉：华中科技大学出版社，2011.

[11] 杨宗华. 向会议要高效 ［M］. 上海：石油工业出版社，2011.

[12] 刘慧霞. 会议组织与服务 ［M］. 北京：北京大学出版社，2019.

[13] 轩英博. 高效会议管理全案：会前、会中、会后的管理实战技巧 ［M］. 北京：中国经济出版社，2019.

[14] 高永荣. 会议服务 ［M］. 北京：清华大学出版社，2011.

[15] 向国敏. 会议学与会议管理 ［M］. 北京：首都经济贸易大学出版社，2011.

[16] 钟文，刘松萍. 会议策划实务 ［M］. 重庆：重庆大学出版社，2017.

[17] 赵志强，凌云志. 会议管理实务 ［M］. 杭州：浙江大学出版社，2019.

[18] 胡伟，成海涛，王凌. 会议管理（第3版）［M］. 大连：东北财经大学出版社，2018.

[19] 阮可. 会议管理 ［M］. 北京：中国传媒大学出版社，2012.

[20] 胡宗璨. 新形势下如何做好企业会议管理工作 ［J］. 企业改革与管理，2018（24）：29－30.

[21] 唐淑芬. 企业会议服务质量评估研究 ［D］. 上海：华东师范大学，2012.

[22] 李玲. 秘书工作中的会议管理研究 ［D］. 广州：暨南大学，2015.